DIE BESTEN AKTIEN DER WELT

PETER SEILERN

Mit hochwertigen Wachstumsunternehmen langfristig Rendite erzielen

FBV

Bibliografische Information der Deutschen Nationalbibliothek
Die Deutsche Nationalbibliothek verzeichnet diese Publikation in der Deutschen Nationalbibliografie.
Detaillierte bibliografische Daten sind im Internet über http://dnb.d-nb.de abrufbar.

Für Fragen und Anregungen:
info@finanzbuchverlag.de

3., überarbeitete und erweiterte Auflage 2022

Türkenstraße 89
80799 München
Tel.: 089 651285-0
Fax: 089 652096

Die englische Originalausgabe erschien 2019 bei Harriman House Ltd. unter dem Titel *Only the Best will do*.

Die im Buch veröffentlichten Ratschläge wurden von Verfasser und Verlag sorgfältig erarbeitet und geprüft. Eine Garantie kann dennoch nicht übernommen werden. Ebenso ist die Haftung des Verfassers beziehungsweise des Verlages und seiner Beauftragten für Personen-, Sach- und Vermögensschäden ausgeschlossen. Alle Statistiken und Grafiken in diesem Buch stammen von Seilern Investment Management Ltd., Bloomberg und Factset. Alle Beispiele spezifischer Aktien dienen nur der Illustration. Es handelt sich nie um Kaufempfehlungen, und sie werden im Laufe der Zeit ihre Funktion als praktische Hinweise auch verlieren. Die Unternehmensvorstellungen auf den Seiten 240 bis 252 wurden teilweise von den jeweiligen Unternehmen selbst zur Verfügung gestellt.

Übersetzung: Anatol Eschelmüller und Michael Stadlinger

Redaktion: Renate Oettinger
Korrektorat: Silvia Kinkel
Umschlaggestaltung: Sonja Vallant
Umschlagabbildungen: Fine Art Studio/shutterstock.com, vectorplus/shuttertock.com, Agnieszka Karpinska/shutterstock.com, great19/shutterstock.com, design 2019/shutterstock.com, Mitspo/shutterstock.com
Illustrationen: Filippa Seilern
Satz: Stephen Volkmer, Röser MEDIA GmbH & Co. KG
Druck: GGP Media GmbH, Pößneck
Printed in Germany

ISBN Print 978-3-95972-622-1
ISBN E-Book (PDF) 978-3-98609-175-0
ISBN E-Book (EPUB, Mobi) 978-3-98609-176-7

INHALT

VORWORT

ANATOL ESCHELMÜLLER – MEINE ERSTE BEGEGNUNG MIT PETER SEILERN

Ich sah Peter Seilern das erste Mal anlässlich einer Fondspreisverleihung in Wien. Das Event rund um diesen Award wurde von dem Finanzmagazin ausgerichtet, für das ich heute noch tätig bin.

Preisverleihungen haben es an sich, eine Aura von Aufgeregtheit, Ehrgeiz und freudig-gespannter Erwartung zu verbreiten. Elegant gekleidete Menschen bevölkern einen festlich geschmückten Raum und tragen dazu bei, die vorhin genannten Empfindungen noch zu steigern. Freilich – und das muss an dieser Stelle gesagt werden – sind Körpersprache und Verhalten der potenziell Auszuzeichnenden nicht immer nur von Freude und Erwartung gekennzeichnet, sondern sehr oft von Selbstgefälligkeit und Gier, den verderblichen Triebkräften der Finanzindustrie.

Wie gesagt, ich kannte Peter Seilern damals noch nicht und war daher überrascht, als ich einen großen, schlanken Herrn mittleren Alters sah, dessen Auftreten fern von jeder Attitüde und jedem nach Aufmerksamkeit strebenden Verhalten war. »Der Feind des Wissens ist das Wissenwollen – und der Feind des Erfolges ist die Gier nach diesem« – ging es mir durch den Sinn. »Nur wer absichtslos mit großer Kenntnis und Fleiß sein Ziel verfolgt, ist langfristig erfolgreich.« So dachte ich damals, und der erste Eindruck – wie trügerisch und irreführend er manchmal auch sein mag – trog hier nicht. Herr Seilern und ich kamen ins Gespräch. Von Anfang an herrschte ein Gefühl der gegenseitigen Sympathie und Wertschätzung, und so folgten auf dieses erste Gespräch noch viele weitere. Über die Jahre hinweg hatte ich das Glück und die Freude, Peter Seilern und sein Team verlagsseitig sowie bei Veranstaltungen, die zu organisieren ich die Ehre hatte, begleiten zu dürfen. Die Zusammenarbeit war stets ein Gewinn und hat bis zum heutigen Tag nichts von ihrer Qualität verloren, ganz im Gegenteil.

Umso größer war meine Freude, als Herr Seilern mich im Herbst 2019 fragte, ob ich an der Übersetzung seines Buches »Only the best will do« interessiert sei. Nachdem ich das Buch kurz durchgesehen hatte, stand für mich fest, dass ich mich dieser Herausforderung stellen wollte. Aufgrund meiner beruflichen Auslastung stand für mich auch fest, dass ich diese Aufgabe nicht allein, sondern nur gemeinsam mit meinem langjährigen Freund, dem erfahrenen PR-Mann und Journalisten Michael Stadlinger, bewältigen konnte. Peter Seilern war damit einverstanden, und so machten wir uns an die Arbeit.

Es war uns gleichermaßen Ehre und Freude, dieses Buch, das im Deutschen den Titel »Die besten Aktien der Welt« trägt, auch dem deutschsprachigen Leser zugänglich zu machen. An dieser Stelle sei erwähnt, dass Peter Seilern Österreicher ist und mit dem von ihm geschaffenen Investmentuniversum den Beweis dafür liefert, dass Österreich die kleine Welt ist, in der die große ihre Probe hält.

Das Buch erscheint nun – nach wenig mehr als einem Jahr – in dritter Auflage und wurde für diese in mancherlei Hinsicht überarbeitet. So wurden alle Graphiken aktualisiert und einzelne Kapitel erweitert und ergänzt, etwa in Hinblick auf Themen wie »Weltmacht China« oder die drohende Inflationsgefahr. Neu hinzugekommen ist ein Kapitel, das die Relevanz von ESG-Kriterien bei der Gestaltung des Portfolios beleuchtet.

Die Rahmenbedingungen für Politik und Wirtschaft sind um nichts einfacher geworden. Covid 19 und dessen Mutationen halten die Welt nach wie vor in Atem und ein wirkliches Ende der Pandemie ist zum aktuellen Zeitpunkt (Jänner 2022) noch nicht abzusehen. An den Börsen gab es zunächst heftige Gewitter, doch im Lauf des Jahres 2021 erholten sich zahlreiche Titel wieder, sofern sie nicht zu Sektoren gehörten, die in vollem Umfang von der Krise betroffen sind (wie zum Beispiel die Reise- und Hotellerie-Branche). Der DAX bewegt sich aktuell wieder über Vorkrisen-Niveau und der US-Aktienmarkt läuft seit dem Crash sogar besser als der europäische. Doch wie lange dieser Börsenboom noch anhält, kann niemand prognostizieren. Es ist eine Tatsache, dass Quality-Growth-Aktien von den Entwicklungen der Jahre 2020/21 nicht unberührt geblieben sind. Doch die aktuellen Charts belegen erneut, dass gerade die von Seilern favorisierten Titel sich rasch erholten, sich in weiterer Folge besser als der Markt entwickelten und speziell in diesem Jahr fulminant gut performen. Interessant ist auch die Tatsache, dass viele Quality-Growth-Titel sich nach einer kurzen Phase des Abschwungs wieder ausgezeichnet erholt haben, ohne nachhaltig Schaden zu nehmen.

Der Erfolg des Buches im deutsch- und englischsprachigen Raum bestätigt die Relevanz dieser Strategie. Das Buch wurde in diesem Jahr auch in Spanien veröffentlicht, die französische Ausgabe ist im Entstehen und eine chinesische sowie eine italienische Version sind in Vorbereitung.

Der »Seilern-Investment-Style« stößt zunehmend auf Interesse und gelangt immer häufiger ins Visier professioneller Investoren, die von der instruktiven Definition dessen, was Quality-Growth-Aktien wirklich ausmacht, profitieren möchten und die Zehn Goldenen Regeln des Investierens beim Management ihres individuellen Quality-Growth-Investmentportfolios anwenden.

In diesem Sinn wünsche ich Peter Seilerns Buch weiterhin viel Erfolg und hoffe, dass es dazu beiträgt, dass immer mehr Anleger erfolgreich, langfristig und zukunftsorientiert investieren.

Anatol Eschelmüller

Mödling, im Jänner 2022

EINLEITUNG

DIE HOHE SCHULE DES INVESTIERENS

Investieren ist Wissenschaft und Kunst gleichermaßen. Heute so gut zu sein wie der Markt hat jedoch mehr mit Wissenschaft denn mit Kunst zu tun und wird daher sehr häufig durch Computer ausgeführt. Jeder Investor wird heutzutage routinemäßig an der Performance eines vergleichbaren Indexes gemessen. Computer-gemanagte Index-Fonds und ETFs erreichen eine entsprechende Benchmark mühelos, kostengünstig und mit größtmöglicher Perfektion.

Besser als der Markt zu sein hat mehr mit Kunst und Feingefühl denn mit Wissenschaft zu tun. Es bedarf des menschlichen Faktors, der individuellen menschlichen Intelligenz und eines spezifischen Temperaments, um erfolgreich zu sein. Quality Growth Investing – Investitionen in Quality-Growth-Unternehmen –, der Zugang, den ich in diesem Buch beschreibe, ist die zuverlässigste und effektivste Strategie, um überdurchschnittliche Erträge mit dem geringsten Risiko eines Totalverlusts zu vereinen.

Diese Strategie ist gleichsam der Heilige Gral des Investmentgeschäfts. Die Basis besteht aus fundierten Theorien, empirischer Überprüfung und dem oftmals raren gesunden Menschenverstand. Doch obwohl die Fakten für sich sprechen, wird dieser Investmentansatz nur von einer Minderheit professioneller Investoren konsequent umgesetzt.

In diesem Buch werde ich leicht verständlich erklären, was Quality Growth Investing ist und weshalb dieser Ansatz kontinuierlich exzellente Resultate zeitigt. Außerdem erkläre ich, wie eine solche Strategie am besten implementiert werden kann. Des Weiteren zeige ich auf, weshalb konventionelle Investmentstrategien häufig so schlecht funktionieren. Es scheint eine Reihe von Ursachen zu geben, deretwegen viele Investoren nicht den Ansatz verfolgen, für den ich eintrete. Zum Teil werden viele Entscheidungen unüberlegt getroffen oder sind durch konventionelle wirtschaftliche Entscheidungsmuster und Verhaltensweisen bestimmt.

Für keinen Investmentbereich ist die Strategie des Quality Growth Investings wichtiger als für Pensionsfonds. Menschen im Rentenalter ein komfortables Leben zu ermöglichen ist eine der größten Herausforderungen hoch entwickelter Gesellschaften des 21. Jahrhunderts. Die wenigsten wissen über die wachsende Kluft zwischen den finanziellen Bedürfnissen, die Pensionisten in Zukunft haben werden – und deren Deckung ihnen versprochen wurde – und den für sie vorgesehenen Rücklagen Bescheid.

Ich glaube, dass Quality Growth Investing wesentlich dazu beitragen kann, diese Krise im Rentensystem zu bewältigen. Leider sind die Fondsmanager durch ein falsches Verständnis des Begriffes Risiko, das leider auch durch die Regulierungsbehörden sowie von staatlicher Seite gefördert wird, sehr wenig motiviert, diese wirkungsvolle Strategie zu verfolgen. Das sollte rasch geändert werden!

Ich möchte an dieser Stelle einige andere vorherrschende Mythen behandeln, die heute unser Verständnis von Investment prägen: den Mythos der Diversifizierung, der Richtlinien hinsichtlich mündelsicherer Veranlagung, der unklugen Fokussierung auf Dividenden. Darüber hinaus werde ich belegen, wie Kapitalwachstum auch in Zeiten kaum positiver oder leicht negativer (bei Betrachtung der Inflation immer negativer) Zinsen erreicht werden kann. Außerdem trete ich der fundamentalen Annahme – die vielfach in den Medien und akademischen Kreisen geäußert wird – entgegen, dass höhere Erträge immer mit höheren Risiken einhergehen.

Das Buch ist wie folgt gegliedert: Teil I beschreibt Quality Growth Investing als Investmentstrategie. Es wird untersucht, weshalb Quality Growth Investing die Aussicht auf überdurchschnittliche Erträge und unterdurchschnittliches Risiko bietet. Auch gehe ich darauf ein, wie eine Investitionsstrategie von externen Ereignissen in Politik, Geldpolitik und an den Rentenmärkten beeinflusst wird. In Teil II wird ausführlich erklärt, wie man die überschaubare Anzahl von Unternehmen findet, die genau all jene Kriterien erfüllen, die nötig sind, um sich als qualitätsvolle Wachstumsunternehmen zu qualifizieren. Nach der Analyse der Zehn Goldenen Regeln, die darlegen, wie man diese Wahl trifft, konzentriert sich das nächste Kapitel darauf, wie die identifizierten Unternehmen in ein Portfolio aufgenommen werden können und wie sie bewertet werden sollten. Teil III, der letzte Abschnitt, zeigt auf, wie sich Quality Growth Investing von anderen Ansätzen unterscheidet. Außerdem werden Gedanken zu vorherrschenden Marktbedingungen und komplexen Fragen entwickelt, die Investoren mit unterschiedlichen Ansprüchen in einer Welt immer noch und vielleicht ständig sehr niedriger Zinsen, des raschen technologischen Wandels und zunehmender politischer Polarisierungen beschäftigen.

Mir ist vollkommen klar, dass es viele Investoren geben wird, sowohl professionelle als auch private, für die die Anwendung des Quality-Growth-Ansatzes nicht geeignet ist, sei es aus regulatorischen, kulturellen oder anderen Gründen. Ich kann sie nur auffordern, die Beweise für unseren Ansatz zu prüfen. Nachdem wir diesen nun seit gut 30 Jahren in meinem eigenen Investmentmanagementunternehmen konsequent umgesetzt haben, kann ich Ihnen bestätigen, dass die Ergebnisse bisher für unsere Kunden sehr zufriedenstellend waren. Ich verdanke meine ersten Erfahrungen im Bereich Quality Growth Investments ein wenig dem Zufall, ein wenig der Erfahrung und ein bisschen meiner Intuition. Durch die detaillierten Recherchen, die meine Firma durchgeführt hat, und die Ergebnisse, die unsere Fonds über drei Jahrzehnte erzielt haben, bin ich überzeugt, dass diese Strategie eine viel breitere Anwendung verdient.

Mein persönlicher Hintergrund

Mein Glaube an die Vorzüge von Quality Growth Investments entwickelte sich bereits zu Beginn meiner Karriere in der Finanzdienstleistungsbranche und hat sich seitdem jedes Jahr nur noch intensiviert. Alles begann in Wien, am 1. Oktober 1973, als ich bei der damals führenden österreichischen Bank – der Creditanstalt-Bankverein – zu arbeiten begann. Das war der Tag, an dem die OPEC den Preis für ein Barrel Öl vervierfachte. Dieses Ereignis verursachte für eine Reihe von Jahren eine unvorhersehbare Inflation und war die Ursache für den Anstieg von Arbeitslosigkeit und einer brutalen Aktien-Baisse, die bis 1981 andauern sollte. Während dieser schwierigen Jahre durchlief ich eine vollwertige Bankausbildung und arbeitete in allen Hauptbereichen des Bankgeschäfts: Inlandskredite, Interbankengeschäft, Exportkredite, Wertpapierhandel und vielen mehr.

Ich habe damals noch nicht erkannt, wie entscheidend und gewinnbringend diese Ausbildung mein Denken beeinflussen würde. Eine Ausbildung im Bankwesen gerade in einer solchen Krisenzeit half mir, die komplexen Komponenten der Finanzmärkte und ihre Interdependenzen zu erkennen. Ich lernte die Märkte richtig einzuschätzen und Risiken möglichst zu vermeiden, ohne dabei die Perspektive auf die Steigerung des Kapitalwerts aus den Augen zu verlieren. Investitionen in die besten Quality-Growth-Unternehmen schien mir schon damals der sicherste Weg zu sein, dieses zweite Ziel zu erreichen.

1978 bot mir Hambros Bank Ltd. an, beim Aufbau des Geschäfts im deutschsprachigen Raum aktiv zu werden. Bevor ich zu dieser Bank kam, arbeitete ich noch ein Jahr lang bei der renommierten deutschen Privatbank Sal. Oppenheim jr. & Cie., die später von der Deutschen Bank erworben wurde. Ich pendelte zwischen Frankfurt und Köln, um mich auf die Aufgabe bei Hambros vorzubereiten. Während dieses Jahres konzentrierte ich mich auf die Aktien- und Anleihenmärkte und verbrachte viel Zeit mit den Finanzanalysten des Bankhauses Oppenheim, die damals zu den Besten des Landes gezählt wurden. Immer wieder war ich an der Frankfurter Börse präsent, deren Börsensaal damals noch ein geschäftiger, lauter Ort mit viel Aktivität war.

Während dieser Jahre in Wien und Frankfurt war ich von den Aktienmärkten fasziniert und wollte meine Karriere vor allem in diesem Bereich weiterentwickeln. Aber keiner der beiden Märkte kam an die Bedeutung der Londoner Börse heran, also entschied ich mich, meine Karriere am Finanzplatz Nummer eins der Welt, in London, weiterzuverfolgen. Nachdem ich 1979 in die Hambros Bank eingetreten war, bestand meine erste Aufgabe darin, bei der Entwicklung des Interbankengeschäfts aktiv zu werden, bevor ich schließlich meine eigentlichen Interessen und meinen Ehrgeiz in der Abteilung für Investmentmanagement verwirklichen konnte.

1981 begann europaweit der lange Bullenmarkt für Aktien. Kurz darauf wurde ich zum Fondsmanager des neuen Europafonds dieser Bank ernannt. Viele Investitionsbeschränkungen in Europa wurden damals schrittweise aufgehoben, da die Kapitalverkehrskontrollen vor der Gründung des Binnenmarkts der Europäischen Wirtschaftsgemeinschaft abgebaut wurden. In London hatte SG Warburg seinen Investitionsmanagementbereich ausgegliedert, der unter einem neuen »Mantel« namens Mercury Asset Management an der Londoner Börse notierte. Dies war ein kluger Schachzug, der, wie ich hoffte, von Hambros nachgeahmt werden würde. 1986 war ein bedeutsames Jahr für die Londoner Finanzmärkte. Es war das Jahr von Margaret Thatchers Financial Services Act, auch bekannt als der Big Bang, der Londons Stockbroking-Szene revolutionierte, die Doppelgleisigkeit von Broking und Market Making abschaffte und damit die Tür zu den US-Finanzunternehmen öffnete. Ab 1986 arbeitete ich drei Jahre bei einer Schweizer Investmentgesellschaft.

Der damalige Anstieg der Investitionstätigkeit in Europa und darüber hinaus brachte eine Welle von bisher weitgehend unbekannten Portfoliomanagementsystemen hervor. Ich war häufig in Genf, wo meine Arbeitgeber ihren Sitz hatten. Sie waren wichtige Player in der relativ neuen Welt der Hedgefonds und hatten Zugang zu vielen Investmentmanagern an der Wall Street. Außerhalb des Hedgefonds-Bereichs bestanden ihre Hauptkontakte zu WP Stewart & Co., damals der Inbegriff eines klassischen Investmenthauses. Dieses Unternehmen favorisierte schon damals das, was ich jetzt einen Quality-Growth-Ansatz nenne.

Meine vertieften Beziehungen zu dieser Firma halfen mir, meine frühe Überzeugung zu festigen, dass Investitionen in die besten Konzerne der Welt, die auf der Grundlage harter Regeln ausgewählt wurden, der zuverlässigste Weg seien, um die Qualität eines Investments zu erhalten und darüber hinaus zu optimieren. Die wichtigste Erkenntnis war, sich mehr auf die Qualität des jeweiligen Unternehmens und seiner Geschäftsfelder zu konzentrieren als auf dessen Börsenkurs. Nur ein breites Wissen um die tatsächlichen Werte der Unternehmen, in die Kunden investieren, erlaubt ein klares Urteil über mögliche Kapitalzuwächse. Risiken können am besten durch klare Regeln, mit denen man den Versuchungen des kurzfristigen Kaufens und Verkaufens entrinnt, umgangen werden. Dadurch bestätigte sich auch meine Vermutung, dass höhere Erträge auch ohne größere Risiken erzielt werden können.

1989 war ich von der Folgerichtigkeit meiner Strategie so überzeugt, dass ich eine eigene Firma gründete und nach meinen persönlichen Vorstellungen aufbaute. Trotz der mir bekannten enormen Herausforderungen eines hoch kompetitiven Investmentmarktes verließ ich nach drei Jahren Genf, kehrte nach London zurück und begann Schritt für Schritt mein Unternehmen aufzubauen. Die erste Zeit verbrachte ich mit der Suche nach den richtigen

Investmentmöglichkeiten, gleichgesinnten Partnern und Kunden. Dazu gehörte natürlich auch Glück, das ich ebenfalls hatte, und so habe ich meine Entscheidung trotz aller Herausforderungen und Rückschläge nie bereut.

Nach über 30 Jahren Erfahrung mit meinem eigenen Unternehmen, ausgezeichneten Mitarbeitern sowie Bullen- und Bärenmärkten bleibt mein Glaube an Quality Growth Investing ungebrochen. Diese Überzeugung beruht auf einer langen Reihe von Erfolgen, die in der Philosophie dieser Strategie und der langfristigen Orientierung der Veranlagungen liegen. So schwierig es auch sein mag: Auf lange Sicht das grundlegende Signal von den Störgeräuschen zu trennen ist eine Strategie, die funktioniert. Und wie heißt es so schön: Wozu etwas ändern, das glänzend funktioniert?

Peter Seilern

London, Jänner 2022

TEIL I

DAS GROSSE WARUM

KAPITEL 1

HÖHERE ERTRÄGE UND GERINGERES RISIKO

Warum ist ein Portfolio aus Quality-Growth-Aktien so attraktiv? Weil es nur so gelingt, die Balance zwischen Ertrag und Risiko zu halten. Obwohl es üblicherweise heißt, dass sich diese zwei Faktoren wie ein Tandem verhalten, kann man nicht so einfach sagen, dass mehr Erträge automatisch auch mehr Risiko bedeuten. Es ist möglich, eine Investmentstrategie zu haben, die höhere Erträge bei unterdurchschnittlichem Risiko erreicht. Daher wird jeder vernünftige Investor, der diese Möglichkeit erkennt, diese auch ergreifen. Das ist, kurz gefasst, die Philosophie und das Versprechen von Quality Growth Investing gegenüber dem Investor, das wir in den letzten Jahren auch immer eingelöst haben.

Meine Erfahrungen zeigen, dass die meisten Investoren die Notwendigkeit einer klaren und überlegten Strategie nicht erkennen und sich über die wahre Bedeutung des Risikos nicht im Klaren sind. Das ist der Hauptgrund für enttäuschende Erträge bei vielen Investments. Zwischen 60 und 80 Prozent der professionell gemanagten Fonds verfehlen daher auch die anvisierte Benchmark oder – nach Abzug der Gebühren – den entsprechenden Indexfonds. Ein erfolgreicher Investor muss daher große Anstrengungen unternehmen, um die Fallstricke zu vermeiden, in die die Mehrheit tappt. Der Investor muss zu Beginn sein Ziel, den Zeithorizont und die Höhe des Risikos klar definieren, das in Kauf zu nehmen er bereit ist. Je geduldiger er ist, desto eher wird er Erfolg haben. Die Umsetzung hat in einer Weise zu erfolgen, bei der alle emotionalen Einflüsse ausgeschaltet sind.

Seilern World Growth versus MSCI World

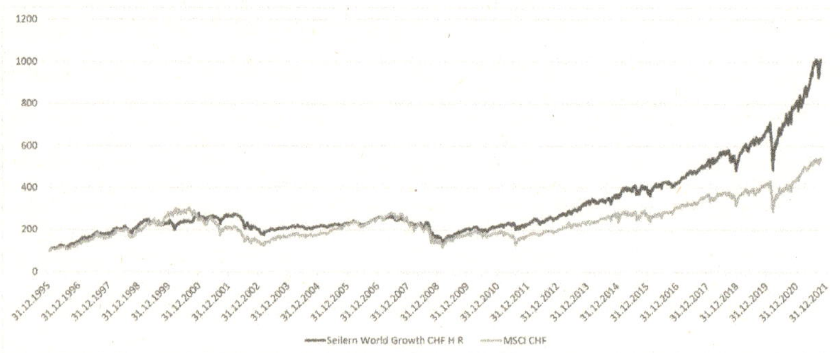

Quelle: Seilern Investment Management, Bloomberg

Quality-Growth-Aktien, wie wir sie definieren, werden üblicherweise nicht als eigene Asset-Klasse angesehen. Allerdings haben sie einzigartige und ununterscheidbare Charakteristika, sodass sie meiner Meinung nach tatsächlich eine eigenständige Anlageklasse darstellen. Investoren definieren Staatsanleihen, Aktien und andere festverzinsliche Wertpapiere, Währungen, Rohstoffe, Immobilien und Sachwerte wie Kunstwerke, Oldtimer oder wertvolle Weine als Asset-Klassen. Darüber hinaus gibt es noch in jeder Kategorie weitere Unterklassen wie Unternehmensanleihen, Hedgefonds und Derivate.

Das Mantra des Quality-Growth-Investors ist einfach: Nur das Beste ist gut genug. Seine Definition von Qualität und Wachstum ist detailliert und spezifisch. Damit wird das Feld potenzieller Investments sehr eingeengt und umfasst nur noch eine kleine Zahl an fundierten, öffentlich gelisteten Unternehmen, die eine genaue Anzahl an präzisen positiven Eigenschaften besitzen. Dazu zählen außergewöhnlich gute Bilanzen, hohe Gewinnraten (bezogen auf das eingesetzte Kapital), Marktführerschaft in einer wachsenden Branche, klar definierte Wettbewerbsvorteile und ein aktionärsfreundliches Management, das für eine gute Unternehmensführung sorgt (die zehn wesentlichsten Kriterien werden in Kapitel 3 beschrieben). Dabei müssen immer alle Kriterien erfüllt sein, nicht nur einige.

Daher gehören die infrage kommenden Unternehmen gewissermaßen einem exklusiven Eliteclub an. Von den 50.000 Unternehmen, die derzeit an den führenden Börsen notieren, entsprechen nur rund 60 zu jeder Zeit allen Kriterien eines Quality-Growth-Investors, wie es mein Unternehmen repräsentiert. Diese Firmen sind tatsächlich die *Crème de la crème* der Weltwirtschaft. Ihre größte Stärke ist nicht nur, dass sie gut geführt werden und profitabel sind, sondern darüber hinaus, dass sie durch ihr sensibles Management auch in Zukunft grundlegend und dauerhaft profitabel bleiben werden. Für den geduldigen, langfristig denkenden Investor sind sie ein Geschenk, ein Füllhorn, das kontinuierlich ausschüttet. Nur wenige andere Asset-Klassen besitzen eine so mächtige Kombination positiver Qualitäten.

Ein Portfolio aus solchen Investments ist im Gegensatz zur landläufigen Meinung weniger risikoreich als andere Investmentmöglichkeiten wie Staatsanleihen oder klassische Bankdepots. Im Gegenzug muss man jedoch über Risiko und Ertrag anders denken, als die traditionelle Literatur oder Ausbildung es lehren. In diesem Kapitel betrachte ich daher Erträge und Risiko in gleicher Weise.

Kontinuierliche Erträge

Das Grundprinzip jedes Investments ist, dass der Aktienwert dem Gewinn je Aktie innerhalb einer bestimmten Zeit entspricht. Die erzielbaren Gewinne für einen Investor hängen also vom Umsatz, der positiven Entwicklung des Cashflows und dem Return on Investment (ROI), also der Anlagerendite ab. Daraus folgt, dass Unternehmen mit außerordentlichen Ergebnissen auch überdurchschnittliche Erträge für den Investor liefern müssen.

Die Fakten belegen, dass sich die Erträge exakt so entwickeln. Auf kurze Zeit kann an den Börsen alles passieren, weil die Kurse in einem diffusen Universum aus Gefühlen und Spekulationen steigen und fallen. Aber das langfristige Muster ist glasklar. Die Aktien von Unternehmen mit beständigen Gewinnen und hohem und kontinuierlichem, überdurchschnittlichem Wachstum, falls sie zu einem vernünftigen Preis gekauft werden, bieten höhere Erträge als jene von Unternehmen mit schlechteren Zahlen. Sie werden sogar besser performen als der Aktienmarkt insgesamt.

Das wird durch viele Daten belegt. 2018 ergab eine Studie der amerikanischen Investmentfirma GMO, die die Kurse über 90 Jahre von 1928 bis 2018 verglich, dass die Unternehmen mit den besten Kennzahlen um 0,4 Prozent besser abschnitten als der Aktienmarkt insgesamt. Wenn man dazu noch Bewertungskriterien wie den Kauf zu vernünftigen und nicht überteuerten Preisen anlegt, übertrafen sie den Markt sogar um 1,4 Prozent pro Jahr. (Das schwierige Thema der Bewertung und der »verrückten« Preise wird an späterer Stelle erklärt.)

Diese Zahl erscheint auf den ersten Blick nicht sehr hoch. Wenn man jedoch den Zinseszinseffekt berücksichtigt, dann erzielt ein so optimiertes Portfolio über acht Jahre um 10 Prozent bessere Erträge, über 30 Jahre sogar 50 Prozent. Je nach Startkapital des Investors wird ein solches Portfolio also um Tausende oder sogar Millionen Dollar wertvoller sein.

Meine Erfahrung mit Quality-Growth-Aktien übertrifft die Zahlen der GMO-Studie noch bei weitem. Kunden, die vor 25 Jahren in den Seilern World Growth Fonds investierten, haben ihr Kapital um 911 Prozent insgesamt oder 9,4 Prozent pro Jahr vermehrt. Gegenüber dem Index MSCI World sind das 488 Prozent insgesamt oder 2,8 Prozent pro Jahr mehr. Der Anteilspreis dieses Fonds stieg allein in den vergangenen zehn Jahren um das 3,5-Fache oder 13,2 Prozent pro Jahr. Damit belegt mein Fonds den dritten Platz unter den in UK registrierten globalen Aktienfonds. Es ist aber kein Zufall, dass die zwei Erstplatzierten mit derselben Philosophie arbeiten.

Ich muss allerdings erwähnen, dass die Unternehmen, die GMO beurteilte, zwar den in diesem Buch beschriebenen ähnlich, jedoch nicht identisch mit ihnen sind. GMO beobachtet die besten 30 Prozent der Unternehmen im S&P Index. Unsere Standards liegen allerdings weit höher. Unser Qualitäts-Paket muss auch langfristiges Wachstum enthalten. Wir nehmen nicht einen Prozentsatz der besten Unternehmen, sondern nur jene Gesellschaften, die alle unsere Standards erfüllen. Unser Investmentuniversum ist daher viel kleiner, die Qualität der Unternehmen dafür aber auch wesentlich höher.

Entsprechend würde man auch annehmen, dass diese Aktien höhere Erträge erzielen, und tatsächlich ist es so. Die unten stehende Tabelle zeigt, wie sich höhere Wachstumszahlen der Unternehmen in unserem Fonds in besseren Erträgen niederschlagen. Die Gesamtkapitalrendite (ROIC) der 60 Unternehmen, die sich für unseren Fonds qualifizierten, liegt bei 19 Prozent, die der 500 Unternehmen im S&P Index bei 7 Prozent. Dabei handelt es sich um den Durchschnittswert aller 60 Unternehmen, nicht der 25 bis 30 Unternehmen, die sich aktuell in unserem Fonds befinden.

Allerdings ist diese Kennzahl nicht die einzige, die für die höheren Erträge verantwortlich ist. Ebenso wichtig ist der Prozentsatz des jährlich wieder investierten Gewinns. Wenn Unternehmen ständig erfolgreich investieren können, steigert das auch ihren Gewinn. In unserem Universum beträgt der Durchschnittswert der Ausschüttungsraten 43 Prozent, im S&P sind es 79 Prozent. Das erklärt, warum diese Firmen weniger Dividenden auszahlen, jedoch über lange Zeiträume hinweg besser performen.

Andere, ebenfalls wichtige Aspekte dieser Analyse werden im nächsten Teil besprochen. An dieser Stelle ist es lediglich wichtig, festzuhalten, dass die höheren Erträge unserer Investoren ganz wesentlich von dem Fakt abhängen, dass diese Unternehmen mehr Gewinn machen und ihr Kapital effizienter einsetzen als andere. Theorie und Praxis lehren uns, dass sich solche Gewinnmaximierungen immer in höheren Erträgen dokumentieren.

	Seilern-Investment-universum	S&P 500 Index
Gewinn auf investiertes Kapital	18,8 %	6,94 %
Auszahlungsrate	43,1 %	77,3 %
Dividendenrendite	1,3 %	1,3 %
Gesamtgewinn pro Jahr	17,5 %	16,2 %

Quelle: Seilern Investment Management

Der Preis, den ein Investor für solche Aktien zahlen muss, kann sehr stark schwanken. Das eine Mal scheint er günstig zu sein, ein anderes Mal extrem hoch. In kurzen Zeitspannen werden sich Profitabilität und Ertrag nicht parallel entwickeln. Daher ist Disziplin bei An- und Verkauf ein wesentliches Kriterium des Investmentprozesses. Auch bei den besten Unternehmen wird man keine überhöhten Preise zahlen, um sie zu erwerben, oder sie gar unter Preis verkaufen. Die wesentlichste Frage bleibt, was noch eine Chance ist und wie man »zu billig« definiert.

Über längere Zeit zeigt sich aber, dass der Ertrag immer mehr mit der Qualität und Profitabilität eines Unternehmens zusammenhängt. Je länger man investiert bleibt, desto unwesentlicher wird der Einstandspreis. Wenn also die jährliche Gewinnsteigerungsrate über 20 gute und schlechte Jahre bei 15 Prozent liegt, wird auch der Ertrag bei etwa 15 Prozent liegen. Dieser Sachverhalt bestätigt sich immer wieder.

Gewinnwachstum versus Aktienpreissteigerung

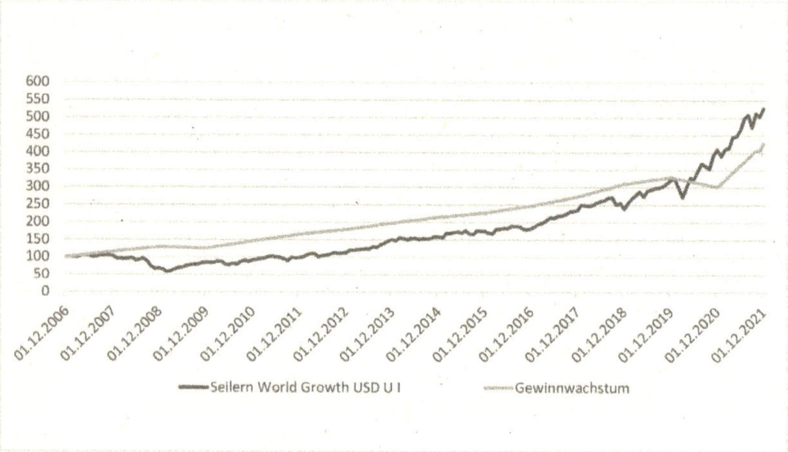

Quelle: Seilern Investment Management, Bloomberg, Factset
Der Wachstumsindex des Seilern-Investmentuniversums wurde als mittlerer jährliche Wachstumsrate der Aktien im Seilern-Investmentuniversum berechnet.

Das ist der Grund, weshalb Investoren, die sich dem Quality Growth Investing verschrieben haben, immer geduldige Langzeitinvestoren sind, und das müssen sie auch sein. Sie sind keine Spekulanten oder kurzfristig engagierte Händler, und sie möchten kein schnelles Geld machen. Sie suchen daher auch nicht nach Aktien, deren Wert sich innerhalb eines Monats oder eines Jahres verdoppelt. Ihr Ziel ist der Erhalt des Kapitals und Wachstum über viele Jahre. Während die Kurse vieler Aktientitel ständig steigen und fallen, entwickeln sich die Aktien von Quality-Growth-Unternehmen langsam und stetig.

Daher ist es die Kombination von höheren langfristigen Erträgen und dem Vertrauen auf ihren Erfolg, die das Quality Growth

Investing so effizient und belastbar macht. Das unterscheidet eben Quality-Growth-Investoren von all jenen, die nur auf den Aktienkurs achten und nicht auf die erfolgreiche Entwicklung des Unternehmens selbst. Vor vielen Jahren erklärte John Maynard Keynes, der berühmte Ökonom und Investor, dass der Quality-Growth-Investor seine Erträge aus dem Erfolg der Unternehmen ziehen will. Alle, die nur den Kurs betrachten und wenig über die Unternehmen wissen, sind meines Erachtens Spekulanten und repräsentieren damit einen völlig anderen Menschenschlag.

Das zweite Standbein: Risiko

Die Quality-Growth-Investing-Strategie fußt auf zwei Standbeinen: der Sicherheit, dass außerordentliche Unternehmen im Laufe der Zeit auch außergewöhnliche Erträge erzielen, und einem unterdurchschnittlichen Risiko, mit dem diese Erträge erwirtschaftet werden. Das Risiko eines Investments ist im Allgemeinen ein nicht so einfach zu beschreibender Sachverhalt, doch in diesem Zusammenhang ist er nicht allzu schwer zu verstehen. Die Qualität von Unternehmen bietet generell große Sicherheit, primär vor dem Risiko eines Totalverlustes des investierten Kapitals. Gerade diesen Sachverhalt zu verstehen ist wesentlich, weil die Qualität über den Erfolg eines Investments entscheidet.

Der durchschnittliche Investor beurteilt das Risiko seines Investments anhand der täglichen oder wöchentlichen Wertschwankungen. Akademisch betrachtet, wird das Risiko vornehmlich an der Volatilität gemessen, also an den Preisänderungen, die bei jedem Kauf oder Verkauf entstehen. Die Medien stellen meist große Aktienverluste und fallende Kurse in den Mittelpunkt der Berichterstattung. Steigende Kurse hingegen finden wesentlich weniger Aufmerksamkeit. Die dahinterstehende Annahme lautet, dass die Größenordnung einer Kursänderung ein Indiz für die Höhe des Risikos sei.

Diese Art der Risikowahrnehmung führt jedoch in die Irre und ist gefährlich. Natürlich ist für einen Investor, der an einem bestimmten Tag kaufen oder verkaufen muss, der aktuelle Preis von großer Bedeutung. Es ist für ihn belastend, wenn sich der Aktienpreis jeden Tag signifikant in die eine oder andere Richtung ändert. In der Praxis treten solche Ereignisse bei »echten« Investoren – im Unterschied zu Day-Tradern – selten und meistens eher zufällig als geplant auf. Jeder, der praktische Erfahrungen mit der Börse hat, weiß, dass kurzfristige Kursschwankungen viele, sehr oft vorübergehende und irrationale Gründe haben. Meist haben sie auch nichts mit der Entwicklung des Unternehmens und der Branche zu tun, in die man investiert ist.

Wirklich von Bedeutung ist die Beurteilung der Qualität der Fundamentaldaten eines Unternehmens. Hier ist die Frage zu stellen: Wie entwickeln sich Cashflow, Gewinne oder die Bilanz? Der legendäre Investor Benjamin Graham hat es sehr treffend so beschrieben: Auf kurze Zeit ist die Börse eine Abstimmungsmaschine und spiegelt nur das wider, was die Mehrheit der Investoren gerade denkt; langfristig ist die Börse aber eine Waage, bei der die Qualität der Fundamentaldaten den Aktienkurs bestimmt. Das größte Risiko eines langfristigen Investors ist daher nicht der Kurs vom folgenden Tag, sondern die Unsicherheit darüber, ob sich die

Fundamentaldaten des Unternehmens heuer, nächstes Jahr oder in den Jahren darauf verbessern oder verschlechtern werden.

Wenn sich die Fundamentaldaten verschlechtern und das Management nicht in der Lage ist, diese Situation zu ändern, dann besteht für den Investor wirklich das Risiko eines Totalverlustes des investierten Kapitals. Für einen Investor spielt es eine weitaus wichtigere Rolle, vor einem Totalverlust geschützt zu sein, als sich Gedanken darüber zu machen, ob seine Investition von Tag zu Tag etwas mehr oder weniger wert ist. Daher ist Volatilität eine unzureichende Methode, Risiko zu messen. Diese Art der Risikobewertung ist relativ trivial, meistens irrelevant und sagt nichts darüber aus, ob das investierte Kapital in Gefahr ist oder nicht.

Trotzdem sind die Kurse von Quality-Growth-Aktien meist weniger volatil als jene von »durchschnittlichen« börsennotierten Unternehmen. Das ist aber nicht der Hauptgrund, warum sie fundamental risikoärmere Investitionen darstellen. Vielmehr zeigt eine andere Studie, die GMO 2012 durchgeführt hat, dass der durchschnittlich höhere Ertrag von Quality-Growth-Aktien in Zeiten fallender Kurse noch markanter ausfällt. Solche Phasen sind nicht sehr häufig, aber sie können große Vermögen vernichten. In den vergangenen 20 Jahren gab es zweimal solche Phasen, nämlich 2000 bis 2002 und 2007 bis 2009. Beide Male fielen die Kurse von Spitzenwerten auf Tiefststände, zumindest um 50 Prozent während jeweils kurzer Zeitspannen.

In solchen Phasen wird das Risiko eines Totalverlustes sehr real. Schlechte und mittelmäßige Unternehmen gehen in Konkurs, angeführt von jenen, die ihre Bilanzen geschönt haben, um Schulden zu verbergen. Wenige Investoren sind vor Kursverlusten gefeit. Aber alle, die plötzlich ein bankrottes Unternehmen besitzen oder verkaufen müssen, um zu Cash zu kommen, stehen vor einem Kapitalverlust. Auch Investoren, die dem Quality Growth Investing folgen, sind gegen Kursverluste nicht immun. Aber die Auswirkungen werden weniger schwerwiegend sein, weil die Unternehmen mit ihrem Portfolio noch immer Gewinne machen werden. Sie werden nicht pleitegehen, denn das Risiko ist auf einen zeitweiligen Kursrückgang beschränkt.

Nach der GMO-Studie ist der Aktienkurs von Quality-Growth-Aktien im Schnitt um 3 bis 5 Prozent höher als der Gesamtmarkt. Daher sind die Kursverluste dieser Papiere viel weniger dramatisch als die des Gesamtmarktes. Wenn aber die Krise – üblicherweise nach 18 Monaten bis zwei Jahren – endet, hat der Investor von Quality-Growth-Aktien viel bessere Chancen, den folgenden Aufschwung zu nutzen – selbst dann, wenn er keine Vorsorge betreibt, den Verlust zu minimieren. Sein Kapital bleibt intakt.

Die Grundfrage, die sich ein Investor stellen sollte, ist ganz einfach: An welchen Unternehmen möchte er in Krisenzeiten lieber Anteile halten? An solchen, die ihre Qualität und ihr Wachstum über Jahre bewiesen haben, die schuldenfrei und grundsätzlich profitabel sind – oder an kreditfinanzierten Unternehmen, die in die Verlustzone geraten, wenn die Zeiten schlecht sind, und wochenlang mit Banken verhandeln müssen, um nicht bankrott gehen. Für mich ist die Antwort ganz simpel: Risikoreichere Unternehmen mögen in guten Zeiten höhere Kursanstiege haben, aber Investoren in Quality-Growth-Aktien wissen, dass ihr Kapital immer geschützt ist und ihre Unternehmen auch genügend Kraft besitzen, die nächste Krise ohne fundamentalen Schaden zu überstehen.

Ich zitiere die entsprechenden Studienergebnisse von GMO: »Unternehmen mit außerordentlicher Profitabilität gehen nicht bankrott. Unternehmen mit außergewöhnlicher Profitabilität garantieren außergewöhnliche Erträge. Wahrscheinlich werden schwache Unternehmen auch schwach performen. Das ist auf Unternehmens- und auf Marktebene richtig. Gewinne sorgen für Erträge. Das spricht sehr für eine Risiko- und Investitionsstrategie, die sich auf die Profitabilität unter allen Bedingungen konzentriert.« Das ist das Glaubensbekenntnis eines Investors, der Quality Growth Investing betreibt.

Weitere Risikofaktoren

Das größte Risiko für einen Kapitalverlust liegt in den meisten Fällen beim Investor selbst. In guten Zeiten erwirtschaftet er Gewinne nur um ihrer selbst willen. Ein altes Sprichwort der City of London lautet daher »Gewinn ist Gewinn ist Gewinn«. So denkt jedoch kein Investor von Quality-Growth-Aktien. Er weiß, dass er die Zeit auf seiner Seite hat. Er besitzt die besten Aktien und kann daher Ruhe bewahren und abwarten, bis sich deren hohe Qualität in entsprechenden Erträgen niederschlägt.

Viele Investoren huldigen allerdings einer Form des reinen Aktivismus. Aufmerksam registrieren sie jede Ankündigung und jedes Ereignis und machen sich sogleich an entsprechende Anpassungen ihres Portfolios. Nach jeder Budgetrede entwerfen sie eine neue Kaufliste, nach jeder Zinssatzänderung bereiten sie neue Handelsaktivitäten vor, nach jeder Wahl möchten sie sogleich auf die veränderten wirtschaftlichen Rahmenbedingungen reagieren. Meistens sind diese Aktivitäten eine unnötige Verschwendung von Zeit und Geld. Genau dieses Verhalten führt nämlich zu steigender Volatilität an den Aktienmärkten.

Ich habe schon betont, dass es ein großer Irrtum ist, die Volatilität mit Risiko gleichzusetzen und beides gewissermaßen zu verwechseln. Diesen Fehler begehen in erster Linie jene Investoren, die emotional auf alle kurzfristigen Wertänderungen ihres Portfolios reagieren. Je nervöser Investoren sind, desto mehr erhöht sich die Wahrscheinlichkeit, dass Volatilität eintritt, da der Kursverfall durch Panik und Trendfolgen noch verstärkt wird. Doch auch bei steigenden Preisen ergibt sich das gleiche Spiel, weil dann die Märkte durch Investoren, die lediglich allgemeinen Trends folgen oder durch simple Gier getrieben sind, dazu beitragen, dass die Kurse auf ungerechtfertigte Höhen getrieben werden.

In beiden Perioden schaffen nicht die Unternehmen mit ihren Fundamentaldaten Volatilität, sondern nur die Stimmung der übervorsichtigen oder unüberlegten Investoren. Kurz gesagt: Emotion siegt über Vernunft.

Leider unterminieren solche sich wiederholenden Aktionen immer wieder aufs Neue das Kapital eines Portfolios und vergrößern damit das Risiko eines Totalverlusts. Das Geld, das ein hyperaktiver Investor für Käufe und Verkäufe ausgibt, kommt immer aus dem investierten Kapital. Auch wenn es manchmal nur Bagatellbeträge sind, das dafür eingesetzte Kapital wird in sinnloser Weise verpulvert. Vielmehr sollte jede Kapitalbewegung zu einer Gewinnmaximierung führen, die das eingesetzte Kapital vermehrt.

Viele Investoren sind bei steigenden Kursen auf Gewinne aus in der Hoffnung oder der Erwartung, bei bald darauf fallenden Kursen günstig zurückkaufen zu können. Man nennt dies Market Timing, und das kann sehr kostenintensiv sein. Um langfristig erfolgreich zu sein, bedarf es hingegen zweier Entscheidungen: Verkauf und Kauf jeweils zur richtigen Zeit. Wird eine der Entscheidungen falsch getroffen, entsteht bleibender Kapitalverlust. Je aktiver man handelt, desto größer ist das Risiko solcher Fehlentscheidungen. Das ist auch einer der Gründe, warum professionell gemanagte Fonds sich nicht so gut entwickeln, wie sie es eigentlich sollten. Deswegen kommen Fondsmanager auch immer mehr unter Druck, ihre Managementgebühren zu senken, weil es immer augenscheinlicher wird, wie signifikant sich diese auf den Gewinnverlauf auswirken.

Daher ist es sowohl für die Sicherung des Kapitals als auch für dessen Wachstum unerlässlich, der Versuchung zu widerstehen, sein Portfolio dauernd umzuschichten. Ein Portfolio, das in Quality-Growth-Aktien investiert, benötigt Zeit, um zu reifen. Es belohnt den geduldigen Investor am Ende reichlich. Daher ist ein Investor auch besser beraten, die Zeit, die er durch das Vermeiden unnötiger Transaktionen spart, in den Aufbau und die Erweiterung seiner Kenntnisse über Quality-Growth-Aktien und Quality-Growth-Unternehmen zu stecken. Es ist entscheidend, einfach seine Arbeit überlegt und konsequent zu tun – und dann wird der Ertrag auch kommen. Der Aktienkurs von heute oder morgen ist für derart ausgerichtete Investoren von untergeordneter Bedeutung.

Risiko ist Ansichtssache

Ein etablierter Grundsatz lautet, dass jeder Anleger für höhere Erträge auch ein höheres Risiko in Kauf nehmen müsse. Leider ist dieser Grundsatz falsch. Denken Sie ans Roulette: Alle Chips auf eine Farbe zu setzen bedeutet die Chance auf das doppelte Kapital, jedoch mit dem Risiko des Totalverlustes. Es ist kein größeres Risiko vorstellbar, und so würde auch niemand einem Anleger zu einem derartigen Vorgehen raten. Die Idee, dass ein höheres Risiko gleichzeitig höhere Erträge bedeutet, ist also falsch. Ebenso falsch ist der Grundsatz, dass Assets, die normalerweise als risikoarm beschrieben werden, auch risikoärmer sind.

Es ist eine weit verbreitete Ansicht, dass Bargeld auf einem Sparbuch auf der Bank risikofrei angelegt sei, gefolgt von Investitionen in Staatsanleihen. Beide Annahmen sind grundsätzlich falsch. Beginnen wir beim Sparbuch: Dabei geben wir der Bank ein Darlehen für das Versprechen, dafür Zinsen zu bekommen. Das gilt jedoch nur, wenn man das Glück auf seiner Seite hat. Derzeit bekommt man nämlich sehr wenig bis gar nichts für seine Bankguthaben.

Aber warum sollen wir einer Bank vertrauen, warum sind wir sicher, das Geld auch zurückzubekommen? Unbesichert bedeutet ungesichert, es gibt nichts, was das Versprechen einer Bank, das Geld zurückzuzahlen, unterstützt. Im Krisenfall kann die Bank das Geld von ihren Kreditnehmern zurückverlangen, um ihre Darlehen auszuzahlen. Aber wie liquide sind die Kreditnehmer? Niemand kann das wirklich wissen. Denken Sie daran, als 2013 auf Zypern die Banken und die Regierung ihre politischen Interessen über ihre Verpflichtung stellten, Sparguthaben wieder auszuzahlen. Die

Kunden wurden damals sogar gezwungen, auf Teile ihrer Forderungen zu verzichten.

Auch wenn wir solche Extrembeispiele für legalisierten Diebstahl ausblenden, können wir nie sicher sein, ob unser eingezahltes Geld weise oder verantwortungslos investiert wird. Immerhin haften die Banken in Deutschland bis zu einer Höhe von 100.000 Euro für Bankguthaben. In vielen anderen Ländern dagegen haften die Regierungen bis zu einem gewissen Betrag, was Manager dazu verleitet, noch mehr Risiko einzugehen. Dieser Umstand war einer der Gründe für die Kreditkrise 2007 bis 2009.

Auch Staatsanleihen sind nicht so risikoarm, wie die Theorie besagt. Derzeit bieten Schuldverschreibungen europäischer Staaten Negativzinsen, der Anleger zahlt also dafür, dass er sein Geld herleiht. Er bekommt daher kaum oder gar keine Zinsen und bezahlt die Garantie, nach einer bestimmten Zeit sein Kapital wieder bekommen, mit der Unsicherheit, ob das Kapital dann auch so viel wert ist wie zuvor. Inflation ist der größte Feind von Festzinsinvestitionen. Inflation bedeutet daher einen Verlust an Kaufkraft. Eine Anleihe ohne Zinsen oder mit Negativzinsen ist also kaum eine risikoarme Veranlagung. Das weltweite, starke Ansteigen der Inflationsraten in letzter Zeit, hat diese Debatte neu entfacht.

Daher stellt sich für einen Anleger die Frage: Borge ich mein Kapital einer Bank oder einem Staat von zweifelhafter Reputation oder investiere ich es nicht lieber selbst in Quality-Growth-Unternehmen? Damit partizipiere ich am Erfolg der besten und renommiertesten Unternehmen, die über außergewöhnliches Wachstum und überzeugende Bilanzen verfügen und obendrein noch schuldenfrei sind. Betrachtet man die Dinge auf diese Weise, so wird klar: An dieser Investmentphilosophie führt kein Weg vorbei.

Es gibt natürlich auch andere Faktoren, die der Ertragssteigerung abträglich sind und meistens auch nicht vom Anleger beeinflusst werden können. Glück etwa ist ein Faktor, der außerhalb unserer Einflusssphäre liegt, denn ob bei Beginn einer Investition gerade ein positiver oder ein negativer Trend beginnt, können wir meist nicht wissen. Nichts hat einen Anleger an der russischen Börse vor einem Totalverlust bewahrt, als die Bolschewisten 1917 die Macht ergriffen.

Investoren in den USA und im Vereinigten Königreich, die Anfang der 1980er-Jahre mit ihrer Veranlagung begannen, hatten das große Glück, am Beginn des lukrativsten Jahrzehnts für Börseninvestments im 20. Jahrhundert zu stehen. Bis auf eine Korrektur 1987 und eine Rezession ein paar Jahre später konnte man beinahe nichts falsch machen. Auch japanische Investoren konnten sich über hohe Kursgewinne freuen. Anleger, die in den 1990er-Jahren begannen, mussten jedoch fast 20 Jahre mit schwachen Erträgen leben.

Diese Entwicklungen waren ein Spiegelbild der Erfahrungen aus den 1970er-Jahren, als die meisten Anleger starke Verluste akzeptieren mussten. Gründe dafür waren die beiden Ölkrisen, Inflation und eine globale Rezession. Japan entwickelte sich damals viel besser, weil die Börsen die großen Nachkriegserfolge des Wirtschaftswunders Nippons zu dem Zeitpunkt erst einpreisten. Denken Sie dabei beispielsweise an Unternehmen wie Sony und Toshiba.

Einen der positivsten Faktoren der vergangenen 30 Jahre stellt die Entwicklung der Telekommunikation dar. Sie hat tatsächlich globale Märkte für Aktien, Anleihen und Währungen geschaffen. Damit wurde es für Investoren sehr einfach, in Unternehmen und Wirtschaftszweige weltweit zu investieren. Der freie Kapitalverkehr, unabhängige Zentralbanken und die Globalisierung von Produktion und Handel vervielfachten die Investmentmöglichkeiten und erleichterten den Zugang zu ihnen.

Manche Experten behaupten, dass einige Investmentbereiche, darunter auch viele mit einem Bezug zu Aktien, nicht mündelsicher sind. Diese Ansicht ist irreführend. Fundierte, verlässliche Investments bleiben das, was sie sind, gleichgültig, wer sie hält. Die Kursentwicklung wird nicht vom Alter und Status des Investors beeinflusst. Ein Sprichwort sagt: Die Aktie weiß nicht, wer sie hält. Es gibt keinen Grund, warum irgendwer davon abgehalten werden sollte, in die Asset-Klasse der Quality-Growth-Aktien zu investieren, wenn sie doch die sichersten und lukrativsten Investments repräsentieren.

In den zurückliegenden Jahren gab es sehr viele Kursstürze und einen hohen Anstieg der Volatilität. Aber diese Volatilität macht Investments nicht risikoreicher, sondern sorgt für sehr gute Möglichkeiten, Anteile sehr guter Unternehmen zu einem sehr guten Preis zu kaufen. Investoren, die mit einem klaren Kopf entscheiden, profitieren daher von der Volatilität, ohne Risiken einzugehen.

Quality-Growth-Aktien bieten daher eine sehr gute Kombination von überdurchschnittlichen Erträgen mit unterdurchschnittlichem Risiko. Sie werden in guten Zeiten starke Kursanstiege verzeichnen und Rezessionen trotzen. Ein geduldiger und emotional sicherer Investor wird sich durch das konsequente Halten seiner Quality-Growth-Aktien-Positionen erhebliche Transaktionskosten ersparen. Statt hektisch zu traden, kann er die Zeit dazu nutzen, sein Wissen über die Unternehmen und Wirtschaftszweige, in die er investiert ist, zu vermehren. Denn es gibt keine Garantie, nur eine hohe Wahrscheinlichkeit, dass diese Unternehmen auch weiterhin jenes Wachstum erzielen, das sie ursprünglich in den Fokus der Aufmerksamkeit rückte.

Erfolg bedarf laufender Kontrolle

Der Quality-Growth-Investor muss daher alle Anzeichen, die eine Verschlechterung der Wettbewerbssituation bedeuten könnten, genau beobachten und verfolgen. Denn wenn ein Investment sein Potenzial, Ertrag zu bringen, verloren hat, braucht es viel Mut, die eigene Meinung zu ändern, um gegebenenfalls zu verkaufen, und das im ungünstigsten Fall auch mit Verlust. Ständiges Beobachten und Messen der Performance hat also immer höchste Priorität. Dann hat ein Quality-Growth-Investor auch in schlechten Zeiten die Sicherheit, dass sich der Wert seines Portfolios in besseren Zeiten ebenso rasch wieder erholen wird. Es wird unter allen Umständen gut performen. Im Laufe der Zeit wird ein Investor feststellen, dass sich ein durchschnittliches Nettowachstum von 12 bis 15 Prozent auch in einem gleich hohen Ertrag niederschlagen wird.

Denkmuster eines Investors

Das Wissen und das Temperament eines Investors sind von entscheidender Bedeutung. Manche Anleger denken, Investieren sei eine aufregende und abenteuerliche Angelegenheit oder zumindest das Gegenteil von ruhigem und akribischem Arbeiten. Doch jeder, der den Aktienmarkt – sei es im Guten oder im Bösen – mit einem Casino gleichsetzt, irrt gewaltig. Gute Investitionen brauchen Bescheidenheit, Durchhaltevermögen und einen langen Zeithorizont. Der diesem Leitsatz verpflichtete Investor verzichtet auf Emotionen, lässt das Modernistische und Trendige außen vor und ignoriert alle Stimmen, die nach täglichem Handeln rufen.

Es gibt Investoren, die aus Prinzip jedes Risiko meiden, auch wenn häufig das Risiko nur in der eigenen Vorstellung existiert. Sie tolerieren nicht einmal Verluste auf dem Papier. Sie leiden permanent unter Verlustängsten; doch wenn das zugrunde liegende Unternehmen gesund ist, wird sich der Kurs immer wieder bald erholen. Aktien sollten für einen Investor so etwas wie das eigene Haus sein: befindet es sich in bester Lage, so wird es im Wert steigen, und es ergibt keinen Sinn, täglich den Immobilienmakler anzurufen und den Wert der Immobilien immer wieder neu bestimmen zu lassen. Natürlich sollen Investitionen beobachtet werden, so wie der Hausbesitzer immer wieder sein Dach inspiziert, aber es ist sinnlos, dauernd daran herumzuwerkeln.

Investoren, die den Ratschlägen in diesem Buch folgen, werden in der Lage sein, ein Portfolio von Quality-Growth-Aktien aufzubauen, das auch Börsenkrisen gut übersteht und danach gleich wieder Fahrt aufnimmt und die neuen guten Unternehmenszahlen entsprechend in guten Erträgen widerspiegelt. In diesem Spiel wird also der aus Äsops Fabel bekannte »konsequente« Schildkröte immer wieder den »ablenkbaren« Hasen schlagen.

Am wesentlichsten ist aber, dass das eingesetzte Kapital alle Krisen, die die Politik, die Wirtschaft und/oder der Markt an sich hervorrufen, überdauert und dabei noch wächst. Auch wenn diese Wechselfälle meistens speziell sind, kann der Investor doch stets darauf vertrauen, dass genau jene Quality-Growth-Unternehmen am Ende zählen, die sich schon in vielen Krisen behauptet haben.

Das Augenmerk auf die Qualität von Unternehmen zu richten wird sich immer auszahlen und den Investor auch nach Krisenzeiten reich, ja sogar im Überfluss, beschenken.

KAPITEL 2

DER GROSSE HORIZONT

Gute Manager werden alles tun, um die Profitabilität ihres Unternehmens in guten wie in schlechten Zeiten zu erhalten und zu steigern. Unglücklicherweise sind auch die besten Quality-Growth-Unternehmen nicht gegen gesamtwirtschaftliche, politische sowie gesellschaftliche Entwicklungen und Veränderungen immun. Der Quality-Growth-Investor muss sich dieser Implikationen bewusst sein, sie eingehend beobachten und deren Bedeutung für seine Investmentstrategie richtig einschätzen.

Kapitel 2 beschreibt, wie sich diese Entwicklungen auf die Entscheidungsfindung eines Investors niederschlagen können und sollen. Der Fokus wird dabei immer auf den Unternehmen liegen, denn sie sind der Motor seines Investments. Es gibt aber immer wieder Zeiten, in denen andere Faktoren von größerer Bedeutung sein werden. Die Herausforderung dabei ist, angemessen auf Ereignisse zu reagieren, die oft in den Medien sehr wichtig genommen werden, in Wirklichkeit jedoch gar nicht so wichtig oder relevant sind, wie sie zunächst erscheinen.

Markttreiber

Der Investor muss sich bewusst sein, dass es drei Faktoren gibt, die die Märkte – gleichgültig ob diese gerade steigen oder fallen – beeinflussen und erklären: Wachstum, Liquidität und Bewertung. Im Laufe der Zeit ändern sich alle drei Faktoren und verführen so den Investor, Änderungen in seinem Portfolio vorzunehmen. Oft ist es jedoch besser, diesen Versuchungen zu widerstehen.

1 Wachstum

Wachstum ist eine der treibenden Kräfte des Aktienmarktes. Bullenmärkte spiegeln das wirtschaftliche Wachstum eines Staates wider. Steigende Kurse zeigen das Gewinnwachstum einzelner Unternehmen, die die Wirtschaft eines Staates ausmachen. Aktienmärkte aber steigen typischerweise in Erwartung künftiger Gewinnsteigerungen und sind so selbst ein Hauptindikator der Wirtschaftsentwicklung. Das funktioniert auch in die andere Richtung: Frühe und kräftige Kursrückgänge sind meistens ein erstes Anzeichen für einen Wirtschaftsabschwung, der dann ein paar Monate später erfolgt.

Sehr oft ist es diese Indikatorfunktion, die das folgende Argument unterstützt: »Aktienkurse haben immer recht.« Wenn Statistiker feststellen, dass eine Rezession stattgefunden hat, stellt sich meistens heraus, dass der Beginn dieser Rezession einige Monate davor bereits durch rückläufige Aktienkurse angezeigt wurde. Der Aktienmarkt ist zukunftsorientiert und antizipiert wirtschaftliche Entwicklungen sehr früh. Diese Rolle erfüllt er gut. Es besteht jedoch das Problem, dass Rezessionen immer von fallenden Kursen vorweggenommen werden, fallende Kurse aber nicht immer das Anzeichen einer Rezession sind.

Der Aktienmarkt kann also auch falsche Signale aussenden. Das passiert vor allem dann, wenn Investoren ihren Emotionen folgen oder seltsame Veröffentlichungen irrationale Ängste oder Hoffnungen auslösen. Solche Episoden sind auch einer der Auslöser gesteigerter Volatilität. In diesen Zeiten bewegen sich die Aktienkurse von den fundamentalen Werten weg und schaffen damit für den gut informierten Investor Möglichkeiten, günstig zu kaufen oder gewinnbringend zu verkaufen. Es ist daher Aufgabe des Analysten, Kursverluste, die einer Rezession vorausgehen, von jenen, die falsche Signale aussenden, zu unterscheiden.

In Kapitel 1 habe ich erklärt, dass ein Quality-Growth-Portfolio Unternehmen enthält, die auch während einer Rezession wachsen. Ganz unversehrt bleibt jedoch auch ein solches Portfolio während einer Zeit der Kursrückgänge nicht. Aber für einen besonnenen Investor mit guten Nerven und etwas Geld bieten diese Zeiten eine gute Gelegenheit, um zu kaufen. Die Wirtschaft fängt an, sich zu erholen, und einige Monate davor beginnen auch die Aktienkurse wieder zu steigen. Wenn der Investor in der Lage ist, genau diesen Punkt zu erkennen, dann kann er substanzielle Gewinne erzielen, vorausgesetzt, er kauft gerade dann mehr Anteile seiner favorisierten Unternehmen.

Der Nachkauf von Aktien ist – sofern die generelle wirtschaftliche Situation gerade durch niedrige Kurse bestimmt ist – ein wesentliches Instrument, in den Folgejahren attraktive Portfoliozuwächse zu generieren. Das ist aber leichter gesagt als getan. Gerade bei solchen Gelegenheiten ist der Investor meist noch geschockt von den vorangegangenen Verlusten und durch die schlechten Nachrichten in den Medien verunsichert.

Das ändert jedoch nichts an der Tatsache, dass es Unternehmen in wirtschaftlich schwierigen Zeiten, also wenn die Wirtschaft eines Landes generell nicht läuft, schwerer fällt, trotzdem zu wachsen. Das Quality-Growth-**Investmentu**niversum ist aber auf Unternehmen fokussiert, die bewiesen haben, dass sie in der Lage sind, unter fast allen wirtschaftlichen Bedingungen zu wachsen. Ihre Leistungsbilanz wird auch in Krisenzeiten immer besser ausfallen als jene ihrer Mitbewerber und in der darauffolgenden Erholungsphase sehr stark sein. Die Wachstumsrate der Wirtschaft selbst wird aber immer Einfluss auf das Wachstum der Unternehmen nehmen.

In diesem Zusammenhang ist es wichtig, zwischen nominellem und realem Wachstum zu unterscheiden. Das erste repräsentiert das Wachstum von Periode zu Periode. Das zweite, viel relevantere Wachstum ist jenes nach Abzug der Inflation. Nominelles Wachstum ist nur die halbe Miete, das reale Wachstum ist für die Entwicklung der Preise maßgeblich. Zügellose Inflation ist gefährlich – aber eine dauernde Deflation, also das ständige Fallen der Preise, ist noch viel gefährlicher. Ein Preisverfall kann einen kurzfristigen wirtschaftlichen Boom in eine Rezession verwandeln, die im schlimmsten Fall in einem Szenario ähnlich jenem der Großen Depression von 1929 endet. Eine solche Entwicklung ist in der Lage, den Aktienmarkt komplett zu zerstören.

Da Konsumenten zunehmend über das Internet nach Schnäppchen jagen und damit Preise häufig nach unten gedrückt werden, sind die Schwankungen nicht mehr so dramatisch wie früher. Die Inflation bleibt nun seit vielen Jahren sehr gering, zumindest verglichen mit den Schwankungen, die im 20. Jahrhundert stattfanden. Aber das änderte sich 2021 aus unterschiedlichen Gründen, vor allem wegen der starken Reduktion von Investitionen in sogenannte »schmutzige«, fossile Brennstoffe. Das war das unvermeidbare Ergebnis des weltweiten Kampfes gegen den Klimawandel und der politischen Entscheidungen für die Entwicklung sauberer Energien. Durch das Ausbleiben institutioneller und öffentlicher Investitionen im Öl und Erdgas-Sektor gingen die Energiepreise in logischer Konsequenz durch die Decke. Dazu gab es keine Alternative, vor allem weil grüne Energieressourcen noch immer Milliarden-Dollar-schwere Investitionen für Forschung und Entwicklung bedürfen und in den nächsten Jahren auch nicht breit verfügbar sein werden.

Wenn aber die Inflation steigt, werden Unternehmen in zyklischen Branchen immer niedrige Gewinnmargen aufweisen und darum kämpfen müssen, die gestiegenen Rohstoffpreise an ihre Kunden weitergeben zu können. Deswegen haben sich Quality-Growth-Un- ternehmen auch 2021 so gut gehalten, weil sie fast die einzigen sind, die in einem Niedrigpreisumfeld ihre Preise halten oder sogar erhöhen können. Die größte Gefahr droht aber immer von äuße- ren Faktoren, die die Unternehmen nicht beeinflussen können. Das waren etwa die Ölkrisen in den 1970er-Jahren und aktuell die Handelskriege der Supermächte (Handelskriege oder militärische Konflikte zwischen den Weltmächten sind dafür typische Beispiele).

2 Liquidität

Die zweite Variable, die Wirtschaft und Aktienmärkte bestimmt, ist die Liquidität der globalen und nationalen Märkte. Liquidität ist die Geldmenge oder Kaufkraft, die Konsumenten, Produzenten und Regierungen zur Verfügung steht. Makroökonomisch betrachtet repräsentiert Liquidität das im Umlauf befindliche Geld respektive jene Geldmenge, die über Bankkredite erhältlich ist. Dabei spielen die Zentralbanken eine wesentliche Rolle, weil sie die Geldpolitik, also das zu einer bestimmten Zeit in Umlauf befindliche Geld, bestimmen. In der Mikroökonomie stellt Liquidität das nicht investierte Geld von Institutionen und privaten Haushalten dar. In Haushalten ist es das Ersparte, die Differenz zwischen Einnahmen und Ausgaben.

Die Liquidität hat einen großen Einfluss auf die Geldmenge, die in Aktien- und Anleihenmärkte fließt. Sie ist sozusagen das »Öl, das die Wirtschaft schmiert«. Heutzutage halten die Zentralbanken alle Karten zur Steuerung der Liquidität in Händen. Sie können die Geldmenge nach Gutdünken erhöhen oder senken. Sie nutzen diese Macht, um die Inflation und das Wirtschaftswachstum zu kontrollieren. Seit der jüngsten globalen Finanzkrise haben die Notenbanken ihre Macht dazu genutzt, unlimitiertes Geld quasi aus dem Nichts zu schaffen – eine Entwicklung, die unter dem Begriff Quantitative Easing bekannt ist. Dieses neue Geld wird dem Bankensystem in der Hoffnung zur Verfügung gestellt, dass dieses damit einfacher Kredite verleiht. Gleichzeitig versuchen die Notenbanken, große Geldreserven für Banken unattraktiv zu machen, indem sie Negativzinsen für Einlagen bei Zentralbanken verlangen.

Bei Niederschrift dieses Buches war die Liquidität im Markt trotz der erwarteten Reduzierung des Quantitative Easing seitens der Zentralbanken in den folgenden Monaten und Jahren noch immer enorm hoch. Das wird von vielen als einer der Hauptgründe für die gute Entwicklung der Aktienkurse in den vergangenen zehn Jahren genannt. Diese Liquiditätsflut soll den Erwartungen einer geringeren Inflation begegnen, die den privaten Konsum und die Investitionen der Unternehmen behindern könnten. Niemand wird produzieren, wenn er fallende Preise erwartet und nur noch mit Verlust verkaufen kann, und niemand wird kaufen, wenn er auf immer niedrigere Preise wartet. Die nächsten Monate und Quartale werden entscheiden, ob die gegenwärtige Inflation sich als vorübergehend erweisen oder anhalten wird. Wie auch immer die Antwort ausfallen wird, Quality-Growth-Unternehmen werden davon meist unbeeinflusst bleiben.

Aber auch die Zinsen litten unter dem langsamen Wachstum und der niedrigen Inflation. Langsames Wachstum hat die Zinsen niedrig gehalten, um das Geld in den Konsum und in Investitionen zu lenken. Zinsen sind aber für die Liquidität von Investmentportfolios wichtig. Je höher die Zinsen sind, desto interessanter werden Spar- und Termineinlagen als Alternative zu Aktien und Anleihen. Höhere Zinsen lassen jedoch Unternehmen zweimal über mögliche Kreditnahmen nachdenken. Dadurch wird die Liquidität wieder verringert, und auf die Skepsis, die einem Aktienkauf entgegensteht, folgen Unentschlossenheit und die Unfähigkeit, zu investieren.

Investoren müssen daher die Politik der Zentralbanken genau beobachten, besonders die Zinsen und die Liquidität, weil diese die Geldmenge für den Finanzmarkt und das finanzielle Umfeld der Unternehmen bestimmen. Die Art und Weise, wie die US-Notenbank Federal Reserve und ähnlich große Notenbanken die Geldpolitik lockern oder straffen, stellt eine Variable dar, die die Inflationsraten und das Wirtschaftswachstum bestimmen wird. Diese Geldmarktsteuerung bestimmt daher die Entwicklung künftiger Unternehmensgewinne.

3 Bewertung

Wie ein Investor die individuelle Qualität eines Quality-Growth-Unternehmens bewerten soll, wird in Kapitel 6 behandelt. An dieser Stelle beschäftigen wir uns mit der Bewertung des Aktienmarkts als Ganzem. Der Aktienmarkt diskontiert künftige Erträge jedes Unternehmens mit einem speziellen Prozentsatz, um diese heute entsprechend bewerten zu können. Der sich so ergebende Wert wird oft als KGV (Kurs-Gewinn-Verhältnis) ausgedrückt, also als Marktwert der Aktie, geteilt durch den Gewinn je Aktie. Ein KGV kann auch für einen bestimmten Markt oder eine bestimmte Branche angegeben werden. Geldpreisschwankungen werden das KGV einzelner Unternehmen und des Gesamtmarkts immer beeinflussen.

Bewertungsfragen sind eine der meistdiskutierten Grundlagen des Investmentprozesses. Die meisten Investoren stellen diese sogar an die Spitze ihrer Überlegungen. Sie denken, dass sie automatisch mehr gewinnen und weniger verlieren können, je günstiger eine Investmentchance ist. Tatsächlich ist es aber so: Je teurer ein Investment ist, desto größer ist das Potenzial, zu verlieren, entweder auf dem Papier (nominell) oder temporär oder permanent (echtes Geld). Das entspricht dem Bild des klassischen Value-Investors. Im Extremfall handelt es sich um Aktien, die, wie Benjamin Graham sagte, über ein großes und starkes Sicherheitsnetz verfügen. Dieses Sicherheitsnetz besteht nach Meinung des Value-Investors aus dem großen Unterschied des Aktienkurses zum Buchwert.

Wenn also ein Investment den Wert 100 hat und die Aktie am Markt mit 60 gehandelt wird, so ist das ein Kaufsignal, bei dem das Risiko eines Verlusts geringer ist, als wenn die Aktie bei 70 oder 80, wenn nicht gar bei 120 oder 150 gehandelt wird. Das gilt aber nur für die Annahme, dass das Unternehmen tatsächlich korrekt mit 100 bewertet ist. Das ist jedoch nicht immer der Fall. Die Bewertung orientiert sich für einen Anhänger des Graham'schen Ansatzes am Nettovermögen. Dieses existiert aber in verschiedensten Formen, etwa in den immateriellen Vermögenswerten (Goodwill), sodass eine korrekte Bewertung immer eine heikle Aufgabe ist.

Value Investing in diesem engen Sinn funktionierte in der Vergangenheit sehr gut, ist aber heutzutage weniger empfehlenswert. Es gibt unterschiedliche Ansätze, einzelne Investments und Märkte korrekt zu bewerten. Das Thema Bewertung ist das komplexeste der drei Markttreiber, weil es ja auch ständig mit Wachstum und Liquidität interagiert. So verlangt ein höheres Wirtschaftswachstum, das höhere Gewinnvorhersagen impliziert, höhere Bewertungen als in Zeiten schwachen Wachstums oder einer Krise. Liquiditätsmangel hingegen stellt die Verlässlichkeit jeder Bewertung infrage.

Auch Zinsen sind ein wesentlicher Faktor, wenn es darum geht, künftige Gewinne für Unternehmen und den Gesamtmarkt richtig zu bewerten. Aktuell ist das Zinsniveau sehr niedrig, und das führt, wenn alle anderen Parameter gleichbleiben, eher zu steigenden als zu fallenden Aktienkursen. Viele Investoren meinen jedoch, dass dieses Umfeld abnormal und artifiziell sei. Sie argumentieren, dass der Zinssatz, der erforderlich ist, um künftige Gewinne einzupreisen, zu niedrig angenommen wird, das KGV daher zu hoch ist und den Aktienkurs infolgedessen bald korrigieren wird. Die derzeitige Tendenz der Notenbanken zum reduzierten Ankauf von Wertpapieren hat bis jetzt noch keinen negativen Effekt auf den globalen Aktienmarkt.

Es gibt viele unterschiedliche Herangehensweisen, die derzeitigen Bewertungen zu diskutieren. Nach meiner persönlichen Ansicht haben die Kritiker, die aktuelle Bewertungen für zu hoch oder für irreführend halten, die relevanten Einflüsse, die zu schwachem Wachstum, geringen Zinsen und niedriger Inflation geführt haben, zu wenig berücksichtigt. Daher waren die Anhänger des Value Investing viel zu vorsichtig und haben damit den längsten Bullenmarkt der neueren Geschichte versäumt. Das wird im Detail in Kapitel 7 genauer besprochen.

Ein grundlegendes Verständnis der Faktoren, die Bewertungen beeinflussen, ist ein wichtiger Teil der Verantwortung des Investors. Wachstum, Liquidität und Bewertung können sich sehr unterschiedlich und vielfältig verbinden. Sowohl ohne Wachstum als auch ohne Liquidität sind attraktive Bewertungen möglich. Ebenso können Wachstum und Liquidität vorhanden sein mit gleichzeitig beängstigenden Bewertungen. Das war etwa im Jahr 2000 am Höhepunkt der Dotcom-Blase der Fall. Derzeit sind die Bewertungen durchschnittlich, es gibt unspektakuläres wiewohl gleichmäßiges Wachstum und eine enorme Liquidität. Aber es besteht immer die Möglichkeit einer schnellen und unerwarteten Änderung. Der Schlüssel dazu befindet sich wie immer in der Hand der Nationalbanken.

Anleihenmarkt und Zinsen

Es gibt eine feste Verbindung zwischen Aktien und Anleihen, die sich nie ändert und nicht durchbrochen werden kann. An Universitäten und Wirtschaftshochschulen wird gelehrt, dass die Zinsen für langfristige Staatsanleihen die Basis-Benchmark oder die Basisvergütung sind, an der jeder Investor den Wert jedes möglichen Investments zu beurteilen hat. Bei Investitionen in Aktien entscheidet stets der zusätzliche Ertrag, der über dem risikofreien Zinssatz liegt, darüber, ob sich ein solches lohnt oder nicht. Diese relevante Kenngröße wird als Aktienrisikoprämie bezeichnet.

Als Grund für die Notwendigkeit von Prämien wird immer genannt, dass Aktien riskanter seien als Staatsanleihen und daher deren Erträge übersteigen sollten. Diese Risikoprämie variiert von Staat zu Staat, je nach der wirtschaftlichen Stabilität der jeweiligen Region. Argentinien oder Venezuela haben daher eine höhere Risikoprämie als Deutschland, Frankreich oder die Schweiz.

Ob diese Theorien der Wirtschaftshochschulen die Situation exakt beschreiben, ist diskussionswürdig. Es besteht aber kein Zweifel, dass der Preis des Geldes, an den Zinsen gemessen, von essenziellem Einfluss auf die Finanzmärkte ist. Viele Investoren, die Aktien interessanter finden als Anleihen, übersehen, dass der Schwanz des Aktienmarktes immer vom Hund des Anleihenmarktes bewegt wird. Der Anleihenmarkt ist der große Bruder des Aktienmarktes. Der gesamte Wert der festverzinslichen Wertpapiere an den Börsen ist größer als jener von Aktien, und der Unterschied wächst kontinuierlich.

In den ersten zehn Jahren des neuen Jahrtausends wuchs der Anleihenmarkt schneller als die US-Wirtschaft. 2010 lag der Dollar-Wert aller festverzinslichen Wertpapiere fast beim Doppelten der Marktkapitalisierung aller Aktien. Der Einfluss des Anleihenmarktes auf alle wirtschaftlichen Kreise bis hinauf zu den Zentralbanken darf nicht unterschätzt werden. Er ist auch der bestimmende Faktor für den Geldpreis. Da dadurch auch das Risiko besser eingeschätzt werden kann, sollte der Trend zu größeren Anleihenmärkten auch von den Aktienbesitzern begrüßt werden.

Bedeutung und Relevanz der Anleihenmärkte wurden durch die Kapitalmarktregeln der Regierungen nach der Krise von 2008 noch gesteigert. Die neuen Regeln verpflichten Banken dazu, sorgfältiger bei der Kreditvergabe zu sein. Wenn Banken aber weniger Kredite geben, müssen Unternehmen verstärkt auf ihre eigenen Anleihen setzen, um ihr Wachstum zu finanzieren.

Darum ist es umso wichtiger, dass sich ein Investor der Entwicklungen im gesamten Rentenmarkt bewusst ist und nicht nur derjenigen der Staatsanleihen. Ein heutiger Anleger kann sich nur mehr schwer vorstellen, dass es bis in 1980er-Jahre hinein keine Unternehmensanleihen im UK-Markt gab. Auch in den USA wuchs der Markt der High-Yield-Anleihen – mitunter auch als Junk Bonds bezeichnet – von null auf einen Multi-Billionen-Markt.

Warum ist für Aktieninvestoren der Geldpreis so relevant? Zinsen haben den bedeutendsten Einfluss auf den Aktienkurs. Die Funktion des Aktienmarktes besteht darin, künftige Gewinne von Unternehmen schon heute zu bewerten. Zinshöhen stellen den Rechenmechanismus zur Verfügung, um künftige Gewinne bereits heute einzupreisen. Ein risikoloser Zinssatz oder ein sehr guter Näherungswert an diesen sind als Grundlage all dieser Berechnungen zwingend nötig.

Eine Erhöhung der Zinsen wird immer den derzeitigen Wert künftiger Gewinne reduzieren und so den Aktienkurs schwächen. Bei niedrigen Zinsen ist es genau umgekehrt, sie führen zu höheren Kursen. Die genaue Verbindung zwischen Zinssätzen und Aktienbewertungen ist aber nie ganz linear.

In der Vergangenheit wurde, um risikolose Erträge zu erzielen, meist in zehnjährige Staatsanleihen investiert, zu denen dann ein Risikoaufschlag hinzugerechnet wurde.

Hier drängt sich folgende Frage auf: Hat dieser Ansatz – wenn die Zinsen aus politischen Gründen so niedrig gehalten werden und die Staatsschulden seit der Finanzkrise so dramatisch gestiegen sind – noch seine Gültigkeit? Was ist der angemessene Risikoaufschlag für langlebige Unternehmen, wie sie der Quality-Growth-Investor bevorzugt? Diese wichtigen Fragen werden wir in den folgenden Kapiteln diskutieren.

Bullen- und Bärenmärkte

Bullen- und Bärenmärkte gab es in der Finanzgeschichte immer wieder, und sie sind auch ein wesentliches Studienobjekt für jeden Aktieninvestor. Viel Diskussionsstoff bieten Themen wie die Bedeutung des »Gegen-den-Strom-Schwimmens« (Being Contrarian) und die Frage, wie sich Entscheidungen der Mehrheit oft als falsch erwiesen haben. Aber das kann kein Ziel in sich selbst sein. «Contrarian« zu sein zahlt sich nur dann aus, wenn der Markt an einem Wendepunkt steht. Solche Situationen zu identifizieren ist schwierig, außer natürlich im Nachhinein. Daher ist es sehr wichtig, sich entsprechende Szenarien aus der Vergangenheit immer wieder zu vergegenwärtigen.

An Wendepunkten der Marktentwicklung zeigen sich oft Gier oder Angst. Im ersten Fall werden alle Vorsichtsmaßnahmen in den Wind geschlagen, und die Hoffnung auf hohe Erträge lässt alle Risiken verblassen. Wenn die Kurse Tag für Tag und Woche für Woche steigen, alle viel Geld verdienen und sich damit brüsten, ist das ein gutes Zeichen für eine Kursspitze. Sich jetzt der Menge anzuschließen ist eine gute Möglichkeit, Geld zu verlieren, meistens sogar für immer.

Kommt jedoch die Angst ins Spiel, was häufig dann eintritt, wenn Kurstäler in Sichtweite sind, lassen sich gegenteilige Verhaltensweisen feststellen. Investoren schließen Augen und Ohren vor Kaufgelegenheiten. Manche schwören sogar einen Eid, niemals wieder zurückzukommen, wenn sie Verluste gemacht haben. Wenn sie an der Talsohle endlich ausgestiegen sind, fühlen sie sich erleichtert, nur um sich danach über verpasste Gelegenheiten zu ärgern und diese zu beklagen.

Im Frühjahr 2009 gab es fast keinen Optimismus in den Märkten. Viele Marktteilnehmer waren niedergeschlagen. Es wurden keine Unterschiede zwischen Quality-Growth-Aktien und »Mist« gemacht. Die Wachstumspapiere wurden zu absurd niedrigen Preisen angeboten. Das entpuppte sich als eine der besten Kaufgelegenheiten der Geschichte. Alle, die damals mutig genug waren und kauften, haben seither unschlagbare Erträge erzielt. Das war der richtige Augenblick, um gegen den Strom zu schwimmen.

Um zu verhindern, dass Emotionen den Verstand dominieren, ist es oft notwendig, einige Schritte zurückzutreten und das große Ganze zu betrachten. Als Erstes sollte das Triptychon aus Wachstum, Liquidität und Bewertung betrachtet werden. Die gewissenhafte Untersuchung dieser Variablen, gepaart mit entsprechender Erfahrung, kann manchmal zu sensationellen Investmentopportunitäten führen, bei denen man dann von den Fehlurteilen der Mehrheit profitiert.

Politische und ökonomische Einflüsse

Politische Ereignisse haben sehr selten einen bleibenden Einfluss auf Märkte in entwickelten Staaten, auch wenn radikale Veränderungen der vorherrschenden Wirtschaftspolitik möglich sind und häufig die Schlagzeilen der Medien beherrschen. Sie bekommen mehr Bedeutung im Vorfeld von Wahlen, wenn ein Regierungswechsel wahrscheinlich wird. Investoren tendieren historisch dazu, sich zu beunruhigen, wenn linksorientierte Regierungen gewählt werden, und entschieden entspannter zu sein, wenn Mitte-Rechts-Regierungen vorhergesagt werden. Diese Bedenken stellen sich meist jedoch als nicht so tragend heraus, und die Erwartungen werden von Ereignissen, die einen direkteren Einfluss haben, in den Hintergrund gedrängt.

Sobald in linksgerichteten Regierungen Politiker die Rolle des Staates in der Wirtschaft verstärken wollen, entwickeln sich die Aktienkurse meist schlechter als unter rechtsgerichteten Regierungen, wenn die Furcht vor staatlichen Eingriffen geringer ist. Es ist jedoch nicht immer so einfach, wie der Sieg Donald Trumps 2016 gezeigt hat. Die Wahl eines Republikaners mit langjähriger Tätigkeit im Immobilienbereich – nicht immer erfolgreich – stärkte die Hoffnung auf geringere staatliche Eingriffe.

Nach der Wahl Trumps stiegen die Kurse von zyklischen Werten, die ja generell anfälliger für Kursschwankungen sind, und ließen die Quality-Growth-Aktien hinter sich. Sein Versprechen, viele der Beschränkungen seines Vorgängers zurückzunehmen, hatte sogleich einen positiven Effekt auf Bankaktien und Titel des Gesundheitsbereichs. Die Zinsen und die Kurse der langjährigen Unternehmensaktien stiegen, weil sie die »Trumpflation« – die Wahrscheinlichkeit einer steigenden Inflation durch seine Politik – vorwegnahmen. Auch der Dollar-Kurs stieg, weil Vermögenswerte aus dem Ausland in die USA zurückkamen.

Doch bald darauf änderte sich das Bild. Der frühere Gouverneur von New York, Mario Cuomo, brachte es auf den Punkt, als er sagte: »Politiker führen Wahlkämpfe in Versen und regieren dann in Prosa.« Innerhalb von Monaten hörten die Handelsbewegungen der Trumpflation auf, und die Aktienkurse bewegten sich wieder nach unten. Der Handelskrieg mit China und anderen Staaten, den Trump begonnen hatte, um die Arbeiter in den Stahl-Staaten, die ihn unterstützt hatten, zu stärken respektive um ihre Jobs zu sichern, begann nun langsam die Investoren zu irritieren. Die Ankündigung von Strafzöllen auf Stahl und Aluminium erhöhte auch die Chancen auf einen weiteren Handelskrieg, in dem es keine Gewinner geben konnte. Investoren beobachteten auch genau Trumps Angriffe auf große US-Technologiefirmen wie Amazon oder Facebook. Das alles konnte jedoch einen neuen Höchststand des US-Aktienmarktes 2019 nicht verhindern.

In den letzten Tagen der ersten Corona-Welle als sich die Wirtschaft gerade wieder zu erholen begann, wurde Joe Biden zum US-amerikanischen Präsidenten gewählt. Nachdem er ein Kabinett aus eher linkslastigen Mitgliedern zusammengestellt hatte, erstellte er ein Programm zur stärkeren Einflussnahme des Staates auf die Privatindustrie. Das schloss sehr hohe Staatsausgaben für einen sogenannten Wiederaufbau ein. Um diese Trillionen-Dollar-schweren Investitionen zu finanzieren, schlägt Biden eine heftige Steuererhöhung für die Privatindustrie vor. Das sind klassische sozialistische Steuer- und Ausgabemaßnahmen.

Der Aktienmarkt war demzufolge 2021 von einer Stärkung der Kurse schon lange leidender zyklischen Value-Werte gekennzeichnet. Daher ist eine Diskussion entstanden, ob diese Kursgewinne schon erste Anzeichen für die künftige Börsenentwicklung darstellen. Quality-Growth-Investoren mussten sich einigen Herausforderungen stellen. Aber der spezielle Status der Quality-Groth-unternehmen, die die Zehn Goldenen Regeln einhalten, hat auch hier wieder für steigende Kurse und gute Ergebnisse gesorgt.

Meine Erfahrung zeigt, dass es einfacher ist, potenziell schädliche politische Entwicklungen zu identifizieren, als deren wahrscheinlichen Einfluss auf den Aktienmarkt zu bewerten. Ein Beispiel, das viel Aufmerksamkeit erhalten hat, ist der Verdacht der Einflussnahme Russlands auf die demokratischen Prozesse anderer Staaten. Die Beeinflussung der Verhaltensweisen von Menschen über Grenzen hinweg durch Social Media gibt es mittlerweile schon einige Zeit: Ein frühes Beispiel dafür war vor einigen Jahren der Arabische Frühling. In jüngerer Zeit wurde Russland angeklagt, sich in den US-Präsidentschaftswahlkampf eingemischt zu haben, den Trump schließlich gewann. Es gibt auch Menschen, die überzeugt sind, dass Russland eine Rolle beim britischen Referendum gespielt habe, um die EU zu teilen und zu schwächen.

Das Brexit-Referendum hatte einen wesentlichen Einfluss auf die Finanzmärkte. Der externe Wert des Pfund Sterling fiel auf den niedrigsten Stand seit 30 Jahren und Trendanalysen lassen auf eine Abwärtsspirale schließen. Das ließ die Aktienkurse der exportorientierten Wirtschaft in die Höhe schnellen, die sich nun über bessere Wechselkurse freuen durfte. Die Aktienkurse von Firmen, die vor allem auf den Binnenmarkt orientiert sind, fielen hingegen zum Leidwesen der Investoren. Der Aktienmarkt im Vereinigten Königreich hat insgesamt am Brexit gelitten. Das spiegelt der starke Rückgang des britischen Handels mit der Europäischen Union und das verschwundene Vertrauen in die Relevanz britischer Unterschriften unter internationalen Verträgen wider.

Noch weiß man nicht genau, wie das Vereinigte Königreich die EU verlassen wird. Die Auswirkungen auf die Wirtschaft und die Finanzmärkte wird stark von den Handelsverträgen und der künftigen Rolle UKs im globalen Handel und der Finanzindustrie abhängig sein. Wenn das Pfund Sterling seine führende Rolle bei der Durchführung internationaler Finanztransaktionen verloren hat oder eine immer geringere Rolle spielt, wird das tiefgreifende Effekte auf das Portfolio britischer Investments haben. Wenn die Rolle der City of London als Finanzzentrum schwindet und die Unternehmen anderswohin übersiedeln, wird der Schaden enorm sein. In diesem Fall hat eine politische Entwicklung maßgeblichen Einfluss auf den Erfolg von Investoren.

Wenn aber das Vereinigte Königreich seine führende Rolle weiterspielen kann, wird die Politik wieder ihre »normale« untergeordnete Rolle einnehmen. Es könnten sich andere Konsequenzen ergeben, wenn bei einer Wahl die Labour Party gewänne. Diese Partei droht mit einer Serie verschiedenartigster Regelungen, wie einer massiven Erweiterung der öffentlichen Ausgaben durch Ausweitung der Geldmengen und der Beschlagnahmung von Privatvermögen zu niedrigsten Preisen. Würde dieses Szenario Realität, dann hätte das dramatische Auswirkungen auf den Aktienmarkt, der auch die Quality-Growth-Investoren träfe.

Dieselbe Unsicherheit betrifft die Europäische Union. In vielen Staaten schlagen populistische Politiker der Rechten und Linken radikale politische Lösungen vor, die den historisch zentralistischen Ansatz der EU bedrohen. Sie versuchen, ihre nationalen Volkswirtschaften vor sonst unausweichlichen Einflüssen der Globalisierung und des Auslandes zu schützen. Das kann den Niedergang lokaler Unternehmen auch auf internationaler Ebene betreffen. Das beste Beispiel für den Aufstieg von Anti-Establishment-Parteien bot Italien nach den Wahlen vom März 2018, als die Lega und die 5-Sterne-Bewegung trotz ihrer unterschiedlichen Anschauungen eine Regierungsmehrheit bekamen. Die Regierungspläne, Steuern zu senken und Ausgaben zu erhöhen, verursachten sehr rasch einen scharfen Abwärtstrend der Finanzmärkte. Die Auswirkungen waren im gesamten Euro-Raum spürbar und führten zu einem massiven Renditeaufschlag, verglichen mit der Benchmark, den Renditen deutscher Staatsanleihen.

Dafür gibt es zwei Beispiele aus jüngster Zeit: Das komplette Versagen der Europäischen Impfpolitik gegen Corona. Diese Entwicklung führte zu Unstimmigkeiten zwischen den einzelnen Mitgliedsstaaten, welche daraufhin die Grenzen schlossen und den Geist von Schengen zum Erliegen brachten. Außerdem konnte sich die EU nie zu einer gemeinsamen Sprache in der Energiepolitik durchringen, um Vladimir Putins Druck auf die europäischen Gaspreise einen wirkungsvollen Widerpart zu bieten.

Europa beobachtete auch eine stärkere Unterstützung regionaler Unabhängigkeitsbewegungen besonders in Spanien, Italien und Schottland. Die Angst vor Einwanderungswellen hat ebenfalls nationalistische Bewegungen unterstützt. Aber auch hier ist es zu früh, um vorherzusehen, ob die ökonomische Liberalisierung, die Europa in den zurückliegenden drei Dekaden in positiver Weise erlebt hat, durch schadensbringenden Protektionismus ersetzt wird. Das würde eine höhere Inflation und steigende Zinsen bedeuten. Wenn das geschieht, wird kein Investor verschont.

Der politische Einfluss spielt sich in Entwicklungs- und Schwellenländern ganz anders ab. Hier versuchen die Regierungen, direkten Einfluss auf die Wirtschaft zu erlangen. 2015 begann etwa die chinesische Regierung, ihren Schwerpunkt von der Förderung von Infrastruktur und Großprojekten hin zu einer stärkeren Unterstützung der Konsumausgaben zu ändern. Daher ließ Chinas hoher Bedarf an Rohstoffen und Rohmaterialien stark nach. Das verursachte eine Verlangsamung des weltweiten Wachstums und einen starken Rückgang der Aktienkurse speziell Anfang 2016. Die Angst vor einer Wirtschaftskrise ließ allerdings nach, als die Daten zeigten, dass der Pessimismus der Investoren übertrieben gewesen war.

In den Jahren 2020 und 2021 ging die Kommunistische Partei Chinas gegen bestimmte Sektoren vor, die an lokalen oder ausländischen Börsen, einschließlich Hongkong, notieren. Zu diesen Sektoren zählen Bildung, Finanzdienstleistungen, Online-Spiele und andere. Das betrifft auch den chinesischen Immobilienriesen Evergrande und damit die Frage, ob die Regierung eingreifen würde, um eine potenzielle Kettenreaktion von Insolvenzen in diesem Sektor zu verhindern, wie vielfach befürchtet wurde. Immobilienpreiskontrollen auf dem Primär- und Sekundärmarkt sind die offensichtlichste Maßnahme, die die Behörden ohne zu zögern ergriffen haben. Diese Preiskontrollen zielen sowohl auf steigende als auch auf fallende Preise ab. Staatliche Eingriffe in den lokalen Hypothekenmarkt sind Teil dieser Maßnahmen. 2017 erklärte der chinesische Präsident Xi Jinping, dass »Häuser zum Wohnen da sind, nicht zum Spekulieren«.

Die Erfahrungen von Investoren in Lateinamerika waren noch schlimmer. Ökonomischer Fremdenhass und Klassengegensätze schadeten den überschuldeten und abgeschotteten Volkswirtschaften und verärgerten die Anleger. So hat etwa in den vergangenen Jahren Argentinien seine privaten Pensionsfonds verstaatlicht und Venezuela in ausländischem Besitz befindliche lokale Energieunternehmen gepfändet und damit dringend benötigte ausländische Investitionen unmöglich gemacht. Die Kapitalmärkte, speziell die für festverzinsliche Wertpapiere, bleiben in Lateinamerika unterentwickelt. Die wirtschaftsfeindliche Politik vieler Regierungen bedeutete für Anleger eine große Verlustgefahr, wenn sie in Firmen lokaler Börsen investieren. Es überrascht nicht, dass es in einem solchen Umfeld kaum Unternehmen gibt, die die Bedingungen eines Quality-Growth-Investors erfüllen. Die seit Jahrzehnten immer wieder beschworenen Niedergänge erwiesen sich jedoch stets als unrichtig.

Auch der Geopolitik sollte sich ein Investor widmen. 2017 sorgte der nordkoreanische Diktator Kim Jong Un für Schlagzeilen, als er weitere Entwicklungen und Tests von Atomwaffen ankündigte. Die Unsicherheit über Nordkoreas Pläne sorgte für einige Perioden hoher Volatilität auf den Aktienmärkten. Das Treffen von Kim Jong Un mit Donald Trump und deren kurze Freundschaft schienen dann das Risiko einer Eskalation des Konflikts ein wenig zu verringern. Trotzdem kann die Gefahr eines atomaren Krieges nicht ganz ausgeschlossen werden, der sich natürlich auch auf die Finanzmärkte auswirken würde.

2021 entstanden auch wieder große Spannungen zwischen den USA und China. Die chinesische Regierung machte kein Geheimnis aus ihrem Herrschaftsanspruch über Taiwan, das sie als chinesisches Territorium betrachten. Viele Beobachter halten daher einen militärischen Einmarsch der chinesischen Armee auf lange Sicht für unausweichlich, auch wenn er aktuell nicht zu erwarten ist. Das würde Investoren sehr schaden, da es einen demokratischen Staat mit moderner Wirtschaft und einem funktionierendem Aktienmarkt betreffen würde.

Es ist niemals möglich, den Einfluss politischer Entwicklungen auf die Tendenz der Finanzmärkte genau einzuschätzen. Investoren reagieren schnell auf jede Änderung des Status quo, und es braucht danach einige Zeit, bis man feststellen kann, was das tatsächlich bewirkt. Das kann ganz unterschiedlich sein. Die gute Nachricht für den Quality-Growth-Investor ist aber, dass diese Auswirkungen typischerweise vorübergehend und meist irrelevant für die Entwicklung der Quality-Growth-Unternehmen sind.

Solide Unternehmen, die die besten Wachstumsvoraussetzungen erfüllen, werden weiterhin solide Gewinne erwirtschaften, solange sie in einer freien, unbehinderten Weltwirtschaft operieren können. Ihr Gewinn wird unter kleineren Veränderungen in der Wirtschaftspolitik nicht leiden. Sie haben schon bewiesen, dass sie sich an geänderte Umstände und Umfeldbedingungen anpassen können, sonst könnten sie keine erfolgreiche Wachstumsbilanz ausweisen. Ihre langfristige Erfolgsprognose sollte nicht durch gestresste Märkte beeinflusst werden.

Umwelt, Soziales und Unternehmensführung

Die Debatte, die bei den meisten Anlegern ganz oben auf der Prioritätenliste steht, dreht sich heute um die Frage, wie Unternehmen in Hinblick auf die Themen Umwelt, soziale Aspekte sowie Unternehmensführung beurteilt werden können. Die Abkürzung dafür lautet ESG (Environment, Social, Governance).

Der vermeintliche Widerspruch

Im Mittelpunkt der ESG-Debatte steht der vermeintliche Konflikt zwischen den Kernsätzen der beiden großen Lager der Unternehmensführung: einerseits das vom verstorbenen amerikanischen Wirtschaftswissenschaftler Milton Friedman hervorgehobene Argument des Vorrangs der Aktionäre (Shareholder Primacy) und andererseits die Stakeholder-Theorie der Unternehmensführung, die für die Vertretung aller erkennbaren Interessengruppen eines Unternehmens eintritt.

Der Quality-Growth-Investor ist sich der Rolle und Bedeutung sowohl der Aktionäre als auch der Stakeholder voll bewusst. Die Stakeholder haben an unterschiedlichen Aspekten eines Unternehmens Interesse; entweder aktiv oder passiv (dazu später mehr). Zu den Stakeholdern gehören auch viele Teile der Gesellschaft, die nicht an der Führung des Unternehmens beteiligt sind, die aber Ziel des allgemeinen Beitrags des Unternehmens sein sollten, ob kommerziell oder nicht, wie zum Beispiel die Gemeinde, in der das Unternehmen ansässig ist. In den offiziellen ESG-Theorien werden Stakeholder und Aktionäre getrennt von einander betrachtet und die Bedürfnisse der einzelnen Parteien als unterschiedlich dargestellt. In diesen Theorien werden die Stakeholder und ihre Interessen häufig relevanter bewertet als die Interessen der Aktionäre. Diese Darstellung stammt in erster Linie von Regierungen, die sich in den letzten Jahren zunehmend gezwungen sahen, das Verhalten von Unternehmen zu beeinflussen, vor allem aus politischen Gründen. Darüber hinaus haben die Verfechter der Stakeholder-Theorie versucht, die Interessen eben dieser Stakeholder in einen direkten Konflikt mit den von Friedman beschriebenen »engen« Interessen der Aktionäre zu stellen. In Wirklichkeit gibt es diesen Konflikt nicht. Er ist zu einer falschen Dichotomie geworden und hat zu unnötigen Reibungen zwischen zwei Lagern geführt, die in Wirklichkeit friedlich zusammenleben, wenn das betreffende Unternehmen erfolgreich ist. Wenn das Unternehmen jedoch nicht erfolgreich ist, dann scheint es oft am einfachsten zu sein, den Aktionären die Schuld dafür zu geben, weil sie sich nicht um die Stakeholder gekümmert hätten.

In diesem Spannungsfeld werden Aktionäre und Stakeholder gegeneinander ausgespielt. Das führt zu keinem konstruktiven Ergebnis. Auch das häufig geäußerte Argument, dass dieses Missverhältnis nur durch staatliche Eingriffe verringert werden kann, bewahrheitet sich à la longue nicht. Die Realität ist differenzierter, und Quality-Growth-Investoren wären gut beraten, sich daran zu erinnern, dass es viele Überschneidungen zwischen den langfristigen Interessen von Aktionären und Stakeholdern gibt. Denn das langfristige Interesse der Aktionäre, also der Eigentümer des Unternehmens, beruht auf dem Fundament eines nachhaltigen Unternehmens, das wiederum auf der fairen Behandlung aller Stakeholder beruht.

In diesem Zusammenhang stellt sich die Frage, weshalb das so ist. Die Antwort darauf ist folgende: die unfaire Behandlung einer Gruppe von Stakeholdern ist nicht nachhaltig und gefährdet den Fortbestand des Unternehmens. Eine Firma, die ihre Kunden, Lieferanten und andere Stakeholder regelmäßig beleidigt, geht erhebliche Risiken ein, von denen fast alle die Nachhaltigkeit des gesamten Betriebes in Frage stellen. Wenn ein Unternehmen beispielsweise mit seinen Produktionsmethoden die Umwelt belastet, wird es regulatorischem und politischem Druck ausgesetzt, der seine Fähigkeit einschränkt, rentabel und – im Extremfall – überhaupt tätig zu sein. Ein anderes Beispiel ist, dass ein Unternehmen, das seine Lieferkette nicht ausreichend im Blick hat, entweder zum Abbau von Ressourcen beiträgt oder seine Marke schädigt.

Zur Philosophie von Quality Growth gehört auch, dass Stakeholder fair behandelt werden, wenn das Unternehmen ein Umfeld geschaffen hat, in dem es über viele Jahre in der Zukunft nachhaltig arbeiten kann. Dies ist ein wesentlicher Bestandteil des Qualitätsaspekts dieser Philosophie. Folglich stellen ESG-Prioritäten für den breiteren Markt einen gesellschaftlichen, ja sogar politischen Selbstzweck dar, während für den Quality-Growth-Investor ESG-Prioritäten zwar an sich ethisch sinnvoll und wichtig sind, in der Gesamtsicht jedoch primär ein Mittel zur Verringerung des Investitionsrisikos eines dauerhaften Kapitalverlusts darstellen.

Sobald man erkannt hat, dass die Gegenüberstellung von Stakeholdern und Aktionären eine falsche Dichotomie ist, ist eine Untersuchung der Gemeinsamkeiten dieser beiden polarisierenden Konstanten notwendig. Das Quality-Growth-Geschäft liegt in diesem gemeinsamen Bereich, dem Schnittpunkt zwischen Shareholder und Stakeholder. Das eigentliche Wesen von Quality Growth, die nachhaltige Rentabilität eines Unternehmens, ist ein gemeinsames Ziel von Aktionären und Stakeholdern (es liegt auf der Hand, dass weder Aktionäre noch Stakeholder von einem Unternehmen profitieren können, das ständig Verluste macht). Ein Unternehmen kann sich nur dann als Quality-Growth-Investition qualifizieren, wenn das Management die Interessen der Anteilseigner und das nachhaltige Interesse des Gesamtunternehmens respektiert und entsprechend handelt. Dies kommt sowohl den Stakeholdern als auch den Anteilseignern zugute, was die fehlende Logik bei der Trennung der beiden Kategorien verdeutlicht.

Interessenkonflikte

ESG-Leitlinien und -Regeln sind ein relativ junges Phänomen. Als die Erstausgabe dieses Buch geschrieben wurde, stand ESG weder für die allgemeine Investmentgemeinschaft noch für die Regulierungsbehörden im Mittelpunkt. Eine Kombination von unterschiedlichen Faktoren führte zur Entstehung des ESG-Phänomens, wobei das Hauptargument darin bestand, dass die Einhaltung von ESG-Regeln in einem Portfolio zu höheren Anlagerenditen führen würde. Was selten oder nie diskutiert wird, sind die potenziellen Interessenkonflikte, die sich für Anleger ergeben, die die Regeln einhalten möchten, dabei aber möglicherweise zu Lasten der langfristigen Rendite ihres Portfolios handeln.

Qualitativ hochwertige Wachstumsinvestitionen, wie sie in diesem Buch beschrieben werden, beruhen seit vielen Jahren auf ESG-Prinzipien, die aus den Zehn Goldenen Regeln erkennbar und in diesen verankert sind. Diese sind darauf ausgerichtet, das Risiko auf ein Minimum zu beschränken und gleichzeitig die Hoffnung auf langfristig überdurchschnittliche Renditen zu erhalten.

Nachhaltigkeit

Der Grundsatz, der hinter Investitionen in Quality-Growth-Aktien steht, besagt, dass Aktienkurse langfristig durch die Erträge der Aktien bestimmt werden. Die wichtigste Komponente für langfristig nachhaltige Erträge ist ein a priori auf nachhaltige Kriterien ausgerichtetes Unternehmen. Dadurch ist es sinnvoll, ökologische, soziale und Governance-Faktoren von Anfang an in die Analyse und den Anlageprozess einzubeziehen. Der Quality-Growth-Investor wird versuchen, sein Kapital in Unternehmen zu investieren, die Nachhaltigkeit im wahrsten Sinne des Wortes fördern, und sich von Unternehmen fernhalten, die dies nicht tun. Dieser Fokus auf Nachhaltigkeit zieht sich durch alle Aspekte dieser Philosophie.

Nachhaltige Investitionen waren schon immer die Grundlage der Analyse von Quality-Growth-Investitionen, lange bevor sie als ESG-Investitionen oder als deren Vorgänger, Investitionen in die soziale Verantwortung von Unternehmen, bekannt wurden. Denn ein grundlegender Bestandteil nachhaltiger Investitionen ist es, wie ein Eigentümer zu agieren – über die strategischen Entscheidungen eines Unternehmens nachzudenken und darüber, wie sie sich auf jeden Punkt der Wertschöpfungskette auswirken, sowohl heute als auch in Zukunft. Stakeholder sind immer Mitglieder der Wertschöpfungskette und somit aktive und relevante Gestalter derselben.

Nachhaltige Unternehmen sind selten. Sie zeichnen sich durch eine Reihe spezifischer Merkmale aus, durch die sie sich von der Masse abheben. Wie bereits an anderer Stelle in diesem Buch erwähnt, werden bei den Screening-Prozessen 50 Prozent aller verfügbaren Sektoren ausgeschlossen, weil diese die Tests für Quality Growth nicht bestehen. Dadurch wird das Engagement in viele »schlechte« ESG-Unternehmen wie Öl- und Gaskonzerne und Tabakunternehmen automatisch minimiert.

Der Auswahlprozess wird in weiterer Folge durch die Anwendung der Zehn Goldenen Regeln verfeinert, um festzustellen, ob die Unternehmen tatsächlich nachhaltig ausgerichtet sind. Damit ein Unternehmen einen Platz im Quality-Growth-Universum erhält, müssen alle zehn Regeln erfüllt sein. Diese Regeln werden mit Hilfe qualitativer und quantitativer Instrumente auf fundamentaler Basis bewertet. Im Kern zielen sie darauf ab, die Analyse auf die Faktoren eines Unternehmens zu lenken, die seine nachhaltige Entwicklung zum Nutzen aller Beteiligten sicherstellen.

Eine der Zehn Goldenen Regeln, ein nachhaltiger Wettbewerbsvorteil, bezieht sich beispielsweise auf die Bedeutung eines vertretbaren wirtschaftlichen Burggrabens (»moat«) für ein Unternehmen. Zur Bestimmung der Verteidigungsfähigkeit dieses Wallgrabens gehört auch die Frage, ob ein Unternehmen sich die Zeit nimmt und die nötige Sorgfalt übt, um seine Stakeholder zu respektieren. Dazu gehören, wie bereits erwähnt, Kunden, Lieferanten, Partner, Investoren und nicht zuletzt auch die Mitarbeiter. Die Achtung all diesen Parteien gegenüber ermöglicht es dem Unternehmen, die Qualität der materiellen Werttreiber wie etwa von effizienten Abläufen und der immateriellen Werttreiber wie beispielsweise der Unternehmensmarke, zu erhalten. Jeder langfristige Missbrauch einer dieser Parteien kann für ein Unternehmen eine betriebliche oder rufschädigende Katastrophe bedeuten. Schließlich würde jeder Verstoß gegen die Zehn Goldenen Regeln, einschließlich eines Verstoßes gegen die in diesen enthaltenen Elemente E, S und G, zum Verlust des Quality-Growth-Labels führen.

Zwar besteht zweifellos eine Korrelation zwischen der Aktienkursentwicklung und der ESG-Bewertung, doch ist die Kausalität der Beziehung nicht eindeutig und die Belege für die Beziehung zwischen einer starken Geschäfts- und Aktienentwicklung und hohen ESG-Bewertungen sind schwach.

Der Ansatz des Quality-Growth-Investors bei der ESG-Integration besteht darin, die Verbindung zwischen Unternehmensperformance und ESG zu akzeptieren, ESG in die Portfolios jedoch als Risikomanagementinstrument und nicht als Faktor zur Renditesteigerung zu integrieren (wie oben erwähnt, unterscheidet sich dies von der akzeptierten Vorstellung von ESG, die im Kern weder Risiko noch Rendite berücksichtigt). Dies ist eine wichtige Unterscheidung, da viele versuchen, ihre Fonds »grün zu waschen«, indem sie eine überlegene leistungsbezogene Verbindung behaupten. Quality-Growth-Anleger gehen bei der Integration von ESG genauso langsam und bedacht vor wie bei jedem anderen Aspekt des Aktienauswahlprozesses.

Zusammenfassend lässt sich sagen, dass ein echter Quality-Growth-Investor die Komponenten der heutigen ESG-Faktoren seit langem fest auf dem Radar hat. Um es noch einmal zu wiederholen: Die Blickwinkel, aus denen diese Faktoren analysiert werden, beziehen sich auf spezifische Anlagerisiken und nicht auf abstrakte Schlagworte. Sie sind ein fester Bestandteil der analytischen Hausaufgaben dieses Anlegers, und daran wird sich nichts ändern.

Fazit

Um auf die makroökonomischen Überlegungen zu Wachstum, Liquidität und Bewertung zurückzukommen: Sie dienen als Richtschnur für die allgemeinen Marktbedingungen, aber die Kräfte, die die langfristigen Renditen eines Portfolios von Quality-Growth-Unternehmen bestimmen, entstehen größtenteils abseits vom Getöse der aktuellen Schlagzeilen. Trends wie das Wachstum in den Bereichen Online-Zahlungen und Internet-Shopping sind sicherlich für das Geschäftsmodell spezifischer Unternehmen relevant. Daher gebührt ihnen auch mehr Aufmerksamkeit als so manchen politischen Äußerungen, die nur Lärm verursachen.

Diese aktuellen Trends in der Geldpolitik sind jedoch notwendig, um den Markt zu analysieren und um einzelne Unternehmen zu bewerten. Ein Quality-Growth-Investor wird also die Geld- und in der Folge auch die Anleihenmärkte nur dann missachten, wenn er sich bewusst selbst schaden will, denn auch sie sind wichtige Umfeldfaktoren für erfolgreiche Unternehmen.

Wenn Quality-Growth-Unternehmen durch externe Gefahren unter Druck kommen, kann das eine willkommene Kaufgelegenheit für den aufmerksamen Investor sein. Kurzfristiger »Schwung« kann ein machtvoller Faktor bei Aktienkursen sein. Das kann dazu führen, dass sich die Kurse guter Unternehmen von ihrem inneren Wert entfernen. Solange der Investor darauf vertrauen kann, dass die Fundamentaldaten eines Unternehmens unberührt blieben, ist der Aktienkauf keine Glaubensfrage, sondern die rationale Entscheidung eines Geschäftsmanns. Es wird immer Gelegenheiten geben, Gewinn aus dem schmalen Sektor der Quality-Growth-Aktien zu ziehen, auch wenn das Gros des Marktes emotional reagiert und es dadurch zu kurzzeitigen Verwerfungen im Preisgefüge kommt.

Anekdotisch betrachtet bot das Frühjahr 2020 dem Quality-Growth-Investor eine solche Gelegenheit. Der plötzliche Schock über das Covid-Virus und die Bekanntgabe der Weltgesundheitsorganisation, dass die Welt mit einer Pandemie konfrontiert sei, ließen die Finanzmärkte einbrechen. Es wurde kein Unterschied mehr gemacht zwischen soliden Unternehmen, einschließlich solcher, die auf Quality Growth setzen, und mittelmäßigen Unternehmen. Die Märkte und ihre Teilnehmer rechneten mit einer wirtschaftlichen Kernschmelze epischen Ausmaßes, bei der kein Unternehmen ungeschoren davonkommen würde. Obwohl es schwierig war, in einer Zeit so großer Unsicherheit eine Gegenposition einzunehmen, wurden Anleger, die ihre Quality-Growth-Portfolios auffüllten, in den kommenden Monaten reichlich belohnt

Schlussbemerkung

Die Makrofaktoren Wachstum, Liquidität und Bewertung sind Richtlinien für die Beurteilung der Märkte, aber die langfristigen Erträge, die sich mit einem Portfolio aus Qualitätsaktien erzielen lassen, werden meist durch die täglichen Schlagzeilen bestimmt. Trends wie das Wachstum bei den Online-Zahlungen und des Internet-Shoppings sind sicherlich für das Geschäftsmodell spezifischer Unternehmen relevant. Daher gebührt ihnen auch mehr Aufmerksamkeit als so manchen politischen Äußerungen, die nur Lärm verursachen.

Dieie aktuellen Trends in der Geldpolitik sind jedoch notwendig, um den Markt zu analysieren und um einzelne Unternehmen zu bewerten. Ein Quality-Growth-Investor wird also die Geld- und in der Folge auch die Anleihenmärkte nur dann missachten, wenn er sich bewusst selbst schaden will, denn auch sie sind wichtige Umfeldfaktoren für erfolgreiche Unternehmen.

Wenn Quality-Growth-Unternehmen durch externe Gefahren unter Druck kommen, kann das eine willkommene Kaufgelegenheit für den aufmerksamen Investor sein. Kurzfristiger »Schwung« kann ein machtvoller Faktor bei Aktienkursen sein. Das kann dazu führen, dass sich die Kurse guter Unternehmen von ihrem inneren Wert entfernen. Solange der Investor darauf vertrauen kann, dass die Fundamentaldaten eines Unternehmens unberührt blieben, ist der Aktienkauf keine Glaubensfrage, sondern die rationale Entscheidung eines Geschäftsmanns. Es wird immer Gelegenheiten geben, Gewinn aus dem schmalen Sektor der Quality-Growth-Aktien zu ziehen, wenn das Gros des Marktes emotional reagiert und es dadurch zu kurzzeitigen Verwerfungen im Preisgefüge kommt.

TEIL II

DAS GROSSE WIE

KAPITEL 3

DIE ZEHN GOLDENEN REGELN

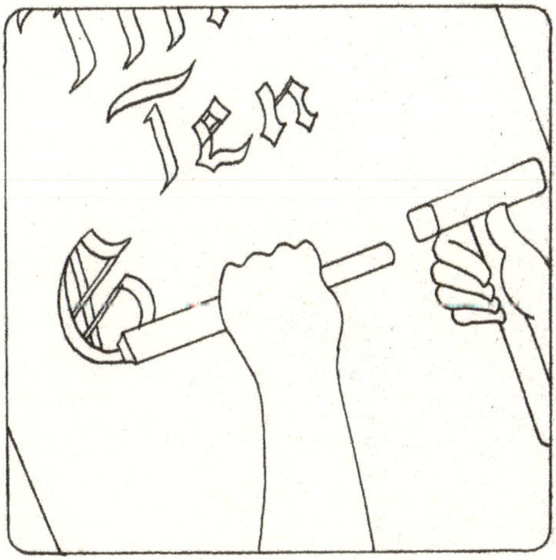

In diesem Kapitel definiere ich die Zehn Goldenen Regeln, die uns helfen, genau jene kleine Anzahl an Aktien zu identifizieren, die ein Quality-Growth-Investor sucht. Diese Regeln sind das Ergebnis meiner bald 40-jährigen Investmenterfahrungen.

Es ist wichtig, festzuhalten, dass wir die Begriffe Qualität und Wachstum in einem spezifischen und meist messbaren Sinn benutzen. Die vier Säulen der Qualität sind:

- die Erfolgsgeschichte des Unternehmens,
- die Stärke seiner Bilanz,
- die Methode der Buchhaltung und
- die Fähigkeiten des Managements.

Wachstum wird daran gemessen, welchen Zuwachs ein Unternehmen bei

- Umsatz,
- Gewinnmargen und
- Cashflow

zu generieren in der Lage ist.

Der Kursgewinn der Unternehmensaktien ist über einen bestimmten Zeitraum direkt und logisch an das Wachstum des Gewinns gekoppelt. Das ist aber nicht für alle Unternehmen in gleicher Weise gültig. Wenn ein Unternehmen beispielsweise hoch verschuldet ist, wird der Aktienkurs von den Tilgungskosten und dem vorhergesagten Zinsniveau für eine eventuelle Refinanzierung beeinflusst. Außerdem wird auch die Sicht des Marktes über das Risiko eines Bankrotts eingepreist.

Wenn ein Unternehmen in einem Schwellenland gelistet ist, wird der Aktienkurs von einer Risikoprämie des jeweiligen Landes beeinflusst sein. Investoren werden höhere Erträge verlangen, wenn das Land größeren politischen und Governance-Risiken ausgesetzt ist. Diese Einflüsse sind natürlich durch das Unternehmen nicht kontrollierbar und werden unabhängig von den Finanzmärkten eingepreist.

Der Investor in Quality-Growth-Aktien zieht es vor, diese externen Variablen nicht in die Fundamentaldaten wie Umsätze, Gewinne und Cashflow einfließen zu lassen. Wenn man bei den Variablen einer guten Bilanz möglichst schuldenfrei bleibt und Listings in Schwellenländern vermeidet, werden sich die langfristigen Wachstumserwartungen eines Unternehmens viel genauer in jenen Erträgen widerspiegeln, die der Aktionär erhält.

Sobald ein Investment auf Basis dieser Faktoren getätigt wurde, ist Geduld angesagt. Solange das erwartete Wachstum tatsächlich eintritt, kann der Investor zwar auf einen höheren Aktienkurs vertrauen, doch das braucht in der Regel seine Zeit.

Auch Quality-Growth-Aktien sind gegen täglich wechselnde Marktstimmungen und volatile Bewegungen nicht immun. Ihre langfristige Performance ist jedoch gesichert, solange die Umsätze langfristig und überdurchschnittlich wachsen und die Bilanz solide bleibt. Das ist eine empirisch beobachtete Wahrheit, die durch historische Zeitreihen belegt werden kann.

(Bemerkung am Rande: Es gibt Zeiten, in denen der Aktienkurs das künftige Wachstum nicht eingepreist hat. Das kann Investoren irritieren. Diese Korrelation negiert nämlich die Markthypothese, dass jede öffentlich zugängliche Information jederzeit im Aktienkurs eingepreist ist. Dabei werden jedoch die Irrationalität des

Marktes und die Tatsache außer Acht gelassen, dass es Informationen zu Unternehmen geben kann, die nicht weiterverbreitet werden. Wenn an einem »schlechten Tag« an den Aktienmärkten alle Aktienwerte fallen, beweist das nicht, dass die Zukunftsaussichten aller betroffenen Unternehmen schlecht sind. Es war einfach ein schlechter Tag, und die Kurse können sich schon am nächsten Tag wieder erholen.)

Die Zehn Goldenen Regeln des Investierens/ Definition des Investmentuniversums

Wie baut ein Quality-Growth-Investor sein Portfolio auf? Zunächst gilt es, eine Gesamtheit möglicher Kandidaten zu definieren, aus denen letztlich das Portfolio zusammengestellt werden soll. Dazu ist es notwendig, Wirtschaftszweige zu finden, deren Wachstumsraten über dem des jeweiligen Bruttoinlandsprodukts (BIP) der Heimatländer dieser Unternehmen liegt.

Bei dieser Suche sind auch disruptive Marktveränderungen wie beispielsweise der Trend zu bargeldlosem Bezahlen oder die Zunahme des Online-Handels zu berücksichtigen.

Schließlich werden dann die besten Unternehmen des jeweiligen Sektors ausgewählt. Folgende zehn Parameter stehen dabei im Fokus:

1) ein erweiterbares Businessmodell,
2) ein überdurchschnittliches Branchenwachstum,
3) eine konsequente Branchenführerschaft,

4) ein langjähriger Wettbewerbsvorteil,
5) ein starkes organisches Wachstum,
6) eine breite Diversifikation – geografisch und beim Kundenpotenzial,
7) eine geringe Kapitalintensität und hohe Kapitalerträge,
8) eine solide finanzielle Basis,
9) eine transparente Konzernbuchführung und -bilanzierung sowie
10) ein besonders effektives Management und Controlling (Corporate Governance).

Man stellt rasch fest, dass es nur wenige Unternehmen gibt, die diese Kriterien erfüllen – von den rund 50.000 Aktien, die in den OECD-Staaten gelistet sind, sind es nicht mehr als fünf bis sechs Dutzend. Bei Seilern Investment Management überprüfen wir diesen Auswahlprozess regelmäßig und schöpfen schließlich aus einem Investmentuniversum von nur 60 Unternehmen.

Die Namen, die dabei auftauchen, überraschen selten, denn in der Regel erfüllen nur sehr bekannte und etablierte Unternehmen die genannten Kriterien. Wir nehmen keine Start-ups auf, weil wir im Vorfeld eines Investments einen langfristigen Beweis für Profitabilität und Wachstum verlangen, und dies kann nur über eine dominante Marktstellung erbracht werden.

Klassische Industrieunternehmen können faszinierend sein. Nehmen sie zum Beispiel den bekanntesten Hersteller von Wasserpumpen. Eine Pumpe, die vor 100 Jahren gefertigt wurde, hat kaum mehr etwas mit einer heute produzierten gemein. Aber die besten Pumpen auf dem Markt sind noch immer die von Xylem. Wie ist das möglich? Indem das Unternehmen langfristig fähig ist, die Auf- und Abwärtsbewegungen der Wirtschaft zu überstehen – meist gelingt das auch, weil die Bilanzen passen. Außerdem gehört Know-how dazu, die Zyklen der Produktinnovationen zu kennen und entsprechend anzuführen.

Qualitätsbetriebe gehen unterschiedlich mit Innovationen um. Einige sind wenig innovativ, zum Beispiel Unilever oder Danone. Sie geben wenig Geld für Forschung und Entwicklung aus, aber sehr viel für Marketing. Viele dieser großen Unternehmen haben ihre Entscheidungsprozesse zentralisiert, um kosteneffizienter zu werden. Das hat zwar Kosteneinsparungen und größere Gewinne gebracht, aber gleichzeitig lokale Mitbewerber in einigen Schlüsselmärkten entstehen lassen, die ihrerseits durch Innovationen und das Eingehen auf regionale Konsumgewohnheiten Marktanteile gewinnen. Die Trägheit, mit der die Großen der Branchen auf sich ändernde Märkte reagieren, kostet sie Marktanteile und verändert jedes Business-Modell negativ.

Eine andere Gruppe unter den Quality-Growth-Unternehmen widmet sich Innovationen, deren Umsetzung in großen Zyklen erfolgt. Zahlungsvorgänge beispielsweise gehören dazu, denn sie ändern sich nicht jedes Jahr. Unternehmen, die laufend Innovationen betreiben, werden ihren Mitbewerbern immer eine Nasenlänge voraus und schwerer einzuholen sein. Beispiele dafür sind Automatic Data Processing, Mastercard und Dassault Systèmes.

Für die dritte Gruppe sind Innovationen überlebenswichtig, und die Produktzyklen sind sehr kurz. Wenn hier ein Unternehmen aufhört, innovativ zu sein und sich den Marktgegebenheiten anzupassen, wird es bald von der Bildfläche verschwinden. Paradebeispiel für eine solche »verschlafene« Entwicklung ist Eastman Kodak, ein Unternehmen, das einmal den Markt für Kamerafilme dominierte. Positive Beispiele sind Xylem bei Wassertechnologie, Graco bei Flüssigkeitsverteilsystemen und Assa Abloy bei Türen und Schließsystemen. Diese Qualitätsfirmen bleiben führend, auch wenn sich Technologien ändern.

Goldene Regel 1: ein erweiterbares Businessmodell

Das Businessmodell eines Quality-Growth-Unternehmens muss erweiterbar sein. Das bedeutet, dass die Gesellschaft über ein Geschäftsmodell verfügt, mit dem Umsatz und Gewinn ständig gesteigert werden können. Der Markt für die Produkte muss groß genug und offen sein, um das Wachstum des Unternehmens voranzutreiben. Wenn der Markt zu klein oder zu geschlossen ist, werden die Verkäufe und Umsätze nicht im erforderlichen Maß wachsen können.

Hier einige Beispiele für derartige Modelle.

1. Das Plattform-Modell

In ihrer reinsten Form ist eine Plattform ein Mechanismus, der Interaktionen zwischen verschiedenen Gruppen, meist den Produzenten, den Erfindern und den Konsumenten, erlaubt. Der Erfolg basiert dabei auf zwei Schlüsselfaktoren: dem dauerhaften Spielraum für Wachstum und der Möglichkeit, die Geschäftskosten laufend zu kontrollieren. Die Wirkungsweise ist ganz einfach: Das Unternehmen benötigt nur eine Investition in die Infrastruktur, um das Wachstum zu unterstützen, die erforderlichen Investitionen jedoch sind vergleichsweise minimal.

Innerhalb der Plattformen gibt es zwei dominante Submodelle: Preis und Menge.

Das preisskalierbare Geschäft verfügt über eine stabile Kostenbasis, und das Umsatzwachstum wird überwiegend durch Preisdominanz generiert. Dieses Modell wird von Rightmove, dem führenden britischen Immobilienportal, betrieben. Rightmove bietet seinen Endverbrauchern – den potenziellen Immobilienkäufern – die breitestmögliche Auswahl an Immobilienangeboten in Großbritannien und seinen Kunden – den Immobilienmaklern – den Zugang zu ebendiesen Endverbrauchern. Da der Zugang zu potenziellen Immobilienkäufern eine geschäftskritische Dienstleistung für Immobilienmakler ist und die Spesen einen Bruchteil der Kosten für den Betrieb einer Immobilienagentur ausmachen, ist es fast garantiert, dass sie ihren Wohnungsbestand auf Rightmove listen. Das Ergebnis ist, dass Rightmove das größte Wachstum in diesem Bereich für sich verbuchen kann. Da es auf dem Markt keine echte Alternative gibt, kann Rightmove sein Geschäft durch Preiserhöhungen weiter ausbauen.

Das Volumenplattform-Modell wird weniger von der Preismacht als vielmehr vom Mengenwachstum bestimmt. Auch hier ist die Kosteninfrastruktur stabil, aber der Großteil des Umsatzwachstums wird durch steigende Produktmengen generiert. Dies ist das Kerngeschäft des Zahlungsnetzwerks Mastercard, das die Infrastruktur bereitstellt, über die kartenbasierte Zahlungen laufen.

Die anhaltende Erweiterung dieser Transaktionen sowohl in den Industrie- als auch in den Entwicklungsmärkten führt zu einem stetigen Umsatzwachstum mit der Aussicht auf viele weitere Jahre des Wachstums. Mittlerweile ist die Infrastruktur, die für die Verarbeitung der Übergänge erforderlich ist, technisch offen in dem Sinne, dass die Grenzkosten für das Hinzufügen jedes zusätzlichen Benutzers niedrig sind.

2. Das kapazitätsgetriebene Modell

Das zweite dominante Geschäftsmodell ist die kapazitätsgetriebene Skalierbarkeit. Dies ist ein Modell, bei dem das Unternehmen seine Produktion steigern und durch den Aufbau neuer Kapazitäten Wachstum generieren kann. Wie beim Plattform-Modell ist es entscheidend, dass der Markt aufnahmebereit ist und kontinuierlich wächst. Ein gutes Beispiel für dieses Modell ist Fanuc, der japanische Roboterhersteller. Die Produktionsanlagen, in denen die Roboter gebaut werden, sind hoch automatisiert. Sobald diese Anlagen ihre volle Kapazität erreicht haben, ist die Nachfrage nach Robotern so groß, dass Fanuc eine neue Anlage bauen und somit wachsen kann, während sich die Investitionen im Rahmen eines überschaubaren Kapitaleinsatzes bewegen.

Es ist hervorzuheben, dass skalierbare Geschäftsmodelle nur so lange gut sind, wie der Spielraum für Marktwachstum erhalten bleibt. Für viele Unternehmen der Konsumgüterindustrie wird es immer schwieriger, ihre Modelle effektiv zu skalieren. Um wettbewerbsfähig zu bleiben, haben sie deshalb auf kostspielige Akquisitionen zurückgegriffen, die oft Fremdkapitalfinanzierungen erfordern. Nicht zum Kerngeschäft gehörende Geschäftssegmente wurden herausgelöst und ihre Strategien in relevanten Märkten überarbeitet. Es gibt keine Garantie, dass diese Veränderungen funktionieren und sich nicht in der Zwischenzeit Geschäftsmodelle verschlechtern. An dieser Stelle sei erwähnt, dass der Quality-Growth-Investor vor Marktentwicklungen auf der Hut sein muss, die entweder die Qualität oder das Wachstum seiner Investition gefährden.

Goldene Regel 2: ein überdurchschnittliches Branchenwachstum

Es ist hinlänglich bekannt, dass Erträge die Aktienkurse antreiben. Wenn ein Unternehmen seine Erträge im Laufe der Zeit nachhaltig steigert, folgt der Kurs der Aktie. Durch den Zinseszinseffekt *(Compounding)* wird sich dieses Wachstum im Laufe der Zeit in überdurchschnittlichen und nachhaltigen Erträgen für den Anleger niederschlagen. Die Geschäftstätigkeit in einer Branche mit überdurchschnittlichen Wachstumsraten ist daher ein entscheidendes Geschäftsmerkmal und stellt unsere zweite goldene Regel für die Definition von Quality Growth dar.

Jede wachsende Branche zeichnet sich durch eine Wachstumsrate aus, die über jener des Bruttoinlandsprodukts (BIP), also des allgemeinen Niveaus der Wirtschaftsleistung in einer

Volkswirtschaft, liegt. Diese ist weitgehend unabhängig von den Höhen und Tiefen des Wirtschaftszyklus. Diese Art von Wachstum wird im Allgemeinen durch massive Veränderungen in der Wirtschafts- und Geschäftsaktivität getrieben, zum Beispiel die Verlagerung vom Bargeld- zum elektronischen Zahlungsverkehr, die globale Wasserknappheit und eine alternde Bevölkerung.

Dassault Systèmes, der weltweit führende Anbieter von Product-Lifecycle-Management-Software, ist ein Positivbeispiel für ein Unternehmen, das in einer solchen Branche tätig ist. Product Lifecycle Management ist, wie der Name schon sagt, ein System, das alle Arten von Softwareprogrammen, die an der Herstellung eines Produkts beteiligt sind, miteinander verbindet, von der Ideenfindung über das Engineering und die Fertigung bis hin zu Marketing und Verkauf des Produkts. Dazu gehören beispielsweise 3-D-Design und -Simulation, Produktdatenmanagement, Enterprise Resource Planning, Client Relationship Management und weitere Faktoren. Wenn alle diese Programme effektiv zusammenarbeiten, kann die Effizienz signifikant gesteigert werden, indem Zeit-, Energie- und Materialaufwand reduziert werden.

Angesichts des unaufhaltsamen Trends zur Digitalisierung der Unternehmens- und Organisationstätigkeit ist Dassault in einer Branche tätig, die eindeutig von einem starken Wachstumstrend profitiert. Je komplexer Organisationen werden, desto größer ist der Bedarf an einer Koordination von Software. Der Wettbewerbsvorteil, den Dassault genießt, ergibt sich aus seiner Fähigkeit, Produkte billiger und effizienter zu produzieren als seine Konkurrenten. Um wettbewerbsfähig zu bleiben, haben Unternehmen keine andere Wahl, als genau diese Technologien einzusetzen. Die Digitalisierung ist ein strukturelles Merkmal der Branche, das die Auswirkungen einer künftigen Abkühlung der Konjunktur oder Rezession mildern wird und es so Dassault leichter machen sollte, seinen Umsatz Jahr für Jahr zu steigern.

Es ist einfacher, den Wert des strukturellen Wachstums einer Branche zu erkennen, wenn man diesen mit den Werten anderer Branchen vergleicht, die keine derartigen Vorteile haben. Denken Sie an Verlage, Videotheken oder die Kohleproduktion, die alle seit Jahren im Niedergang begriffen sind. Wenn sich das Branchenwachstum verlangsamt oder ganz eingestellt hat, besteht der einzige Weg, den Umsatz zu steigern, darin, Marktanteile zu gewinnen. Obwohl es sich um eine faire und seriöse Strategie für ein einzelnes Unternehmen handelt, ist es ein Nullsummenspiel für die Branche – auf jeden Gewinner kommt ein Verlierer –, und eine nachhaltige Wachstumsquelle gibt es nicht.

All das ist jedoch keine exakte Wissenschaft. Der Grat zwischen Wachstum und Rückgang, den manche zyklischen Branchen gehen, ist schmal. Unternehmen dieser Branchen sind von Ebbe und Flut des Konjunkturzyklus abhängig, was ihre Ertragsströme unweigerlich volatiler und schwerer vorhersehbar macht. Per Definition weisen diese Branchen nur dann ein überdurchschnittliches Wachstum auf, wenn sie sich im Zyklus der Expansion befinden. Wenn es möglich wäre, Wendepunkte im Konjunkturzyklus präzise vorherzusagen, hätten die Aktien von Unternehmen in zyklischen Branchen vielleicht einen größeren Anspruch auf Berücksichtigung im Portfolio, doch ist das leider nicht möglich. Aktien mit zyklischen Kursverläufen erfüllen daher nicht das Kriterium eines stetigen Wachstums, das der Quality-Growth-Investor verlangt.

Goldene Regel 3: eine konsequente Branchenführerschaft

Ein Unternehmen hat bessere Chancen, im Laufe der Zeit nachhaltig zu wachsen, wenn die Branche, in der es tätig ist, ein strukturelles, überdurchschnittliches Wachstum aufweist. Doch selbst wenn ein Unternehmen über ein skalierbares Geschäftsmodell verfügt und in einer Branche mit überdurchschnittlichem Wachstum tätig ist, garantiert das keinen Erfolg. Erforderlich ist darüber hinaus eine führende Position in der Branche. Die dritte unserer goldenen Regeln lautet folglich, dass die von uns gewählten Unternehmen gerade diese Führungsrolle über einen längeren Zeitraum hinweg konsequent unter Beweis gestellt haben müssen. Der Grund dafür ist, dass die Profitabilität eines mittelständischen Unternehmens in einer strukturell wachsenden Branche zusätzlichen Risiken ausgesetzt ist. In vielen Sektoren, zum Beispiel im Sport, neigt die Wettbewerbsökonomie daher dazu, einen Markt zu schaffen, in dem die meisten Gewinne an jene Unternehmen gehen, die die Nummer eins oder zwei in ihrer Branche sind.

Es braucht viele Jahre an Investitionen, und es sind viel Geduld und Entschlossenheit notwendig, um jene Branchenführerschaft und Marktdominanz, die wir suchen, zu erreichen. Deshalb sind Quality-Growth-Unternehmen oft ein Begriff und am ehesten in entwickelten Märkten zu finden. Sie verfügen in der Regel bereits über eine große Kapitalisierung, die in Milliarden Pfund, Euro oder Dollar quantifiziert wird. Obwohl es Unternehmen von guter Qualität mit viel geringerer Marktkapitalisierung gibt, besteht in diesen Fällen für den Anleger das Risiko eines möglichen Liquiditätsengpasses, sodass es schwierig sein kann, die Aktien in beliebiger Menge zum Börsenkurs zu kaufen oder zu verkaufen. Je größer die Anzahl solcher in Umlauf befindlichen Aktien ist, desto größer ist das Risiko einer ungünstigen Kursentwicklung. Dieser wichtige Faktor kann auch bei Gesellschaften mit starker Marktkapitalisierung nicht ignoriert werden; die Qualität kann manchmal einen zu hohen Preis haben.[1]

Konsequente Branchenführerschaft und eine dominante Marktposition sind in der Regel erkennbar. Deshalb seien hier noch weitere repräsentative Beispiele angeführt. Im Bereich Outsourcing und Unternehmensberatung bestreitet beispielsweise niemand, dass Accenture, ein in Dublin ansässiges, global agierendes Unternehmen, eine beherrschende Stellung einnimmt. Das ebenfalls amerikanische Unternehmen Automatic Data Processing verarbeitet Daten im Personalbereich und weist eine außergewöhnliche Cashflow-Generierung sowie eine Bilanz mit Doppel-A-Rating auf. Und wie bereits erwähnt, ist Dassault Systèmes aus Frankreich der führende Anbieter von 3-D-Software für Unternehmen zur Definition, Simulation und Optimierung von Fertigprodukten.

Sobald ein Unternehmen die Marktbeherrschung erlangt hat, kann es kaum mehr vom Markt verdrängt werden. Beispielsweise wäre es für die Konkurrenz sehr langwierig und schwierig, Coca-Cola herauszufordern. Und nur wenigen Unternehmen ist es gelungen, sich der Online-Power von Google oder Priceline entgegenzustellen.

Ein wesentlicher Vorteil, den ein Unternehmen aus seiner führenden Marktposition zieht – und eines der wichtigsten Merkmale

1 Obwohl es sich um ein technisches Thema handelt, sind Liquiditätsengpässe ein wichtiger Faktor im Portfoliomanagement.

eines Quality-Growth-Unternehmens –, ist die Fähigkeit, die Preise selbst zu bestimmen. Der langsame Niedergang der Gewerkschaften, die zunehmende Globalisierung und das Wachstum des Internets haben seit der Jahrtausendwende die Verlagerung der Preisdominanz vom Produzenten zum Verbraucher beschleunigt. Dies wiederum hat die Inflationsraten im Zeitvergleich bemerkenswert niedrig gehalten. Die konsequente Branchenführerschaft ermöglicht es Quality-Growth-Unternehmen, gegen den makroökonomischen Trend zu niedrigeren Preisen anzukämpfen. Es erscheint logisch, dass Unternehmen, die die Möglichkeit haben, ihre eigenen Preise festzulegen – ohne dabei finanzielle Einbußen zu erleiden –, eine Prämie erhalten sollten. So ist es in der Regel auch.

Die konsequente Branchenführerschaft großer Quality-Growth-Unternehmen ermöglicht es ihnen, sich sowohl gegen den makroökonomischen Trend zu niedrigeren Preisen als auch gegen die derzeit offensichtlich wiederauflebende Inflation zu wehren.

Was sind die Vorteile der Preissetzungsmacht von Qualitätswachstumsunternehmen in einem Umfeld wiederauflebender Inflation? Es gibt drei Verteidigungslinien, die einem Unternehmen zur Verfügung stehen, um sich gegen die steigende Inflation zu schützen.

Die erste davon ist die Preissetzungsmacht, die bei weitem die wichtigste ist. Ein Unternehmen mit Preissetzungsmacht ist in der Lage, die Preise für die von ihm verkauften Waren und Dienstleistungen in gleichem Maße oder schneller zu erhöhen als der Kostendruck dem es ausgesetzt ist. Ein Unternehmen kann dies nur erreichen, wenn es über einen gut etablierten wirtschaftlichen Burggraben verfügt, einen fragmentierten und diversifizierten Kundenstamm hat und wenn seine Produkte und Dienstleistungen geschäftskritische Elemente repräsentieren, die nicht zum Kerngeschäft seiner Kunden gehören. Ein Unternehmen mit absoluter Preissetzungsmacht ist oft in der Lage, die Preise deutlich über die Inflation der Inputkosten hinaus anzuheben, was sich schrittweise positiv auf die Gesamtrentabilität des Unternehmens auswirkt.

Die zweite Verteidigungslinie ist eine hohe Brutto- und Betriebsgewinnspanne. Einfach ausgedrückt: Ein Unternehmen, das weniger Kosten hat, um sein Geschäft zu betreiben, wird relativ weniger betroffen sein als ein Unternehmen, das mit hauchdünnen Margen arbeitet. In der Tat ist es für den Quality-Growth-Investor möglich, ein Universum von etwa 60 Unternehmen mit durchschnittlichen Brutto- und Betriebsmargen zu bilden, die fast 50 Prozent höher sind als die des durchschnittlichen S&P 500-Unternehmens.

Die letzte Verteidigungslinie besteht darin, ein Geschäftsmodell zu haben, das wenig Kapital benötigt und daher nicht auf einen erheblichen künftigen Investitionsbedarf angewiesen ist, um seinen Umsatz weiter zu steigern. Wenn die Inflation steigt, steigen auch die zukünftigen Kosten für den Bau einer neuen Fabrik oder neuer Investitionsgüter. Echte Quality-Growth-Unternehmen benötigen sehr wenig zukünftiges Kapital, um weiter zu wachsen. Sie sind sogar in der Lage, neue Kunden schrittweise und zu sehr geringen Kosten in ihr globales Betriebsmodell aufzunehmen und so hohe Skalenerträge und inkrementelle Kapitalrenditen zu erzielen.

Ein gutes Beispiel etwa ist der französische Luxuskonzern Hermès. Der Preis für seine Waren ist in den vergangenen 20 Jahren trotz weltweit vorherrschender desinflationärer Trends mit einer jährlichen Durchschnittsrate von rund 4 Prozent gestiegen.[2] Novo Nordisk, der dänische Insulinproduzent, hat die Preise für seine Diabetesprodukte in ähnlichem Tempo erhöht, obwohl der Gesundheitssektor häufig von Regierungsseite angegriffen wird, weil die Medaille sozusagen zwei Seiten hat: Die Arzneimittelgewinne sind einerseits notwendig, um die Erforschung und Entwicklung neuer Medikamente zu finanzieren, und es besteht andererseits ein sozialpolitisches Gebot, den Verbraucher vor steigenden Arzneimittelpreisen zu schützen. Auch die Erfolgsbilanz von PepsiCo bei der Preisgestaltung ist beeindruckend, ebenso wie jene des Juweliers Tiffany oder etwa des Parfüm- und Kosmetikunternehmens Estée Lauder.

Moody's, ein Spezialist für das Rating von Firmenschulden und einer breiteren Öffentlichkeit wenig bekannt, ist ein weiteres Unternehmen mit großer Preisdominanz. Die Preise sind im vergangenen Jahrzehnt mit einer jährlichen Rate von 3 bis 4 Prozent gestiegen – und dies trotz der Tatsache, dass die Reputation der Ratingagenturen während der globalen Finanzkrise auf dem Tiefpunkt angelangt war, als viele Investoren ihnen vorgeworfen haben, die Augen vor den Risiken von Subprime-Hypotheken und anderen gefährlichen Kreditpraktiken zu verschließen. Doch angesichts der anhaltenden Nachfrage der Kapitalmärkte haben die Ratingfirmen nicht nur überlebt, sondern sind auch prächtig gediehen. Weil Banken gezwungen waren, sich von vielen Arten der Kreditvergabe zurückzuziehen, und die sehr niedrigen Zinssätze immer mehr Unternehmen ermutigten, Schulden zu machen, gab es eine wahre

2 Bei einigen seiner Produkte, zum Beispiel der Birkin-Tasche (Verkaufspreis bei Versteigerungen von Einzelanfertigungen über 220.000 Dollar), liegt der Wert eher bei 8 Prozent.

Explosion bei der Kreditaufnahme. Damit stieg auch die Nachfrage nach Ratings all dieser Schulden, und damit wuchs das Kerngeschäft von Moody's.

Die Macht der Unternehmen, ihre eigenen Preise festzulegen, erfordert ein sorgfältiges Management. Der Missbrauch dieser Marktmacht kann zu gefährlichen Herausforderungen durch Verbraucher, Politiker und Regulierungsbehörden führen. Die beiden führenden Ratingagenturen Moody's und Standard & Poor's wurden aufgrund ihrer herausragenden Rolle in der Kreditkrise vom US-Kongress stark unter Druck gesetzt, ihre Geschäftsabläufe zu ändern. Für Quality-Growth-Investoren, die in Moody's investierten, war dies eine alarmierende Entwicklung auch für den Fall, dass das Geschäftsmodell weitgehend unversehrt blieb und das Risiko einer Regulierung zurückging. Selbst wenn die Auswirkungen auf die Verbraucher nicht besonders hoch sind, kann es immer noch leicht geschehen, unerwünscht in das Visier der kritischen Öffentlichkeit zu geraten. Visa und Mastercard sind aktuelle Beispiele dafür.

Im Falle von Unternehmen wie Graco, Xylem oder Accenture, die in Branchen tätig sind, in denen Innovationen notwendig sind, um langfristig am Markt erfolgreich zu sein, ist die Höhe der Forschungsausgaben zu beobachten, um Anzeichen für sinkende Erträge zu identifizieren. Die Erfahrung lehrt, dass Branchenführer, die hohe Gewinnmargen erzielen, Gefahr laufen, selbstgefällig zu werden und vor möglichen Störungen des Marktgefüges durch neue Wettbewerber die Augen verschließen.

Der Fall Novo Nordisk in den USA ist in dieser Hinsicht aufschlussreich. Das neue Management gab zu, eine Weile nicht erkannt zu haben, dass die eigenen Produkte austauschbar wurden und leicht kopiert werden konnten. Ein weiteres Beispiel ist Danone, der weltweit führende Joghurthersteller, der einen Verbrauchertrend hin zu Joghurt nach griechischer Art verpasst hat.

Investoren können sich auch von der Art künstlicher kurzfristiger Preiskraft täuschen lassen, die durch hohe Marketingausgaben erzeugt wird und ohne bleibenden Einfluss auf das künftige nachhaltige Wachstum ist. Danone, Reckitt Benckiser, Colgate-Palmolive und Nestlé begingen diesen Fehler und gaben viel Geld für die Markenwerbung von nicht patentierten Produkten in Schwellenländern aus, ohne dass der Absatz dauerhaft anstieg. Da E-Commerce an Bedeutung zunimmt und die Käufer sich dem Internet zuwenden, können sich etablierte Produkte nicht mehr nur auf ihr Branding verlassen, um die Kundenbindung zu erhalten. Firmen, die es versäumen, mit einer effektiven E-Commerce-Plattform Geld zu verdienen, riskieren, dass ihr Wachstumsniveau sinkt.

L'Oréal ist ein gutes Beispiel für ein Unternehmen, das sich der Herausforderung des E-Commerce aus einer Position der Branchenführerschaft effektiv gestellt hat. Mithilfe einer eigenen Online-Strategie gewinnt das Unternehmen weiterhin Marktanteile im Kosmetikgeschäft. L'Oréal war eines der ersten Verbraucherunternehmen, das einen Chief Digital Officer in den Vorstand berief. Das Unternehmen erkannte auch die Notwendigkeit, sein Markenportfolio und seine Vertriebskanäle an das neue Verbraucherumfeld anzupassen. Wie so oft – und als weiterer Beweis dafür, dass die goldenen Regeln alle miteinander verbunden sind – war eine effektive Corporate Governance der Schlüssel zur Bewältigung dieser neuen Herausforderung.

Preisdominanz ist für den Anleger in Zeiten der Deflation wichtig, und zwar besonders dann, wenn es den Anschein hat, dass eine Deflation einsetzen könnte. Ein Unternehmen, dessen Preise und Erträge auch in Zeiten eines schwachen Wirtschaftswachstums anhaltend wachsen, wird mit einem höheren Kurs-Gewinn-Verhältnis (KGV oder PER – Price Earnings Ratio, auch kurz P/E), belohnt. Anders verhält es sich mit Unternehmen, die verpflichtet sind, einen Teil ihrer traditionellen Preiskraft an die Verbraucher abzugeben. Investoren, die in einer konjunkturellen Abschwächung Aktien mit einem überdurchschnittlichen KGV handeln, werden belohnt, indem ihre Portfolios weniger stark an Wert verlieren als der Gesamtmarkt. Das ist eine relevante Kapitalschutzmaßnahme.

An dieser Stelle ist es wichtig, festzuhalten, was unter einem Branchenführer zu verstehen ist. Obwohl die meisten Definitionen darauf hindeuten, dass der Marktführer der größte Akteur in der Branche sein wird, ist dies nicht immer der Fall. Quality-Growth-Investoren suchen nach Quality-Growth-Unternehmen, die am besten positioniert sind, um in einem wachsenden Markt den größten Wertzuwachs zu erzielen. Fanuc beispielsweise, der japanische Roboterhersteller, ist umsatzmäßig deutlich kleiner als der größte Player auf dem Markt, Asea Brown Boveri. Dennoch wächst Fanuc dank einer hochmodernen Produktionsstätte, hochwertiger Produkte und eines optimalen Kundenservice konsequent überproportional im Vergleich zu seinem größeren Wettbewerber und erzielt höhere operative Margen. Durch diese Wettbewerbsvorteile ist es Fanuc möglich, laufend Marktanteile zu gewinnen.

Goldene Regel 4: ein langfristiger Wettbewerbsvorteil

Die Suche nach einem konsistenten Branchenführer erfordert einen eingehenden Blick auf die Geschichte eines Unternehmens und seiner Branche. Quality-Growth-Unternehmen verfügen über mehrere Wettbewerbsvorteile, indem sie positive Feedback-Schleifen schaffen und ihre Wettbewerbsposition über die Jahre hinweg stärken. Kein Wettbewerbsvorteil ist jedoch im Laufe der Zeit unangreifbar, und die Fähigkeit eines Branchenführers, seine Position langfristig zu behaupten, ist eine weitere goldene Regel der Quality-Growth-Philosophie.

Wettbewerbsvorteile lassen sich in zwei große Gruppen einteilen: überlegene Produkte oder Dienstleistungen auf der einen Seite und ein überlegenes Geschäftsmodell auf der anderen Seite. Angebote überlegener Produkte oder Dienstleistungen ermöglichen es dem Unternehmen oft, höhere Preise festzulegen. Nehmen wir den Hersteller von Zahnimplantaten Straumann, der in jahrzehntelangen klinischen Studien beweisen konnte, dass seine Implantate über lange Zeit wesentlich haltbarer sind als die seiner Konkurrenten. Die Fähigkeit, hochwertige Produkte herzustellen, wurde mit einer hohen Kundenbindung und einer niedrigeren Preiselastizität belohnt. Kundenzufriedenheit ist jedoch bekanntlich subjektiv, und manchmal reicht die Wahrnehmung von höchster Qualität aus, um einen Vorteil zu schaffen. Nike und Adidas zum Beispiel sind seit Jahren in der Sportschuhindustrie führend und haben ihren Anteil in ihrem Marktsegment von 37 Prozent im Jahr 2008 auf 69 Prozent im

Jahr 2020 gesteigert.[3] Dies ist primär auf ihre überlegene Markenattraktivität und weniger auf einen besonderen Qualitätsvorsprung zurückzuführen.

Die zweite Art von Wettbewerbsvorteil ergibt sich aus einem überlegenen Geschäftsmodell. Das »Fast-Fashion-Modell« von Inditex ist ein sehr gutes Beispiel dafür. Das Unternehmen baute seine Lieferkette mit dem ehrgeizigen Ziel auf, in nur zwei Wochen kleine Mengen an Kleidung produzieren und an die meisten seiner Filialen liefern zu können. Der Vorteil besteht darin, dass Filialleiter in ihren Beständen die meistverkauften Artikel schnell wieder nachbestellen können, während sie gleichzeitig diejenigen reduzieren, die sich weniger gut verkaufen. Der ständige Austausch der Produkte bedeutet auch, dass die Verbraucher häufiger die Geschäfte besuchen, um die neuesten Designs zu sehen. Obwohl viele Wettbewerber versucht haben, das Modell von Inditex zu kopieren, gewinnt das Unternehmen kontinuierlich an Marktanteilen im Bekleidungsmarkt und ist weiterhin führend im Bereich der Fast Fashion.

Ein langjähriger Wettbewerbsvorteil bedeutet, dass ein Unternehmen eine starke Position entwickelt hat, in der es eine Ware oder Dienstleistung zu einem Preis produzieren beziehungsweise anbieten kann, der für die Wettbewerber nicht tragbar ist. Selbst wenn andere Unternehmen der gleichen Branche versuchen, das Geschäftsmodell nachzuahmen und über den Preis zu konkurrieren, werden sie selten Erfolg haben, zumindest nicht kurzfristig. Wenn die Ware oder Dienstleistung eines Unternehmens mit einem nachhaltigen Wettbewerbsvorteil eine singuläre Marktstel-

3 Quelle: Euromonitor

lung garantiert,[4] wird das Unternehmen zum »Preismacher«. Im Fachjargon versteht man darunter ein Unternehmen, das seine eigenen Preise festlegen kann, statt den Weltmarktpreisen folgen zu müssen. Es ist in der Lage, höhere oder sogar steigende Preise zu erzielen, ohne eine Erosion der Nachfrage auszulösen. Diese Preis-Inelastizität ist es, was eine marktbeherrschende Stellung bewirken kann.

Unternehmen mit anerkannten Wettbewerbsvorteilen sind in der Lage, sich dem sogenannten Gesetz der abnehmenden Erträge zu widersetzen. Dieses Gesetz lautet: Unternehmen, die hohe und steigende Gewinne erwirtschaften, stehen nach einer bestimmten Zeit vor der Herausforderung, durch neue Marktteilnehmer allmählich den Status des Etabliert-Seins zu verlieren. Dies ist nicht immer möglich. Einige Firmen werden immer einen Wettbewerbsvorteil behalten, obwohl sie nicht in der Lage sind, die Preise zu differenzieren. Visa und Mastercard sind zwei markante Beispiele dafür. Sie genießen den First-Mover-Vorsprung, der es für andere schwierig macht, ihr Vertriebsnetz und ihre Markenqualität zu replizieren. Das Geschäft der Buchungsplattform Priceline etwa kombiniert drei verschiedene Wettbewerbsvorteile: gute und etablierte Beziehungen zu Hotels, den Wert des Nutzernetzwerks und schließlich die Flexibilität und den umfangreichen Informationsgehalt der After-Sales-Plattform.

Die Fähigkeit, Wettbewerbsvorteile zu erzielen und zu halten, ist für den Quality-Growth-Investor von zentraler Bedeutung. Ein Unternehmen, das einen dauerhaften Wettbewerbsvorteil besitzt, ist aus vielen Gründen wertvoll, denn er sorgt für dauerhaftes Wachstum von Umsatz und Cashflow. Außerdem werden Prognosen für

4 Quelle: Euromonitor

das künftige Wachstum besser vorhersehbar, wodurch Risiken reduziert werden. Ein gutes Beispiel für eine Branche, in der diese Merkmale besonders fehlen, ist der Flugverkehr. Die Produktivität der Fluggesellschaften hat sich in den zurückliegenden 50 Jahren stark verbessert. Durch die Optimierung der Triebwerksleistung und die Zeit- und Geldersparnis durch das Selbst-Einchecken der Kunden waren die Kosten eines Langstreckenflugverkehrs noch nie so niedrig. Die meisten technologischen Verbesserungen standen allen Konkurrenten im Fernverkehr zur Verfügung und nicht nur einer Handvoll Unternehmen. Infolgedessen waren die Einsparungen meist nur von kurzer Dauer und flossen den Kunden in Form von niedrigeren Tarifen zu.

Goldene Regel 5: ein starkes organisches Wachstum

Das von uns für Investitionen gesuchte Quality-Growth-Unternehmen erzielt über einen langen Zeitraum, etwa zehn oder 20 Jahre lang, ein überdurchschnittliches Wachstum, das sich über ganze Konjunkturzyklen erstreckt. Während jedes Unternehmen wahrscheinlich irgendwann einmal einen Wachstumsstillstand erleben wird, bedeutet eine lange Erfolgsgeschichte nicht unbedingt, dass kein Wachstum mehr möglich ist. Eine überdurchschnittliche Wachstumsrate bedeutet, dass Umsatz und Cashflow auch in einer Rezession weiter steigen, in der ein durchschnittliches Unternehmen unweigerlich unter einer Verschlechterung der Gewinne oder gar unter Verlusten leidet. Unsere fünfte goldene Regel betont die

Bedeutung dieses Wachstums, das sich aus organischen, also selbst generierten Gewinnen ergibt.

Wie sieht eine überdurchschnittliche Wachstumsrate aus? Liegt die durchschnittliche Wachstumsrate des BIP eines Landes unter beispielsweise 5 Prozent, so bedeutet Quality Growth, dass ein Umsatzwachstum angestrebt wird, das so nah wie möglich am zweistelligen Bereich liegt. Wenn das durchschnittliche Geschäft im mittleren bis hohen einstelligen Bereich wächst, sollte das Quality-Growth-Unternehmen zweistellig wachsen. Umgekehrt gilt: Keine Firma, die ihren Umsatz mit weniger als einer hohen einstelligen Wachstumsrate und ihren Nettogewinn mit weniger als zweistelligen Millionenbeträgen steigert, wird sich als Quality-Growth-Unternehmen qualifizieren können.

Das ist eine große Vorgabe und der Grund, weshalb echte Quality-Growth-Unternehmen so rar sind. Aus diesem Grund erhalten ihre Aktienkurse in der Regel einen Aufschlag. Dieser Aufschlag bei der Bewertung schreckt häufig Investoren ab, weil sie nicht bereit sind, für ein Quality-Growth-Geschäft extra zu bezahlen. Der erfahrene Anleger in Wachstumsunternehmen weiß jedoch, dass gerade dies eine Stärke ist, keine Schwäche. Die Prämie für echte Quality-Growth-Unternehmen schrumpft selten, und wenn doch, dann ist dies in der Regel das Ergebnis einer Baisse, in der andere Unternehmenstypen deutlich schlechter abschneiden werden. Für den Fall, dass die Prämie verschwindet, ist es in der Regel eine gute Gelegenheit für den Anleger, die Beteiligung zu erweitern.

Die offizielle Ansicht – und die verlangen auch die Regulierungsbehörden von den Fondsanbietern – lautet: »Die Wertentwicklung in der Vergangenheit ist kein Anhaltspunkt für die künftige Leistung.« Dies ist in einem streng logischen Sinne korrekt, aber in jedem anderen nicht unbedingt richtig. Ich würde behaupten, dass für erfahrene Anleger die vergangene Performance zwar kein Garant, aber oft der zuverlässigste Indikator der künftigen Entwicklung ist, den sie finden können. Und dennoch hat die Warnung ihren Sinn, denn damit wollen die Finanzaufsichtsbehörden unerfahrene Anleger davor schützen, Aktien in der naiven Erwartung zu kaufen, dass die künftige Performance jener der Vergangenheit entspricht.

Dieses Ziel ist zwar lobenswert, aber deswegen noch lange keine universelle Wahrheit. Auch auf einen weiteren Faktor ist hinzuweisen: Natürlich gibt es zyklische Branchen wie die Automobilindustrie, in denen auf Jahre des steilen Aufschwungs eine Phase des Abschwungs folgt und die Geschäfte einbrechen. Jedoch sind wir als Wachstumsinvestoren an Unternehmen aus solchen Wirtschaftszweigen ohnehin nicht interessiert. Deshalb ist für uns als Quality-Growth-Investor eine starke Performance in der Vergangenheit eine unabdingbare Voraussetzung, ein notwendiger Hinweis darauf, dass es sich lohnt, in das Unternehmen zu investieren. Allerdings gilt auch für uns eine Einschränkung: Wir müssen verstehen, wie ein Unternehmen, das bisher überdurchschnittlich gewachsen ist, diesen attraktiven Status erreicht hat. Der Quality-Growth-Investor will wissen, welchen Wettbewerbs-Schutzschild sich das Unternehmen geschaffen hat und wie es seinen Wettbewerbsvorteil verteidigt. Erst dann kann er beurteilen, ob das Unternehmen in der Lage sein wird, dieses Volumen-, Margen- und Ertragswachstum auch in der Zukunft zu realisieren.

Im Idealfall ist das Wachstum des Unternehmens organisch, durch eigene Aktivitäten generiert. Es wächst also aus eigener Kraft, mit eigenen Ressourcen. Nun gibt es ja auch die Fälle, dass die bisherige Performance des Unternehmens nicht auf organisches, selbst erwirtschaftetes Wachstum zurückzuführen ist, sondern auf Akquisitionen. Übernahmen sind indes mit Risiken behaftet. Und auch wenn das Zielunternehmen, also die übernommene Gesellschaft, ein Quality-Growth-Unternehmen in unserem Sinne ist, ist ein solcherart generiertes Wachstum in unseren Augen nicht das richtige: Das Zielunternehmen hat bereits seine eigene einzigartige Kultur und Arbeitsweise entwickelt. Der Versuch, die eigene einzigartige Kultur mit der einzigartigen Kultur des übernommenen Unternehmens zu verschmelzen, ohne eine der beiden zu »verwässern« oder sie zu verlieren, ist eine große und oft unüberwindliche Herausforderung. Zum Argument der Kultur kommt noch ein weiteres hinzu: Wurde der Erwerb auch durch die Ausgabe neuer Aktien oder Anleihen finanziert, muss die Bilanz belastet werden, was zu einer möglichen Verletzung einer unserer anderen goldenen Regeln führen kann. Dadurch entsteht ein Risiko bei der Bewertung des neu zusammengeschlossenen Unternehmens. Auch bestehende Aktionäre können eine Verwässerung des Gewinns erleiden.

Das Aufkommen der New Economy – die Verlagerung des Schwerpunkts auf Spitzentechnologie als Wachstumsquelle – hat den Betrag des im Kaufpreis einer Akquisition enthaltenen Firmenwerts erhöht. Der Kauf in Fällen, in denen ein wesentlicher Firmenwert vorliegt, basiert auf der Annahme, dass die künftigen Erträge den Betrag des Firmenwerts, den der Erwerber tatsächlich bezahlt hat, erreichen oder übersteigen werden. Sollten sich solche Erwartungen als übertrieben erweisen, wie es sich leider oft später herausstellt, müssen die Ergebnisaussichten reduziert werden, was zu einer Wertminderung führt. In diesem Fall kann sich die neue Realität schnell im Aktienkurs widerspiegeln, was zu einem dauerhaften Kapitalverlust für den Aktionär führt. Es wurde oft zu Recht festgestellt, dass viele Akquisitionen ein Triumph der Hoffnung über die Erfahrung sind.

Natürlich sind nicht alle Akquisitionen automatisch schlecht. Sogenannte ergänzende (Bolt-on-)Akquisitionen, bei denen Kapital eingesetzt wird, um ein anderes Unternehmen zu kaufen, das gut zu dem des Erwerbers passt, und bei denen wenig zusätzlicher Aufwand zur Verbesserung der Kapitalerträge erforderlich ist, gibt es durchaus, und sie können erfolgreich sein. Unter der Voraussetzung, dass der gezahlte Preis fair ist, sind solche Akquisitionen nicht unvereinbar mit dem Konzept des Quality Growth. Allerdings werden aus unserer Sicht solche ergänzenden Akquisitionen für den idealen Unternehmensansatz die Ausnahme und nicht die Regel sein.

Große Akquisitionen sind eine andere Sache. Wenn der innere Wert der Zielgesellschaft theoretisch höher ist als der des potenziellen Käufers, wird das Ergebnis pro Aktie der kombinierten Einheit erhöht. In den meisten Fällen erweist sich jedoch der Effekt einer großen Akquisition als eher mindernd denn wertsteigernd für die Beteiligung des übernehmenden Gesellschafters. Insbesondere wenn der Erwerber zur Finanzierung eigene Aktien ausgibt, wird sich der verwässernde Effekt früher oder später in einem schwächeren Aktienkurs niederschlagen. Wenn es um Akquisitionen geht,[5] interessiert den Quality-Growth-Investor nur der Wert des gekauften Objekts, nicht der Preis, der gezahlt wurde.[6]

---

5 Der Geschäfts- oder Firmenwert ist ein Bilanzwert, der angibt, inwieweit der für einen Unternehmenserwerb gezahlte Kaufpreis den ausgewiesenen Sachwert des zu erwerbenden Unternehmens übersteigt.

6 Mit den Worten eines berühmten Aphorismus von Warren Buffett, dem großen amerikanischen Investor, »Price is what you pay, value is what you get«. (Der Preis ist, was Sie bezahlen, der Wert ist das, was Sie bekommen.)

Fusionen fallen in die gleiche Kategorie wie Übernahmen und sollten vom Quality-Growth-Investor mit äußerster Vorsicht behandelt werden. Eine Fusion zwischen zwei etwa gleich großen Unternehmen wird oft als eine Ehe unter Gleichen dargestellt. Sehr häufig erweist sich dies aber als Mythos. Neben den Schwierigkeiten bei der Zusammenführung zweier individueller Kulturen erschwert die menschliche Natur die Zusammenarbeit. Es gibt immer wieder Konflikte mit dem Ego, wenn Manager und Mitarbeiter um ihre Positionen kämpfen. Es ist dann nur eine Frage der Zeit, bis aus den für kreative Spannungen sorgenden Situationen destruktive werden. Die Fusionsgespräche zwischen Essilor und Luxottica, zwei hochwertigen Quality-Growth-Unternehmen, sind ein Beispiel für derartige Schwierigkeiten. Gerüchte über Persönlichkeitskonflikte und andere Spannungen ließen den Aktienkurs noch vor Abschluss des Deals sinken.

Eine der spektakulärsten Katastrophen dieser Art ereignete sich nach der Fusion von AOL und Time Warner im Jahr 2000. Gemeinsam wiesen die Unternehmen eine Marktkapitalisierung von 350 Milliarden US-Dollar auf. Die Fusion sollte eine spannende Verschmelzung von Technik und Medien sein und wurde von viel Zuversicht, Champagner und gegenseitiger Bewunderung begleitet. Aber dann lief alles schief: Das Unternehmen verzeichnete drei Jahre nach der Fusion einen Verlust von 99 Milliarden Dollar. Im Januar 2015 waren die nunmehr getrennten Unternehmen zusammen nicht mehr als 74 Milliarden Dollar wert, also knapp ein Fünftel ihres ursprünglichen Wertes. Das ist ein Paradebeispiel für permanenten Kapitalverlust, und es gibt noch viele andere.

Bei der Beurteilung, ob das künftige Wachstum eines Unternehmens nachhaltig ist oder nicht, selbst wenn sich das Unternehmen auf organisches Wachstum konzentriert, muss darauf geachtet werden, wie dieses Wachstum erreicht wurde. Nicht alle Wege zum Ergebniswachstum sind von gleicher Qualität. So können beispielsweise ehrgeizige Kostensenkungsmaßnahmen nicht unbegrenzt fortgesetzt werden.

Senkungen des Körperschaftsteuersatzes und der Zinssätze verbessern das Ergebnis eines Unternehmens, können aber nicht wiederholt werden – und liegen in jedem Fall außerhalb der Kontrolle des Unternehmens. Solche Methoden sind langfristig nicht nachhaltig.

Für den Quality-Growth-Investor wird daher das ideale Unternehmen sein Wachstum durch organisches Umsatzwachstum generieren. Derartige Unternehmen legen die Preise für die von ihnen verkauften Produkte und/oder Dienstleistungen fest. Je größer, wie bereits erwähnt, die Preisdominanz, desto mehr Vertrauen kann der Anleger in die Genauigkeit und Langfristigkeit seiner Prognosen setzen. Bei Investitionen in ein Ölförderunternehmen zum Beispiel oder in eine andere Branche, bei der die Preise nicht vom Unternehmen, sondern vom Markt bestimmt werden, kann der Investor keine vernünftige Prognose darüber abgeben, wo die Preise seiner Produkte in fünf Jahren liegen werden. Solche Unternehmen bestehen daher nicht den Test für langfristiges organisches Wachstum.

Im Gegensatz dazu ist es einem Unternehmen wie Estée Lauder in der Vergangenheit gelungen, seine Preise um durchschnittlich 2 Prozent pro Jahr zu erhöhen, und es gibt keinen Grund zu der Annahme, dass dies in Zukunft nicht so bleiben kann. Die Herausforderung für den Investor besteht darin, so viele Variablen wie möglich zu meiden, die seine Ertragswachstumsprognosen zunichtemachen könnten. Je weniger Unwägbarkeiten es in der Zukunft des Unternehmens gibt, desto größer sind die Erfolgsaussichten. Akquisitionsgesteuertes Wachstum ist in der Strategie eines Quality-Growth-Unternehmens in der Regel sekundär, denn dadurch entstehen viele Fremdgefahren, die nicht immer genau vorhergesagt werden können.

Goldene Regel 6: eine breite Diversifikation – geografisch und beim Kundenpotenzial

Diversifikation zielt darauf ab, Klumpenrisiken zu reduzieren. Wenn eine kleine Anzahl von Kunden den Löwenanteil eines Unternehmens einnimmt, sind die negativen Folgen, wenn einer oder mehrere der Kunden verloren gehen, natürlich hoch. Ebenso kann das Risiko gesetzlicher Veränderungen zum Nachteil des Unternehmens nicht ausgeschlossen werden. Dieser Fall kann beispielsweise eintreten, wenn die Mehrheit der Kunden aus einem Land stammt, in dem sich die Politik in die Privatwirtschaft einmischt. Das war eine große Gefahr für alle multinationalen Unternehmen, im Übrigen auch Quality-Growth-Firmen, die 2021 in China tätig waren. Daraus folgt, dass eine gesunde Verteilung von Regionen und Kunden notwendig ist, um das Klumpenrisiko zu minimieren. Diese Idee steht im Mittelpunkt unserer sechsten goldenen Regel, die uns vor Unternehmen warnt, deren konzentrierte Risiken außerhalb ihrer Kontrolle liegen.

Produktivität ist der Kern eines jeden Unternehmens, seine eigentliche Daseinsberechtigung. Das Ziel eines Quality-Growth-Unternehmens ist ein Gewinn auf das investierte Kapital, der die Kapitalkosten übersteigt und das gegenwärtige und zukünftige Wachstum mit einer breiten Sicherheitsmarge finanziert.

Die Verbesserung der Produktivität aller eingesetzten Ressourcen – ihrer Technologie, ihrer Arbeitskräfte, ihres Kapitals – ist das Mittel, dieses Ziel zu erreichen. Produktivität kann auf vielfältige Weise gemessen werden – zum Beispiel als Leistung pro Arbeitsstunde oder als Prozentsatz der eingesetzten Kapitalmenge. Es ist offensichtlich, dass ein Unternehmen, das keine großen Geldsummen benötigt, jedoch ein regelmäßiges und wachsendes Einkommen generiert, eine höhere Produktivität haben wird als ein Unternehmen, das regelmäßige Kapitalzuführungen benötigt, um die gleichen Ergebnisse zu erzielen. Wenn die Investitionen, die das Unternehmen braucht, durch periodische Kapitalerhöhungen finanziert werden müssen, wirken sich diese direkt auf die Erträge aus, die der Aktionär erzielen kann.

Die Fähigkeit, Produktivitätssteigerungen zu erzielen, ist also der Nukleus jedes echten Quality-Growth-Unternehmens, in das wir investieren wollen. Nicht alle Arten von Ertragssteigerungen sind gleicher Natur. Generell gilt: Je besser das Ergebnis der Gewinn- und Verlustrechnung ist, aus der das Wachstum entspringt, desto höher ist die Qualität. Ein starkes organisches Umsatzwachstum ist daher in der Regel die höchste Qualität, die ein Unternehmen generieren kann. Damit dieses Wachstum substantiell bleibt, muss der Umsatz jedoch vor positiven und negativen Schocks geschützt werden. Eine große Umsatzsteigerung kann beispielsweise die Lieferkette eines Unternehmens stark belasten. Bei zu raschem Umsatzwachstum kann es geschehen, dass der Betrieb des Unternehmens nicht in der Lage ist, mit der Nachfrage Schritt zu halten.

Damit werden Kunden frustriert und die Marke beschädigt. Umgekehrt kann ein starker Umsatzrückgang zu Investitionskürzungen an anderen Stellen im Unternehmen führen.

Eine bewusste Strategie der Umsatzverteilung kann das Risiko unerwünschter Ergebnisse minimieren. Sie ermöglicht es einem Unternehmen, Nachfragerückgänge zu verkraften, indem es seine Abhängigkeit von einer einzelnen Vertriebsgruppe oder einem einzelnen Vertriebskanal verringert. Hierzu ein einfaches Beispiel: Unternehmen A und Unternehmen B sind zwei Dienstleister im Bereich der Informationstechnologie, die bei einer Reihe von Maßnahmen weitgehend miteinander vergleichbar sind. Der einzige Unterschied besteht darin, dass Unternehmen A in drei Regionen – Nordamerika, Europa und Asien – gleichermaßen engagiert ist, während sich die Geschäftstätigkeit von Unternehmen B ausschließlich auf Europa konzentriert. Nehmen wir als Nächstes an, dass die Regionen mit den folgenden Raten wachsen: 5 Prozent in Nordamerika, 7 Prozent in Europa und 5 Prozent in Asien. Mit seinem exklusiven Engagement in Europa wird die Gesamtwachstumsrate von Unternehmen B 7 Prozent betragen. Das Unternehmen A hingegen wird durch die niedrigeren Wachstumsraten in Nordamerika und Asien belastet und hat eine saldierte Wachstumsrate von nur 5 Prozent.

Allein aufgrund dieser Fakten könnte man meinen, dass der Quality-Growth-Investor mit Blick auf das Wachstum Unternehmen B gewählt hätte. Die geografische Konzentration ist jedoch ein zweischneidiges Schwert: Wenn Europa einen Rückgang von 7 Prozent statt eines Wachstums in gleicher Höhe verzeichnet, sieht das Bild wesentlich anders aus. Während Unternehmen A ein moderates Wachstum von 1 Prozent aufweist, wird Unternehmen B die volle Wirkung eines Umsatzrückgangs von 7 Prozent spüren. Dieses einfache Beispiel veranschaulicht den regulierenden Effekt der Diversifikation. Obwohl das Unternehmen mit der diversifizierten Einnahmequelle nicht in gleichem Maße von einer Wachstumsbeschleunigung in einem einzelnen Segment oder einer einzelnen Vertikale profitiert, ist es vor den Auswirkungen einer derartigen Verlangsamung geschützt. Für den Quality-Growth-Investor ist die Wahl klar: Er verzichtet auf einen Teil der positiven Effekte für mehr Schutz gegen negative Wirkungen.

Das vorige Beispiel lässt sich auch für die Breite der Kundenbasis eines Unternehmens anführen. Es gibt einen wichtigen Zusatznutzen bei der Diversifikation des Kundenstamms: Neue Kunden verringern den Anteil am Gesamtumsatz bestehender Kunden. Dies dient der Stärkung der Verhandlungsposition des Unternehmens mit seinen Lieferanten, ein Vorteil, der aus Investorensicht nicht überbewertet werden kann. Man muss nichts anderes suchen als die Dynamik der Beziehung beispielsweise zwischen Apple und seinen Produktionspartnern, um zu erfahren, wie wichtig es ist, dass ein Unternehmen in der Lage ist, eine starke Verhandlungsposition zu haben.

Der Verkauf an einen geografisch verteilten Kundenstamm verbessert auch das Volumen der Kundeninformationen eines Unternehmens. Obwohl Quantität nicht gleich Qualität ist, lehren uns die Statistiken, dass größere Bevölkerungszahlen bedeutendere Ergebnisse liefern. Eine von 100.000 Kunden in fünf Ländern gewonnene Kundeninformation ist nicht so nützlich wie die von 100.000 Kunden in 50 Ländern. Unternehmen verfügen heutzutage über eine Vielzahl von hoch entwickelten Tools und Techniken, die ihnen helfen, diese Informationen zu nutzen, insbesondere im Bereich Marketing und Werbung.

Estée Lauder zum Beispiel hat die Daten, die das Unternehmen benötigt, um das Muster der ethnischen Verteilung in den einzelnen Städten zu überblicken. Dadurch kann es seine Hautpflege- und Kosmetikprodukte, abhängig von den bekannten Hauttypen und Make-up-Gewohnheiten einzelner Mikroregionen, auf eine flächendeckende Basis stellen. Im Rahmen der Online-Datenerfassung hat das spanische Bekleidungsunternehmen Inditex Zugang zu den Suchbegriffen, die Nutzer von Produkten, die das Unternehmen nicht produziert, in ihre Computer eintragen. Anhand dieser Informationen kann es dann steuern, wie das Produktinnovationsteam sein Forschungs- & Entwicklungsbudget (F&E-Budget) plant.

Die Vorteile einer sichereren Umsatzentwicklung liegen sowohl für das Unternehmen selbst, das über zuverlässige Wachstumsziele verfügt, in Bezug auf die es seine Budgetentscheidungen treffen kann, als auch für den Investor auf der Hand. Die geringere Variabilität der Verkäufe verbessert die Prognosen für den Anleger. Angesichts des Interesses des Quality-Growth-Investors an Prognosen über den üblichen Drei- bis Fünfjahresbereich hinaus, mit dem die meisten Investmentbanken arbeiten, unterstützt diese Verbesserung der Vorhersagbarkeit seine Modellierung erheblich.

Noch eine abschließende Bemerkung: Diversifikation ist nicht ganz risikofrei. Die Erhöhung der Reichweite eines Unternehmens erfordert den Aufbau der dafür notwendigen operativen Kapazitäten, und das hat seinen Preis. Eine Vielzahl von Vertriebsstandorten erhöht den internen Wettbewerb um wertvolle Ressourcen. Das wiederum steigert die Wahrscheinlichkeit, falsche Entscheidungen zur Kapitalallokation zu treffen. Es wird immer auch exzellente Unternehmen geben, die ihr nachhaltiges Wachstum nur durch ihre spezifisch geografischen oder Kundenstärken erzielen. Die Summe der Vorteile, die sich aus einem breiten Kunden- und geografischen Ertragsprofil ergeben, übersteigt tendenziell die Summe der Risiken. Das trägt dazu bei, die hohen und konstanten Erträge auf das investierte Kapital sicherzustellen, die das oberste Ziel des Quality-Growth-Investors sind.

Goldene Regel 7: eine geringe Kapitalintensität und hohe Kapitalerträge

Die goldenen Regeln des Quality-Growth-Investors lassen sich grob in zwei Gruppen einteilen: solche, die sich mit Wachstum befassen, und solche, die das Risiko eines dauerhaften Kapitalverlustes verringern sollen. Ein profitables Geschäft mit geringer Kapitalintensität und hohen Kapitalerträgen, also das siebte unserer gewünschten Kriterien, gehört in beide Kategorien.

Eine niedrige Kapitalintensität ist das Markenzeichen eines Unternehmens, das bescheidene Kapitalmengen bei hoher Produktivität einsetzt. Das schließt verständlicherweise Unternehmen aus, die regelmäßige Kapitalzuführungen benötigen. Diese sind oft im industriellen Bereich zu finden, einschließlich Produzenten, deren Tätigkeit die Bearbeitung von Rohstoffen oder Halbfertigprodukten ist. Solche Geschäfte sind naturgemäß zyklisch, was ihre künftigen Erträge schwer vorhersehbar macht. Das wird in unserem Screening-Prozess deutlich negativ gesehen.

Der Grund, warum wir so viel Wert auf profitable und kapitalstarke Unternehmen legen, sind deren gesunde Bilanzen. Um hohe Kapitalerträge zu erzielen, müssen Unternehmen Verluste vermeiden und ihr Wachstum schuldenfrei finanzieren. Das kann entweder durch einen ausreichenden Cashflow zur Deckung von Investitionen oder durch die Ausgabe von Aktien erreicht werden. Aus offensichtlichen Gründen ist die erste Option für die Aktionäre vorzuziehen.

Rentabilität und das Generieren von Cash-Reserven gehen nicht unbedingt Hand in Hand, ein Argument dafür, dass Kapitalintensität so wichtig ist. Je geringer der Kapitalbedarf eines Unternehmens zur Selbstfinanzierung ist, desto weniger Schulden wird es machen. Die Höhe der Erträge, die Unternehmen mit ihrem Kapital erzielen, schafft im Lauf der Zeit mehr Wert für ihre Aktionäre. Wertschöpfung liegt vor, wenn die Erträge des investierten Kapitals die Kosten übersteigen.

Während die verschiedenen Komponenten dieser einfachen Aussage ausführlich diskutiert werden können, ist das Grundprinzip einfach. Bei der Entscheidung für den Einsatz des Kapitals kann ein Unternehmen eines von zwei Dingen tun: entweder in das Unternehmen investieren oder das Geld für andere Dinge verwenden. Die Aufgabe des Managements besteht darin, sicherzustellen, dass der Ertrag aus der Investition ins Unternehmen höher ist als jener, den es erzielen könnte, wenn es mit dem gleichen Risiko woanders investiert. Je größer die Differenz zwischen dem Gewinn aus der Investition in das Unternehmen und den unternehmensexternen Markterträgen, desto mehr Wert wird geschaffen.

Daraus folgt: Je höher die Kapitalerträge eines Unternehmens sind, desto leichter kann das Management Werte schaffen. Je länger die Kapitalerträge aufrechterhalten werden, desto besser ist es für das Unternehmen und seine Investoren. Sie ebnen den Weg für ein Zinseszins-(Compounding-)Wachstum, den Heiligen Gral der Investoren. Die Leistungsfähigkeit des Zinseszinseffektes hoher Kapitalerträge über eine längere Zeit hinweg lässt sich an folgendem einfachen Beispiel veranschaulichen:

Das Unternehmen A kann Kapitalerträge von 20 Prozent erzielen und beschließt, 55 Prozent seines Gewinns in das Unternehmen zu reinvestieren und 45 Prozent als Dividende an seine Aktionäre auszuschütten. (Zufälligerweise ist dies ungefähr der Wert, den ein durchschnittliches Quality-Growth-Unternehmen erreicht.) Nach zehn Jahren wird dieses Unternehmen sein Ergebnis um 186 Prozent oder 11 Prozent pro Jahr auf Grund des Zinseszinseffekts gesteigert haben.

Unternehmen B hingegen genießt einen bescheideneren Kapitalertrag von 11 Prozent und zahlt 79 Prozent seines Gewinns als Dividende aus, sodass nur 21 Prozent in das Unternehmen reinvestiert werden können. (Das erreichen durchschnittliche Gesellschaften im S&P 500 außerhalb des Finanzsektors.) Das Unternehmen B wird sein Ergebnis im gleichen Zeitraum um 27 Prozent steigern, was 2 Prozent pro Jahr entspricht.

Anders ausgedrückt: Wenn beide Unternehmen in einem Jahr 10 US-Dollar pro Aktie verdienen, wird Unternehmen B nach zehn Jahren 12,7 US-Dollar pro Aktie erreichen, während Unternehmen A 28,4 US-Dollar oder fast zweieinhalb Mal so viel verdienen wird. Beachten Sie, dass dies nur die Geschichte dessen ist, was mit den Erträgen beider Unternehmen im Laufe der Zeit passiert. Sie macht keine Annahmen über den Wert, den der Markt diesen Erträgen beimessen wird. In der Praxis ist es wahrscheinlich, dass der Markt dem Unternehmen A ein höheres KGV- (oder P/E) Verhältnis zuweist als dem Unternehmen B. Wenn dies der Fall ist, können die Erträge an den Anleger in Unternehmen A sogar deutlich höher ausfallen als die bei Unternehmen B, obwohl der Aktionär von Unternehmen B zu Beginn eine höhere Dividende erhält.

Daraus folgt, dass der beste Weg für den Anleger darin besteht, von dem einzigartigen Zinseszinseffekt (Compounding) eines Quality-Growth-Unternehmens zu profitieren, statt eine Dividende auszuschütten. Das gilt jedoch nur für Unternehmen, die so viel wie möglich reinvestieren, vorausgesetzt, sie können die hohen Erträge aufrechterhalten. Das sind die Markenzeichen eines echten Quality-Growth-Unternehmens. Der Zinseszinseffekt des reinvestierten Kapitals ist ein mächtiges Werkzeug, das langfristig seinen Zweck erfüllt, vorausgesetzt, der Anleger hat Geduld und gibt ihm ausreichend Zeit, seine Wirkung zu entfalten.

Erfolg schafft Erfolg

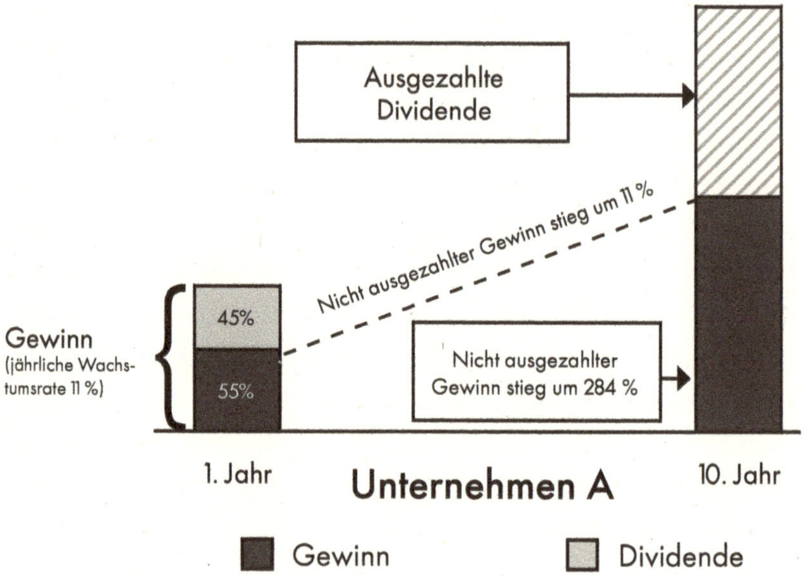

Quelle: Seilern Investment Management

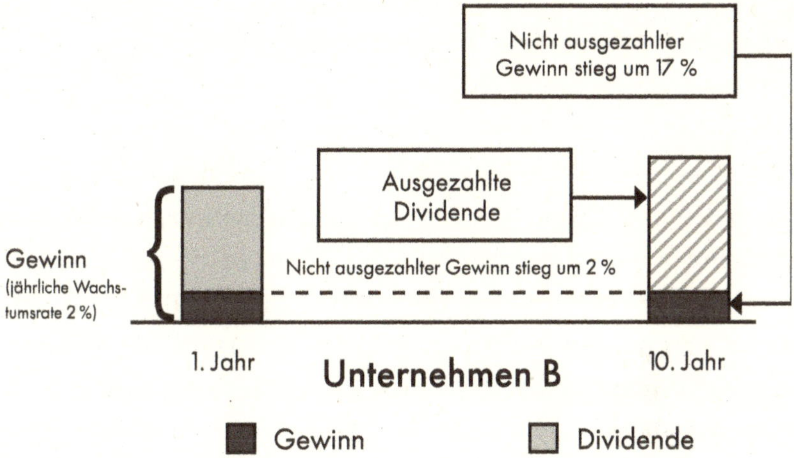

Quelle: Seilern Investment Management

Die Herausforderung liegt in der Ausführung. Damit ein Unternehmen seine Gewinne langfristig mit konstant hohen Erträgen reinvestieren und von den Wirkungen des Compounding profitieren kann, müssen die richtigen Bedingungen geschaffen werden. Dies führt uns zu einigen der anderen goldenen Regeln.

Unternehmen, von denen man erwarten kann, dass sie in der Lage sind, die Cashflows aus ihrem Geschäft kontinuierlich mit hohen Erträgen zu reinvestieren, verfügen über folgende Qualifikationen:

- ein erweiterbares Businessmodell, siehe Regel 1
- eine konsequente (Branchen-)Führerschaft in einer Branche mit überdurchschnittlichem Wachstum wie in den Regeln 3 und 2 ausgeführt sowie
- einen langjährigen Wettbewerbsvorteil wie in Regel 4 genauer beschrieben

Goldene Regel 8: eine solide finanzielle Basis

Ein verschuldetes Unternehmen benötigt zur Rückzahlung der Schulden und Zinsen sehr viel Kapital, das dann nicht in das Unternehmen reinvestiert werden kann. Obwohl viele zyklische und verschuldete Unternehmen, die regelmäßige Investitionen für den Bau neuer Anlagen benötigen, solide sind, müssen ihre Schulden letztendlich getilgt oder abgeschrieben werden. Dies wird ihre Erträge belasten und sich im Laufe der Zeit voraussichtlich in einer weniger robusten Börsenbewertung niederschlagen.

Schulden, selbst wenn niedrig oder negativ verzinst, nehmen von Quality-Growth-Unternehmen, wie wir es definieren, den Glanz. Die Unternehmen, die Fremdkapital einsetzen, ist eines der Markenzeichen unseres Investitionsansatzes und unterscheidet uns von anderen Investoren, die eine ansonsten ähnliche Strategie verfolgen. Diese goldene Regel ist die Grundlage für unseren langfristigen Ansatz und entspricht unserer Abneigung gegen unnötige Risiken.

Nach konventioneller Finanztheorie reduziert die Zahlung von Fremdkapitalzinsen die Verpflichtung eines Unternehmens zur Entrichtung der Körperschaftsteuer, da diese steuerlich abzugsfähig ist. Die Theorie erkennt auch an, dass ein Wirtschaften unter Einsatz von Schulden die Erträge steigern kann. Allerdings gilt dies nur unter der Voraussetzung, dass die Erträge des eingesetzten zusätzlichen Kapitals die Kosten der Schulden übersteigen. Schulden sind jedoch alles andere als kostenlos. Sie belasten jedes Unternehmen und stellen für jeden Aktionär ein erhebliches zusätzliches Investitionsrisiko dar.

Steigen die Zinsen oder ist die Wirtschaft auf Talfahrt, können die Gewinne aus der Schuldenaufnahme sehr schnell Sorgen bereiten und wertmindernd wirken. Der Leverage-Effekt, der aus dem Einsatz von Schulden entsteht, übersteigt sowohl Gewinne als auch Verluste. Die Finanzgeschichte ist reich an Beispielen von Unternehmen, die durch übermäßige Verschuldung einen Niedergang mit oft verheerenden Ergebnissen für ihre Investoren erlebten. Der geduldige und umsichtige Quality-Growth-Investor hingegen, der sich sehr gut auf das Risiko eines dauerhaften Kapitalverlusts einstellt, verspürt weder den Wunsch noch sieht er die Notwendigkeit, dieses Risiko zu akzeptieren.

Es gibt drei Hauptgründe, warum eine Verschuldung aus unserer Sicht sowohl unnötig als auch gefährlich ist. Erstens: Es ist unwahrscheinlich, dass Unternehmen, die erhebliche Schulden angesammelt haben, unsere bekannten Investitionskriterien erfüllen. Wenn sie durch Verlustvorträge aus den Vorjahren entstanden sind, stehen sie eindeutig im Widerspruch zu unserer Forderung dauerhafter Rentabilität. Wenn sie das Ergebnis der Finanzierung großer Akquisitionen sind, weist dies auf das Fehlen eines soliden und anhaltenden organischen Wachstums hin. Wenn die Schulden stattdessen auf schlechte Kapitalallokationsentscheidungen zurückzuführen sind, werfen sie Fragen nach der Qualität und den Prioritäten des Managements auf. Wenn das Unternehmen Kredite aufnimmt, um eine Dividendenrate aufrechtzuerhalten, die weitere Reinvestitionen in das Geschäft verhindert, deutet dies darauf hin, dass dem Unternehmen entweder die Wachstumsoptionen ausgehen oder es einfach vergessen hat, wo sein primäres Interesse liegt.

Zweitens führt die Verschuldung einen neuen und potenziell negativen Faktor in die Marktbewertung des Unternehmens ein.

Ein Unternehmen, das keine Schulden hat, kann sicher sein, dass sein Aktienkurs im Laufe der Zeit von seinem langfristigen Gewinnwachstum bestimmt wird. Anders der Aktienkurs von signifikant verschuldeten Unternehmen: Dieser wird in hohem Maß vom Insolvenzrisiko und von der Fähigkeit zur Bedienung der Schulden für Gläubiger ihrer Anleihen bestimmt. Der direkte Zusammenhang zwischen Ergebnis und Aktienkurs wird unterbrochen, der Aktienkurs wird zwangsläufig volatiler und das Risiko eines dauerhaften Kapitalverlustes höher sein.

Drittens kann das Vorhandensein von Fremdkapital in der Bilanz die Fähigkeit des Unternehmens einschränken, flexibel auf Veränderungen im Geschäftsumfeld zu reagieren. Neue Umstände können zusätzliche Investitionen oder zusätzliches Betriebskapital erforderlich machen, um eine Wettbewerbsposition zu bewahren. So hat Estée Lauder beispielsweise eine Reihe verschiedener Vertriebskanäle gleichzeitig zu verwalten, darunter Kaufhäuser, Fachgeschäfte, eigene Läden und E-Commerce. Das Unternehmen braucht Finanzkraft und Flexibilität, um angemessen reagieren zu können, was eine bereits hohe Schuldenlast erschweren und/oder verteuern kann.

Glencore ist ein gutes Beispiel für ein Unternehmen, dessen Vermögen aufgrund einer überhöhten Verschuldung gestiegen und gefallen ist. Das Unternehmen ist weltweit führend im Bergbau und Rohstoffhandel. Sein Geschäftsmodell war schon immer stark von der Kreditaufnahme abhängig. Bei ersten Anzeichen eines möglichen Zinsanstiegs im Jahr 2015, der mit einem starken Rückgang der Rohstoffpreise einherging, begann der Aktienkurs stark zu fallen. Bald darauf notierten die Aktien 75 Prozent unter dem Preis, zu dem sie 2011 an die Börse gebracht worden waren.

Um den Auswirkungen der übermäßigen Verschuldung entgegenzuwirken, war das Management gezwungen, einen Verkauf wichtiger Vermögenswerte zu starten, die Dividendenzahlung auszusetzen und eine Kapitalerhöhung durchzuführen, um die Bilanz zu stützen. Diese Maßnahmen verhinderten zwar, dass die Aktionäre ihr gesamtes Geld verloren. Bei der Kapitalerhöhung erlitten sie jedoch erhebliche Verluste und eine mögliche Anteilsminderung trotz Ausübung der Bezugsrechte.

Je mehr Schulden ein Unternehmen hat, desto größer ist das Risiko für den Aktionär, der bei finanziellen Schwierigkeiten erst nach den Anleihengläubigern an der Reihe ist. Schulden können verschiedenartige negative Auswirkungen haben: Sie senken den Barwert der künftigen Erträge eines Unternehmens und reduzieren den potenziellen Kapitalgewinn bei steigenden Zinsen. Da ein Anstieg der Zinssätze das Risiko eines Unternehmensausfalls erhöht, werden sich auch die Kapitalkosten erhöhen. In extremen Fällen, wie bei Glencore, kann ein Unternehmen gezwungen sein, sich an seine Aktionäre zu wenden, um durch eine Kapitalerhöhung frisches Geld bereitzustellen. Für bestehende Aktionäre ist eine Bezugsrechtsemission oft verwässernd. Selbst wenn dies nicht der Fall ist, muss der Anleger Kapital für junge Aktien aufbringen, das er besser an anderer Stelle einsetzen könnte. In jüngster Zeit war Glencore mit einer massiven Preissteigerung der Rohmaterialien, die die Basis ihres Geschäftes bilden, konfrontiert. Das ist ein weiterer Beweis für die Abhängigkeit von Zyklen, denen das Unternehmen unterworfen ist.

Ein weiterer heimtückischer Effekt der Überschuldung ist, dass jede Verschlechterung der Kreditbedingungen dazu führt, dass das KGV, zu dem die Aktien an der Börse gehandelt werden, sinkt. In der Folge revidiert der Markt den Aktienkurs, um der Steigerung des Ausfallrisikos Rechnung zu tragen. Durch die Beobachtung des Preises, zu dem beispielsweise Credit Default Swaps gehandelt werden, kann der Investor eine implizite Schätzung der Lebenserwartung des Unternehmens durch den Markt ableiten. In der Zeit bis zur Lehman-Brothers-Krise im Jahr 2008 wurde die implizite Lebenserwartung von General Electric, einem der traditionsreichsten Namen an der US-Börse und einem Unternehmen mit mehr als hundertjähriger Geschichte, auf nur vier Jahre reduziert. Sicherlich war 2008 eine Zeit extremer Spannungen an der Börse, aber die Tatsache, dass ein Konzernriese wie GE so nah am Bankrott stand, zeigt, dass bei einem zu hohen Verschuldungsgrad nichts unmöglich ist.

Natürlich wäre es übertrieben zu erwarten, dass Unternehmen gänzlich schuldenfrei sind. Der Quality-Growth-Investor sucht nicht nur nach Kandidaten mit schuldenfreier Finanzierung. Fast alle Gesellschaften benötigen zum Beispiel eine Form von Betriebskapital. Die wichtige Analyse ist die Messung der effektiven Verschuldung im Vergleich zum Ertrags- und Cashflow-Potenzial. Der Analyst muss sicherstellen, dass er alle Eventual- oder potenziellen Verbindlichkeiten, wie etwa Leasingverpflichtungen für Immobilien, nicht nur anhand der Planzahlen betrachtet.

Der Bruttoschuldenstand kann mit den Kassenbeständen verrechnet werden, um die Nettoverschuldung zu bestimmen. Diese Nettoverschuldung kann dann mit dem Free Cash Flow des Unternehmens, dem Restbetrag aus dem operativen Ergebnis nach Abzug von Sollzinsen, Steuerzahlungen und gegebenenfalls Abschreibungen auf Firmenwerte oder Sachanlagen verglichen werden.

Eine gängige Methode ist die Messung, wie viele Jahre es dauern würde, bis das Unternehmen seine gesamte Nettoverschuldung aus dem Free Cash Flow zurückgezahlt hätte. Die ideale Zahl ist Null oder sogar ein Minus. In diesem Fall besteht ein minimales Risiko, dass der Aktienkurs bei steigenden Zinsen negativ beeinflusst wird. (Die Dauer der Verschuldung ist ebenfalls wichtig, da langfristige Verbindlichkeiten das Tagesgeschäft des Unternehmens weniger beeinträchtigen.)

Es ist eine Tatsache, dass die Beurteilung der Bilanzstärke eines Unternehmens sehr komplex ist. So kann beispielsweise ein Unternehmen mit volatilen Erträgen, kombiniert mit niedrigen Margen, durchaus mal ein gesundes Verhältnis von Schulden zu Erträgen aufweisen. Aber im Prinzip ist es irreführend, denn die Situation kann sich im Handumdrehen ändern und schnell ungesund werden. Speziell in der Luftfahrtindustrie gibt es sehr viele solcher Beispiele. Für den echten Quality-Growth-Investor sind nur Unternehmen mit einer soliden finanziellen Position interessant, die in jedem Umfeld eine starke Bilanz vorweisen können. Das Motiv hinter den goldenen Regeln ist leicht verständlich: Der Investor sucht nach Unternehmen, die wenig oder gar keine Schulden haben.

Goldene Regel 9: eine transparente Konzernbuchführung und -bilanzierung

Der charmante und hochkompetente estnische Fondsmanager Nils Taube, der mittlerweile verstorben ist, hatte einen einfachen Rat für Anleger: Investieren Sie nie in Länder, in denen die Menschen im Winter keinen Mantel tragen! Der Grund dafür ist, dass führende Börsen in kalten Ländern dazu neigen, auf strenge Audit-Anforderungen Wert zu legen, was nicht immer überall der Fall ist.[7] Für umsichtige und risikoaverse Anleger ist eine transparente und verantwortungsbewusste Rechnungslegung eine wesentliche Voraussetzung für ihre Investitionstätigkeit. Deren Existenz ist daher die neunte unserer goldenen Regeln und gleichzeitig eine der wichtigsten.

Das Verständnis der wirtschaftlichen Abläufe eines Unternehmens ist für den Quality-Growth-Investor von entscheidender Bedeutung. Besonders die Bilanzbuchhaltung eines Unternehmens spielt eine entscheidende Rolle bei der Bestimmung seines Wertes und der Einschätzung des damit verbundenen Investitionsrisikos. Quality-Growth-Unternehmen verfügen über Konten, die übersichtlich und transparent sind. Der Investor sucht nach Unternehmen, deren Gewinne leicht in Barmittel umgewandelt werden können und bei denen es nur geringe Unterschiede zwischen »bereinigten« und ausgewiesenen Ergebnissen gibt. Konten mit einer signifikanten Anzahl von außerordentlichen Posten sind ein

7 Es mag verlockend sein, einen Grund für diesen Zusammenhang zu finden. Zufälligerweise handelt es sich um eine empirisch beobachtbare Tatsache.

Warnhinweis, da sie es schwieriger machen, die wahren Kriterien eines Unternehmenserfolges zu verstehen. Es ist wichtig, die Anmerkungen zu den Konten zu lesen. Unter Idealbedingungen sollten Management und Aktionäre die gleiche Sprache sprechen. Leider verstecken sich viele Unternehmen hinter einer Vielzahl von Buchhaltungstricks, die darauf abzielen, ihre Leistung auf dem Papier zu optimieren.

Clearing-Banken sind vielleicht das beste Beispiel für Unternehmen, in denen es an Transparenz in der Buchhaltung mangelt. Die meisten Vermögenswerte in der Bilanz von Banken sind Kredite, die diese vergeben haben, aber deren Zahl sagt nichts über die Zuverlässigkeit der Kreditnehmer oder die Qualität der Sicherheiten aus. Es ist unvermeidlich, dass einige dieser Darlehen zu gegebener Zeit als faul eingestuft werden, sodass die Schuldner nicht in der Lage sein werden, das Darlehen zu bedienen oder zurückzuzahlen. Notleidende Kredite im Englischen, kurz NPLs genannt, werden in Zeiten der Rezession mehr, aber es ist notorisch schwierig, deren Anzahl im Voraus zu prognostizieren. Die Bankmanager erhalten Anreize, um die Bilanzsumme zu vergrößern, haben aber oft eine leichtfertige Haltung gegenüber Darlehen, die an fragwürdige Schuldner vergeben werden. Möglicherweise wechseln sie bei Schwierigkeiten die Bank.

Versicherungsunternehmen sind ein weiterer problematischer Fall, da viele ihrer Vermögenswerte und Verbindlichkeiten von Natur aus komplex sind. Die Bewertungen basieren im Wesentlichen auf versicherungsmathematischen Modellen. Aktuare stützen ihre Risikomodelle auf statistische Daten und Informationen, auf die externe Investoren nicht ohne Weiteres zugreifen können und die sie oft auch nicht verstehen. In diesem Sinne fehlt es an Transparenz beim Reporting.

Aus diesem Grund gehören traditionelle Finanzunternehmen selten oder gar nicht auf unsere Liste der Quality-Growth-Unternehmen.

Die Berichte von Rohstoffindustrien wie Öl, Gas und Mineralien sind ebenso schwer zu analysieren und zu verstehen. Ihre tatsächlichen Betriebskosten sind komplex und vielschichtig. Die Fähigkeit integrierter Ölgesellschaften, die Förder- und Entwicklungskosten eines neuen Feldes genau vorherzusagen, hat sich im Laufe der Jahre mithilfe neuer Technologien verbessert. Nichtsdestotrotz unterscheiden sie sich bei der Ergebnistransparenz und Vorhersehbarkeit signifikant von den Erwartungen des Quality-Growth-Investors. Selbst im Bereich der Quality-Growth-Industrien gibt es innerhalb einer Reihe von Konten mehrere Bereiche, die einer besonderen Prüfung bedürfen. Dazu gehören außerbilanzielle Posten wie beispielsweise die Behandlung von Firmenwerten oder die Frage, ob die Ausgaben für Forschung und Entwicklung als Aufwand erfasst oder aktiviert werden. Diese sind normalerweise am einfachsten zu manipulieren und erfordern daher genauere Prüfung.

Goldene Regel 10: ein besonders effektives Management und Controlling (Corporate Governance)

Ein Unternehmen ist immer nur so gut wie sein Top-Management. Der Quality-Growth-Investor ist auf der Suche nach einer Übereinstimmung zwischen Management und Aktionären. Meistens ist das Management auch am Unternehmen beteiligt. Unsere letzte goldene Regel besagt, dass wir nur in Unternehmen investieren, in denen wir neben einer überzeugenden Wirtschaftlichkeit auch sicher sein können, dass das Management in der Lage ist, im besten Interesse der Aktionäre zu handeln. Um dies zu erreichen, bedarf es sowohl der Integrität und Erfahrung auf persönlicher Ebene als auch der Existenz von Wohlverhaltensregeln (Good Governance) im gesamten Unternehmen, vom Vorstand abwärts. Das Thema ESG wird im 2. Kapitel behandelt.

Der berühmte deutsche Bankier Carl Fürstenberg sagte vor mehr als einem Jahrhundert, dass »Aktionäre dumm und frech sind; dumm, weil sie Aktien besitzen, und frech, weil sie Dividenden verlangen«. Leider handeln auch heute noch einige Unternehmen nach diesem Prinzip. Quality-Growth-Investoren meiden solche Unternehmen, so exzellent sie auch sonst sein mögen, wenn Aktionäre derart despektierlich behandelt werden.

In den angelsächsischen Ländern sind Offenheit und Freundlichkeit Aktionären gegenüber gang und gäbe. Die Öffentlichkeit ist dort in der Regel besser über die Kapitalmärkte informiert als bei uns. Als langjähriger Stammkunde von Londons berühmtem Black Cab Trade habe ich die Erfahrung gemacht, dass Taxifahrer nur allzu gerne einen Blick auf die Börse werfen.[8] Dasselbe gilt für die USA, wo Berichte über die Börse in fast jeder TV-Nachrichtensendung zu finden sind. In China, einer der letzten verbliebenen Bastionen des Kommunismus, ist die Zahl der aktiven Börseninvestoren stark gestiegen, manchmal zur Verzweiflung vieler Neueinsteiger, die sehen, wie ihre Ersparnisse durch unkluge Spekulationen vernichtet werden. Obwohl die Zahlen im Vergleich zum Westen im-

8 Manchmal traute ich mich schon gar nicht mehr, zu erwähnen, dass ich ein Investmentmanagementunternehmen besitze, wenn ich nach meiner Branche gefragt wurde. Um nicht in zu viele Detailgespräche verwickelt zu werden, antworte ich manchmal, dass ich Jazzmusiker bin.

mer noch gering sind und viele Marktteilnehmer nichts anderes als »Spieler« sind, setzt sich der Kapitalismus durch. Dies hat massive Auswirkungen auf die Weltwirtschaft. Wie warnte bereits Napoleon vor fast 200 Jahren einen britischen Diplomaten? »Wenn China erwacht, wird die Welt erzittern.«

Kontinentaleuropa ist anders. Obwohl das Merchant Banking in der Lombardei im heutigen Norditalien erfunden wurde, ist der »Kult der Aktie« auf dem europäischen Kontinent noch nie so entwickelt gewesen wie in Großbritannien. Die Volkswirtschaften, die noch vom Zweiten Weltkrieg gebeutelt waren, wurden nicht über die Kapitalmärkte, sondern über das Bankensystem wiederaufgebaut. Das gilt insbesondere für Deutschland, das größte europäische Land. Beobachter betrachten die Börsen im Allgemeinen mit Argwohn, als seien sie Casinos, obwohl dieselben Leute jede Woche fröhlich Lotterielose kaufen (und dabei ebenso fröhlich einen dauerhaften Kapitalverlust erleiden).

Daher gehört es zu den grundlegenden Hausaufgaben des Investors, den Entwicklungsstand der modernen Kapitalmärkte in den verschiedenen Ländern zu messen. Je stärker die Aktienkultur verankert ist, desto wahrscheinlicher ist es, dass die Betriebsleitungen einen aktionärsfreundlichen Ansatz verfolgen. Die gesamte Marktkapitalisierung börsennotierter Unternehmen in einem Land, als Prozentsatz des Bruttosozialprodukts dieses Landes gesehen, ist eine Messgröße. Es gibt einen Grund dafür, dass sie in den USA im Allgemeinen viel höher ist als in China. Während öffentliche Börsengänge oft als das ultimative Ziel eines Unternehmers angesehen werden, der seine eigene Firma gegründet hat, sind in Kontinentaleuropa die Gründe für eine Notierung weniger offensichtlich. Sie gilt oft nur als Statussymbol.

Offenheit und Freundlichkeit gegenüber den Aktionären sind unweigerlich ein wichtiger Teil dessen, was wir in einem Quality-Growth-Unternehmen an jedem Standort erwarten. Wir suchen auch vorausschauende Führungskräfte, einen klaren Wachstumsplan und eine langfristige Perspektive. Das Management wird idealerweise für die nächsten fünf Jahre ein bestimmtes Wachstum bei Volumen und Ertrag planen. Ein Zeithorizont von mindestens dieser Länge ist erforderlich, wenn der Investor versucht, einen Barwert für die künftigen Erträge des Unternehmens zu ermitteln. Der Vergleich des diskontierten Ergebnisses mit dem aktuellen Aktienkurs ist ein erster Schritt zur Bewertung der Aktien für potenzielle Investoren.

Erfolgreiche Investoren diskutieren oft über die Vorzüge quantitativer und qualitativer Faktoren bei der Entscheidung, ob sie in ein Unternehmen investieren wollen oder nicht. Es gibt keine Zauberformel. Während einige Investoren wenig Wert darauf legen, das Weiße in den Augen der Manager zu sehen, bevorzugen sie stattdessen eine umfangreiche Prüfung der Konten. Ich gehöre nicht zu diesem Typus. Meiner Erfahrung nach ist es hilfreich, offene Kommunikationswege zu den Top-Entscheidern und insbesondere zum Finanzchef zu haben. Treffen mit dem Top-Management sollten gefördert werden.

Allerdings werden Top-Führungskräfte heutzutage häufig sorgfältig in dem geschult, was sie sagen dürfen und was nicht, sodass ein persönliches Gespräch nicht immer so produktiv oder informativ ist, wie es sein könnte. Viele Unternehmen verfügen über Investor-Relations-Abteilungen, deren Mitarbeiter für die Zusammenarbeit mit den Investoren verantwortlich sind. Was der Quality-Growth-Investor sucht, ist die Bereitschaft des Managements, Fehler und Irrtümer einzugestehen und die Kommunikation in guten wie in schlechten Zeiten aufrechtzuerhalten. Das gegenseitige Vertrauen zwischen Unternehmen und Investor wird mit der Zeit wachsen, und damit erwächst die vollständige und ehrliche Offenlegung zur Regel. Es ist die Pflicht des Investors, sich fundierte Kenntnisse über das Geschäft anzueignen, um in einen hochrangigen und informierten Dialog treten zu können.

Ich habe klare Ansichten über die Bedeutung des Charakters bei der Definition dessen, was einen hervorragenden CEO ausmacht. Es ist wichtig, dass der Chief Executive Officer bereit ist, denjenigen, die für ihn oder sie arbeiten, Anerkennung zu zollen, wenn die Dinge gut laufen, und die Schuld auf sich zu nehmen, wenn Dinge schiefgehen. Diese offene Haltung erfordert ein gewisses Maß an Fingerspitzengefühl. Der Quality-Growth-Investor wird versuchen, CEOs zu meiden, die allzu selbstbewusst und selbstzufrieden sind. Der Geschäftsbericht der Gesellschaft kann durchaus Hinweise darauf geben, welche Art von Person der CEO ist. Handelt es sich um einen Hochglanzgeschäftsbericht, der voll mit Porträtfotos des Top-Managements und teuer in der Herstellung ist, kann dies ein Warnzeichen dafür sein, dass die Prioritäten des CEO falsch gesetzt sind.

Der ideale CEO wird ebenso wie der Investor für das gemeinsame Ziel einer langfristigen künftigen Ertragssteigerung engagiert sein. Selbst in einem Unternehmen, das über viele der Qualitäten verfügt, sind es letztendlich die Unternehmenskultur und die Praxis der Unternehmensführung, die es möglich machen, im Laufe der Zeit erfolgreich zu sein. Es gibt unzählige Fälle guter Unternehmen, die durch schlechte Managemententscheidungen Kapital vernichtet haben. Deshalb ist es unerlässlich, eine exzellente Führung und Corporate Governance auszuüben.

Die Bewertung des Managements ist auch ein subjektives Unterfangen, nicht nur eine Frage der Messung von Vergütung, Führungsstruktur, internen Kontrollen und Entscheidungsprozessen. Ebenso wichtig sind persönliche Qualitäten. Ein ideales Unternehmen hat Geschäftsqualitäten, die es möglich machen, dass es von jedem geführt werden könnte, der ausreichend qualifiziert ist. Wie Warren Buffett einmal scherzte: »Ich versuche, Aktien von Unternehmen zu kaufen, die so wunderbar sind, dass ein Idiot sie führen kann, weil es früher oder später einer tun wird.« Dies ist aus drei Gründen wichtig: Das Unternehmen hat ein begrenzteres Führungsrisiko, ein geringeres Managementrisiko und eine geringere Gefahr für eine Fehlallokation des Kapitals.

Richtige Managementstrukturen und Entscheidungsprozesse sind von Natur aus wichtig für die ordnungsgemäße Führung eines Unternehmens und müssen von Fall zu Fall geprüft werden. Beispielsweise sollten Unternehmen, die mehrere Endmärkte bedienen, einen stärker fragmentierten Entscheidungsprozess haben, bei dem operative Entscheidungen näher an der Basis getroffen werden und sich das Top-Management stärker auf die Kapitalallokation und die Verwaltung des Portfolios des Unternehmens konzentriert.

Allerdings erfordern fokussierte Geschäftsmodelle in der Regel einen stärker zentralisierten Entscheidungsprozess. Die Struktur sollte auch eine angemessene Aufsicht durch den Vorstand ermöglichen, um sicherzustellen, dass sich das Management nicht von den Kernzielen und der Strategie des Unternehmens entfernt. Dies gibt Grenzen für das Handeln des Managements vor. Vergütungssysteme bestimmen, wie das Kapital zugeteilt wird, da die Vergütung zwangsläufig die menschliche Entscheidungsfindung beeinflusst.

Vergütungssysteme sollten Entscheidungen motivieren, die dem Interesse der Wertschöpfung dienen, und dies geschieht nur, wenn die richtigen Kennzahlen verwendet werden. In diesem Sinne sucht der Quality-Growth-Investor nach Unternehmen, deren Managementvergütung auf Maßnahmen basiert, die auf ein nachhaltiges, langfristiges, organisches Wachstum, hohe Erträge auf das eingesetzte Kapital und die genannten goldenen Regeln ausgerichtet sind. Sobald die Vergütungspolitik richtig festgelegt ist, muss die richtige Kapitalallokation erfolgen, wobei der operative Erlös in das künftige organische Wachstum und nicht in Akquisitionen fließen soll. Es ist vorzuziehen, dass solche Ströme eher der Aufzinsung von Kapitalerträgen als der Ausschüttung an die Aktionäre gewidmet werden. Wenn das Kapital jedoch nicht mit der gleichen Geschwindigkeit reinvestiert werden kann, mit der es geschaffen wurde, ist es entschieden besser, dass die Gesellschaft überschüssiges Geld in Form von Dividenden an die Aktionäre zurückgibt.

Für wirklich langfristig orientierte Investoren ist das Management von familiengeführten Unternehmen oft attraktiv. Diese Unternehmen eignen sich in der Regel hervorragend für langfristig orientierte Investitionen. Die Art ihrer Aktionärsbasis erleichtert es ihnen, Entscheidungen zu treffen, die kurzfristig schmerzhaft sind, aber im Laufe der Zeit Früchte tragen. Langfristige Investitionen sind oft eine Belastung, die Unternehmen selten übernehmen, da sie auf kurzfristige Berichtszyklen konzentriert sind. Familienunternehmen werden weniger von diesen kurzfristigen Marktanforderungen beeinflusst und legen mehr Wert auf langfristiges

Wachstum in der Zukunft. In einer Welt, die von kurzfristigem Denken beherrscht wird, ist es nicht einfach, eine solche Abstimmung zwischen Management und langfristig ausgerichteten Aktionären zu finden.

In den vergangenen Jahren haben die Anleger den Schwerpunkt auf das Konzept der ESG-Investition gelegt. Diese Abkürzung steht für Umwelt-, Sozial- und Governance-Standards – drei Faktoren, die für die Messung der Nachhaltigkeit und der ethischen Auswirkungen einer Investition in ein Unternehmen von zentraler Bedeutung sind. Die Finanzmärkte legen heute viel mehr Wert darauf, wie gut Unternehmen in Hinblick auf ESG-Maßnahmen abschneiden. Der langjährige Quality-Growth-Investor hat allen drei Faktoren bereits große Bedeutung beigemessen, bevor sie in Mode kamen.

Fazit

Die Zehn Goldenen Regeln für Quality-Growth-Investitionen haben sich im Lauf der Jahrzehnte nicht geändert und werden auch nicht durch Ereignisse, seien es politische oder wirtschaftliche, verändert. Sie basieren auf dem gesunden Menschenverstand, der über die Grenzen der Länder, Regionen, Nationalitäten und Sprachen hinausgeht. Indem sie sich weitgehend auf den Faktor Mensch stützen, ermöglichen sie es Anlegern, den Schwerpunkt stärker auf elementare Geschäftstätigkeit zu legen als auf die Bewertung an den Aktienmärkten. Diese Disziplin trägt dazu bei, dass Investoren nicht nur gefürchtete permanente Kapitalverluste vermeiden, sondern auch Erträge steigern und Risiken reduzieren können.

KAPITEL 4

DER AUFBAU EINES PORTFOLIOS

Der große Vorteil der Auswahl nach den goldenen Regeln besteht darin, dass eine überschaubare Anzahl von Unternehmen analysiert werden kann, und das in viel größerem Umfang. Durch sie wird es dem Quality-Growth-Investor möglich, sich auf die wichtige Frage der Portfolioauswahl zu konzentrieren, einschließlich der Bewertung einzelner Unternehmen, der Entscheidung ihrer angemessenen Gewichtung sowie der Überwachung ihrer weiteren Verwendung im Zeitablauf. Das führt zu einer intensiven Vereinfachung der Recherche in einem Investmentuniversum von nur 60 Unternehmen, aus denen später 20 bis 30 in das Portfolio aufgenommen werden. Dem steht der durchschnittliche aktive Fondsmanager gegenüber, der aus einem Investmentuniversum von tausenden Unternehmen auswählen muss und verpflichtet ist, kontinuierlich zu rechtfertigen, inwieweit sein Engagement vom Marktindex, an dem er gemessen wird, abweicht.

Ein solcher Fondsmanager hegt vielleicht nicht den Wunsch, an einem der Ölkonzerne wie BP oder Shell beteiligt zu sein, aber er weiß, dass seine Leistung und seine Vergütung an dem Beitrag gemessen werden, den selbst die Aktien, die er persönlich nicht präferiert, zum quartalsweisen Anstieg des Index beitragen. Der Quality-Growth-Investor hingegen, der nur Aktien von Unternehmen besitzt, die seine Zulassungskriterien erfüllen, und nicht darauf achtet, was der Marktindex tut, verbringt seine ganze Zeit ausschließlich mit der Recherche nach den Unternehmen, die er aktiv besitzen möchte. Das ist zweifelsfrei die optimale Nutzung seiner Zeit und seiner Fähigkeiten. In diesem Abschnitt erläutere ich daher die wichtigsten Fragen, die sich bei der Zusammenstellung von Portfolios für Quality-Growth-Unternehmen stellen.

Eine Folge einer derart selektiven Anlagepolitik ist, dass der Quality-Growth-Investor kritisiert wird, weil er sein Portfolio nicht ausreichend diversifiziert hat. Wie die nächsten Abschnitte deutlich machen, ist die unvermeidliche Folge der Anwendung der Zehn Goldenen Regeln, dass große Teile der Börse praktisch tabu sind. Ganze Branchen werden bewusst vom Radar ferngehalten. Oder anders ausgedrückt: Das Portfolio eines Quality-Growth-Investors wird sich auf 20 bis 30 Aktien mit ähnlichen Merkmalen konzentrieren, die aus einem schmalen Börsensegment stammen.

Portfolioumschlag und Konstruktion

Aufgrund der Art seines Investitionsansatzes und seiner Bevorzugung von Quality-Growth-Unternehmen gegenüber anderen muss der Quality-Growth-Investor den schädlichen Einflüssen von Emotionen und Gerüchten widerstehen, wie sie regelmäßig auf den Finanzmärkten auftreten. Seine Strategie wird es sein, eine individuelle Sichtweise auf jede seiner Investitionen zu entwickeln, sie isoliert und langfristig zu beurteilen und sie in Übereinstimmung mit dem unbegrenzten Zeithorizont echter Quality-Growth-Investoren zu halten.

Er beginnt mit einem enormen Vorteil, nämlich dem Leistungspotenzial des Universums, aus dem er das Portfolio zusammensetzt. Wenn unser Investor die goldenen Regeln konsequent anwendet, wird er aus einem produktiven Pool von Anlagen höchster Qualität schöpfen. Wie die folgende Grafik zeigt, hat sich das Investmentuniversum, das wir als Quality-Growth-Aktienwerte identifizieren und überwachen, die alle unsere Kriterien erfüllen, außerordentlich gut entwickelt. Nicht alle Aktien werden dies auch weiterhin tun, und genau jene zu identifizieren, die mit hoher Wahrscheinlichkeit die gleiche Performance in der Zukunft erzielen werden, ist eine der zentralen Aufgaben beim Aufbau des Portfolios.

Die Kraft des Investmentuniversums

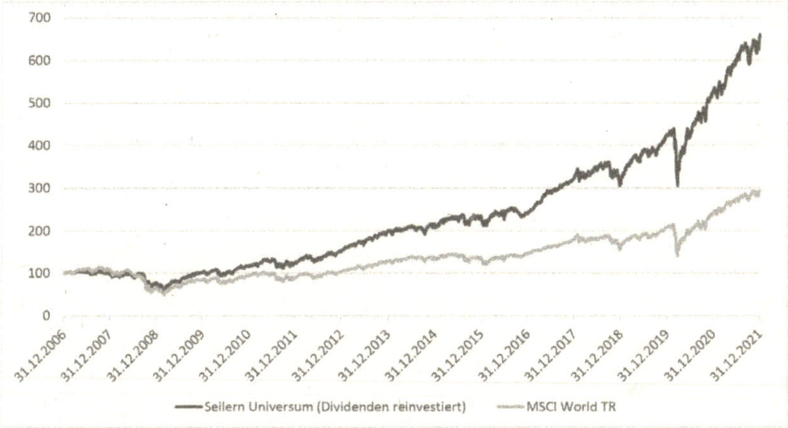

Quelle: Bloomberg, Seilern Investment Management

Wie aber lässt sich die Realität eines konzentrierten Portfolios von 20 bis 30 Aktien mit der Vorstellung vereinbaren, dass Diversifikation – zum Beispiel über Geschäftsarten oder Ländergrenzen hinweg – der Schlüssel zum Risikomanagement ist? Die Antwort, wie so oft, fasst Warren Buffett optimal zusammen, der in seiner langen und spektakulären Karriere als Börseninvestor ebenfalls viele Börsentitel ausgeschlossen hat. Der eigentliche Wert der Diversifikation liegt, wie er betont, im Schutz des Anlegers vor seiner eigenen Unwissenheit. Je weniger ein Anleger weiß, desto diversifizierter sollte er sein. Ein Indexfonds, der per Definition so breit diversifiziert ist wie die Börse selbst, eignet sich bestens für den unwissenden Erstinvestor.

Das elementare Interesse des Quality-Growth-Investors dagegen besteht darin, so viel wie möglich über die Unternehmen zu erfahren und zu wissen, in die er investiert. Durch den Ausschluss all jener Geschäfte, die über viele Jahre hinweg keine hohen Kapitalerträge und keine langfristige Rentabilität erzielen können, hat er das Risiko seines Portfolios sicherlich viel stärker reduziert als durch die Fixierung auf »Diversifikation«. Natürlich kann sich der Investor die Arbeit antun, die Quality-Growth-Unternehmen nochmals zu bewerten, und er wird erwarten, entsprechend honoriert zu werden. Sorgfältig gemachte Hausaufgaben sind notwendig für den Anleger, um entscheiden zu können, ob die Marktreaktion auf eine Unternehmensankündigung gerechtfertigt ist, ob eine Preisänderung eine Gelegenheit zum Kauf oder zum Verkauf ist oder ob ein Unternehmen nicht mehr wächst oder sich sogar in einer Schrumpfungsphase befindet. Aber das Portfolio selbst wird, wenn es rigoros recherchiert und überwacht wird, von Natur aus risikoarm sein, zumal Diversifikation nicht der wichtigste Faktor ist.

Die Logik dieses Ansatzes ist auch, dass der Umsatz im Portfolio im Branchenvergleich gering sein dürfte. Der sogenannte »Hauptportfolioumschlag« misst den Wert der Trades, Käufe und Verkäufe, die über einen bestimmten Zeitraum, zum Beispiel ein Jahr, stattfinden. Solche Geschäfte beziehen sich auf Fälle, in denen Aktien aus fundamentalen und nicht aus technischen Gründen gekauft oder verkauft werden. Für die unerbittlichsten Wachstumsinvestoren, deren Research zu einem hohen Maß an Wissen über die Unternehmen, in die sie investiert haben, geführt hat, ist es unwahrscheinlich, dass der Hauptumschlag des Portfolios mehr als etwa 8 Prozent pro Jahr betragen wird. Daraus ergibt sich, dass die durchschnittliche Haltedauer pro Investition rund zehn bis zwölf Jahre beträgt.

Dieser Ansatz ermöglicht es dem Anleger am besten, die magische Wirkung des Zinseszinseffekts langfristig zu nutzen. Der Hauptumsatz in einem Portfolio muss jedoch von Käufen und Verkäufen unterschieden werden, die ausschließlich durch die Auswirkungen von Geldflüssen in oder aus Fonds getrieben werden. Wenn diese Ströme signifikant sind, kann es erforderlich sein, einen erheblichen Betrag an zusätzlichen Verkäufen oder Käufen zu tätigen, um die veränderte Nachfrage der Investoren zu decken. Die Informationen über die Anzahl der Käufe und Verkäufe, die die Regulierungsbehörden von Fondsmanagern verlangen, können einen irreführenden Hinweis auf die implizite Haltedauer des Anlegers geben. In guten Jahren, in denen bei Fonds eine hohe Nachfrage von neuen Anlegern herrscht, haben wir die Erfahrung gemacht, dass der an die Regulierungsbehörde gemeldete Gesamtumsatz auf etwa 25 Prozent steigen kann, was eine Haltedauer von nur vier Jahren bedeutet. Dies unterstreicht deutlich die Realität unseres langfristigen Engagements für die Unternehmen, in die wir investiert haben.

Es ist ein verbreiteter Glaube, dass die Aktiendiversifikation das Portfoliorisiko verteilt und dass der Anleger durch das Halten einer Vielzahl kleiner Aktien in seinem Portfolio vor übermäßigen Verlusten aus einer bestimmten Beteiligung geschützt ist. Das ist durchaus logisch, wenn auch nur bei oberflächlicher Betrachtung. Wäre es nicht besser, nach eingehender Prüfung darauf zu vertrauen, dass die von Investoren gehaltenen Unternehmen nicht nur den Zusammenbruch vermeiden, sondern auch auf unbestimmte Zeit überleben, gedeihen und wachsen werden? Auf Ertragswachstum durch den Zinseszinseffekt in einer festungsähnlichen Bilanz bei geringerem Risiko zu setzen? Ist es nicht profitabler, einige wenige große Positionen zu halten als viele kleine? Schließlich ist es für die meisten Menschen unmöglich, sich ausreichend detaillierte Kenntnisse über viele Branchen oder Unternehmen anzueignen.

Ausgerüstet mit dieser vernünftigen Argumentation wird der Quality-Growth-Investor natürlich dazu angehalten, ein im Vergleich zu anderen Portfolios relativ konzentriertes Portfolio zu schaffen. Für professionelle Fondsmanager gibt es sowohl regulatorische als auch interne Regeln, die das Gleichgewicht zwischen Konzentration und Risikodiversifikation strukturieren. Fonds, die nach den sogenannten UCITS-Vorschriften (Undertakings for Collective Investment in Transferable Securities) der Europäischen Union verkauft werden, dürfen beispielsweise nicht mehr als 10 Prozent in einer einzigen Holding halten, und insgesamt dürfen Beteiligungen, die mehr als 5 Prozent des Portfolios ausmachen, insgesamt 40 Prozent nicht überschreiten.

Bei der Entscheidung, wie viele Aktien zu halten sind und wie hoch ihre prozentuale Gewichtung im Portfolio ist, muss der Fondsmanager weiterhin ein genaues Verständnis für die in jeder Beteiligung enthaltenen Risiken haben und sicherstellen, dass diese gut verwaltet und ausgewogen sind. Ein Portfolio von 20 bis 30 Beteiligungen ist zwar im Vergleich zum durchschnittlich aktiv verwalteten Fonds bescheiden, jedoch mehr als ausreichend, um ein angemessenes Maß an Diversifikation zu gewährleisten. Diese Risiken erfordern ein stringentes Management auf Portfolioebene. Eine für sich gesehen erfolgversprechende Investition kann daher im Kontext des gesamten Portfolios mitunter ungünstige Auswirkungen haben. Durch die Risikosteuerung auf Portfolioebene kann der Anleger Klumpenrisiken und zu viele Investitionen, die auf dem gleichen wirtschaftlichen oder geschäftlichen Trend beruhen, vermeiden sowie für eine ausreichende geografische Diversifizierung sorgen. Ausgewählte Quality-Growth-Unternehmen verfügen bereits über eine breite Streuung der Kunden und geografischen Märkte – wie es ja auch die genannten goldenen Regeln nahelegen.

Es gibt keine Belege dafür, dass konzentrierte Portfolios die Performance beeinträchtigen. Antti Petajisto von der Yale University untersuchte die Performance von konzentrierten Portfolios in einem Forschungspapier unter Verwendung von Daten aus den Jahren 1990 bis 2009. Obwohl einige Jahre alt, gilt seine Schlussfolgerung auch heute noch. Das hochkonzentrierte Portfolio erzielte Erträge von 1,26 Prozent netto pro Jahr im Vergleich zu einem indexnahen Portfolio mit einem negativen Ergebnis von 0,4 Prozent im gleichen Zeitraum. Obwohl die Studie nicht die Qualität der zugrunde liegenden konzentrierten Portfolios zeigte, unterstützt sie dennoch die Idee, dass ein Quality-Growth-Investor nicht überrascht sein sollte, durch Konzentration noch höhere Erträge zu erzielen.

Die Reduzierung eines Portfolios auf eine kleine und überschaubare Anzahl von vergleichsweise großen Beteiligungen erfordert Wissen, die Freiheit des selbstständigen Denkens und den Mut zur eigenen Überzeugung. Um ein berühmtes altes Sprichwort der IT-Branche anzupassen: »Es wurde noch nie ein Fondsmanager wegen des Erwerbs von IBM-Aktien entlassen.« Das ist weitgehend richtig, aber die Kompromittierung von Prinzipien zugunsten der eigenen Arbeitsplatzsicherheit ist nicht förderlich für die Erhaltung und das Wachstum des Vermögens. Der Erwerb der notwendigen Kenntnisse erfordert Geduld, Ausdauer und Zeit. Es erfordert auch einen offenen, neugierigen Geist, der bereit ist, die zusätzliche Meile zu gehen. Die besten Möglichkeiten, große Unternehmen zu attraktiven Preisen zu kaufen, ergeben sich per Definition, wenn die Märkte stark gefallen sind und eine negative Stimmung vorherrscht. Um von solchen Momenten zu profitieren, bedarf es sowohl des Mutes, sich gegen die Masse zu stellen, als auch der Möglichkeit, Mittel für die Durchführung neuer Investitionen zu erwerben.

Hier nicht erwünscht

Wie bereits erwähnt, gibt es an der Börse eine beträchtliche Anzahl von Bereichen, in den der Quality-Growth-Investor nie investieren wird, weil sie mindestens eine – und in einigen Fällen fast alle – der goldenen Regeln nicht erfüllen. Dazu gehören Unternehmen aus den Bereichen Versorger, Banken, Telekommunikation, Rohstoffe, Fluggesellschaften, Fahrzeuge und Industrie. Tatsächlich ist die Liste der zu meidenden Unternehmen immer länger als jene der Gesellschaften, die für die Aufnahme in ein Portfolio in Betracht kommen.

Keine der zu meidenden Branchen verfügt über die erforderliche Qualität und das entsprechende Wachstum. Versorgungsunternehmen können Cash Cows sein, aber ihre Reichweite und ihr

Wachstumspotenzial sind begrenzt. Die Banken stehen unter ständiger Aufsicht der Behörden, und die meisten sind von Natur aus in der Defensive, unterliegen staatlichen Eingriffen, intensivem Wettbewerb und anderen Einflüssen, die sich ihrer Kontrolle entziehen, nicht zuletzt dem Geldpreis, auf dem ihr gesamtes Geschäftsmodell beruht. Es lohnt sich, die Faktoren, die einige dieser Arten von Unternehmen disqualifizieren, genauer zu betrachten.

Es ist wichtig, dass der Anleger diszipliniert genug ist, um nicht durch die sehr günstigen Aktienkurse in Versuchung gebracht zu werden, über seine Prinzipien und Risikoparameter hinauszugehen. Die größten Fehler, die ich im Laufe der Jahre erlebt habe, sind auf genau diese Verirrungen zurückzuführen. In vielen Fällen stellte sich heraus, dass der Aktienkurs aus guten Gründen günstig war.

Genauso schwierig, wie es ist, dem Sirenengesang einer spottbilligen Aktie zu widerstehen, ist es, zu akzeptieren, dass Quality-Growth-Unternehmen – also diejenigen, die im Laufe der Zeit die konstantesten Erträge liefern – fast immer teuer aussehen, wenn sie gekauft werden. Deshalb besitzen Value-Investoren oft nie die leistungsstärksten Aktien in ihrem Markt. Der Quality-Growth-Investor hingegen beurteilt sie, wie eine der bekanntesten Werbekampagnen aller Zeiten besagt, als »beruhigend teuer«.

1. Banken

Vor Kurzem habe ich dem Vorstandsvorsitzenden einer führenden Bank erzählt, dass ich nie Aktien von Banken kaufe, weil ich deren Bilanzen nicht verstehe. Er antwortete, dass es ihm genauso gehe.

Vielleicht scherzte er, aber ich vermute eher nicht. Bankbilanzen sind bekanntlich intransparent, und das Geschäftsmodell des Bankwesens stützt sich stark auf den Leverage-Effekt, was ein absoluter Negativfaktor für die Anlagephilosophie des Quality-Growth-Investors ist.

Quality Growth vs. Banken
Wachstum: Quality-Growth-Investmentuniversum[9] versus MSCI World Banks

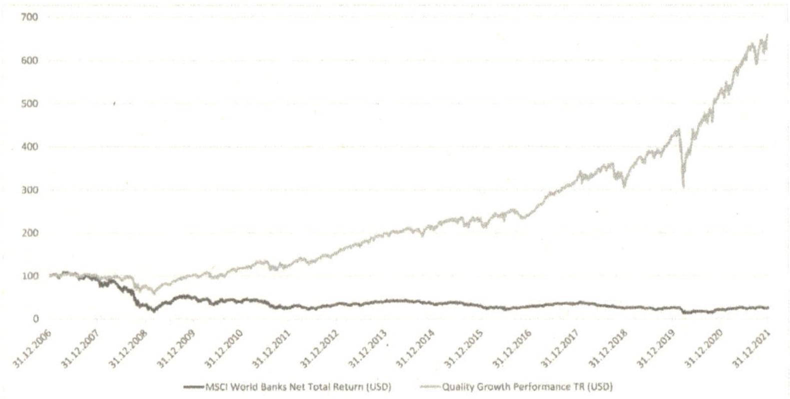

Quelle: Seilern Investment Management

Es liegt nicht an der Art der Bilanzstruktur der Banken, die sie ausschließt. Das gesamte traditionelle Geschäftsmodell des Bankwesens ist gefährdet, nicht zuletzt durch den technologischen Wandel. Es ist eine Tatsache, dass die etablierten Banken strategische Schwächen aufweisen, und selbst die mächtigsten Geldhäuser waren in der jüngeren Vergangenheit nicht vor dem Niedergang ge-

9 Das Quality-Growth-Investmentuniversum ist gleich gewichtet und wird täglich neu ausbalanciert, wobei die Dividenden reinvestiert werden.

feit. Niemand kennt die genauen Gründe dafür. Die Folgen für die Aktionäre sind indes klar: Sie haben einen gewaltigen, dauerhaften Kapitalverlust erlitten.

Die Anfälligkeit für staatliche Eingriffe ist weit entfernt von dem, was der Quality-Growth-Investor sucht. Es negiert die Vorhersehbarkeit und Nachhaltigkeit der Erträge. Wenn die Aussichten auf Gewinnwachstum eines Unternehmens unklar sind, ist die Abzinsung der künftigen Ertragskraft bestenfalls ungenau und schlimmstenfalls veraltet.

2. Telekommunikation

Telekommunikationsunternehmen scheinen auf den ersten Blick den Test des Quality Growth zu bestehen. Die rasante Zunahme von Informationen auf der ganzen Welt würde auf eine solide künftige Volumenausweitung hindeuten. Die Gesamtmargen sind hoch, da in den meisten Ländern Oligopole geschaffen wurden, wobei meist nicht mehr als drei oder vier Unternehmen den Markt beherrschen. Namen wie Bell oder Telmex kommen einem dabei in den Sinn, Unternehmen eben, die enorme Erträge erwirtschaften. Dennoch: Wenn diese Unternehmen wachsen, werden ähnlich agierende Firmen ermutigt, es ihren Vorbildern gleichzutun. Die führenden Akteure sehen schließlich, dass ihre Rentabilität durch staatliche Interventionen für einen billigen öffentlichen Dienst, der für alle zugänglich ist, beeinträchtigt wird.

Telekommunikation
Wachstum: Quality-Growth-Investmentuniversum versus MSCI World Telecoms

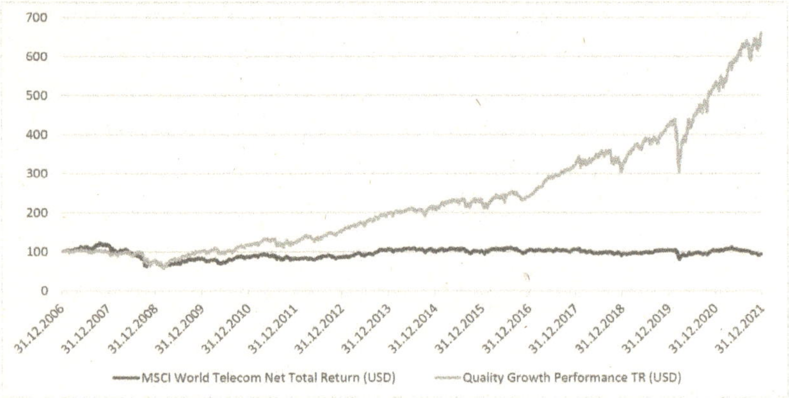

Quelle: Seilern Investment Management

3. Öl und Gas

Wie bereits erwähnt, dominieren Quality-Growth-Geschäfte die Preise, da diese nicht von äußeren Ereignissen beeinflusst werden. Ein Quality-Growth-Unternehmen ist in der Lage, seine eigenen Preise auf der Basis eigener Entscheidungen festzulegen. Diese Definition schließt automatisch Rohstoffgeschäfte wie Bergbau sowie Öl- und Gasunternehmen aus. Wenn die Rohstoffpreise steigen, können solche Unternehmen hohe Kapitalerträge erzielen, aber sie bleiben immer anfällig für den unvermeidlichen Abschwung, der folgt, wenn sich Angebot und Nachfrage wieder im Gleichgewicht befinden. Diese Zyklen werden oft noch durch eine größere finanzielle Hebelwirkung, also einen ausgeprägteren Leverage-Effekt, in guten Zeiten verstärkt.

Öl und Gasunternehmen Wachstum: Quality-Growth-Investmentuniversum versus MSCI World Commodity Producers

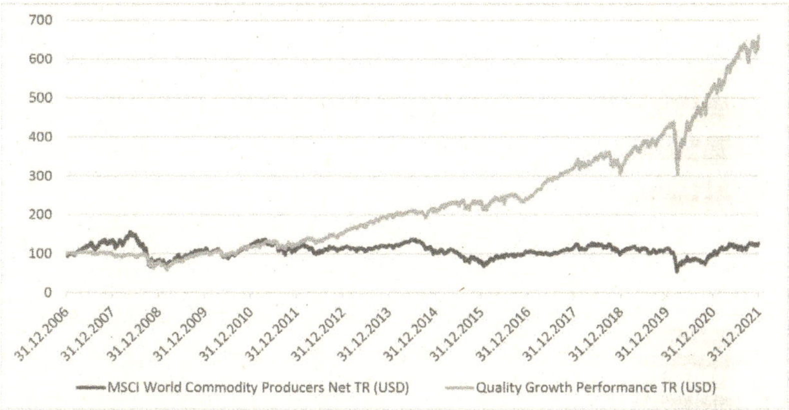

Quelle: Seilern Investment Management

Das internationale Streben nach sauberer Energie zur Bekämpfung des Klimawandels macht traditionelle Energiequellen auf jeden Fall redundant. Während OPEC und OAPEC einst die Preismacht ausübten und diese zur Förderung ihrer Interessen nutzten, stehen deren Mitgliedstaaten heute weitgehend im Hintergrund. Sinkende Nachfrage nach Produktion aus traditionellen Erdölquellen wird von regelmäßigen neuen Explorationen begleitet. Dies erhöht die Preismacht nicht.

Da der Ölpreis für die Verbraucher auf der ganzen Welt von sehr großer Bedeutung ist, wird er auch regelmäßig zum Gegenstand politischer Machenschaften der Supermächte. Einige wichtige Ölproduzenten sind Länder der Dritten Welt, wie Venezuela oder Libyen, mit politischen Landschaften, die regelmäßig von Unruhen oder Revolutionen heimgesucht werden. (In diesen beiden Ländern hat das zu einem Scheitern der Regierungen geführt.) Die politische Situation stört mitunter die reibungslose Ölförderung und behindert die Versorgung der Weltmärkte, was kurzfristig zu einem künstlichen Anstieg des Ölpreises führen kann. Ein weiterer potenzieller mittelfristiger Trend begann sich in den Jahren 2020 und 2021 abzuzeichnen. Infolge der weltweiten Bemühungen um saubere Energien zur Bekämpfung der globalen Erwärmung gehen die Investitionen in sogenannte »schmutzige« fossile Brennstoffe und deren Finanzierung durch die großen Banken langsam aber sicher zurück. Dies steht im Einklang mit dem Druck der von Regierungen, ESG-Stakeholdern und Aktionären ausgeht. Gleichzeitig mangelt es aber immer noch an Möglichkeiten, solche Investitionen durch »saubere« Energieprojekte zu ersetzen. Da es viele Jahre dauern wird, bis sich die Weltwirtschaft auf grüne Energie umgestellt haben wird, ist es durchaus denkbar, dass die Öl- und Gaspreise noch einige Jahre lang hoch bleiben könnten.

Versuche, beispielsweise von US-Präsident Biden, die OPEC und Russland zu einer Erhöhung der Ölproduktion zu bewegen, stoßen auf taube Ohren. Russland wird sogar vorgeworfen, die europäische Gasknappheit zu verschärfen, indem es die Volkswirtschaften der EU unter Druck setzt, nicht zuletzt im Zusammenhang mit den kontroversen Meinungen über die Vorteile und Gefahrenpotentiale der Nordstream-2-Pipeline. Abgesehen von der erheblichen Auswirkung auf die Inflation bedeutet dies, dass die überschüssigen Bargelderträge der Ölproduzenten nicht mehr in ihren angestammten Bereich reinvestiert werden wollen. Solche Erträge können durchaus in Form von Dividenden auf die Konten der Aktionäre gelangen. Für Anleger, die auf der Suche nach Dividendenrenditen sind, mag dies attraktiv sein, aber Anleger, die auf Quality Growth setzen, werden sich der Dividenden-Fata Morgana bewusst sein. Und eine weitere Steigerung des Zinseszinseffekts ist in diesen Branchen nicht zu erwarten.

4. Fluggesellschaften

Fluggesellschaften leiden unter Billiganbietern, die ihre Marktdominanz infrage stellen, und jede Katastrophe, wie der Absturz einer Maschine, und jeder Terrorakt kann ihre Rentabilität beeinträchtigen. Schwankende Kraftstoffpreise können auch in der Gewinn- und Verlustrechnung verheerende Auswirkungen haben. Sie sind von Natur aus zyklisch und unvorhersehbar. Fluggesellschaften befinden sich seit vielen Jahren in der Defensive und versuchen, ihre Marktposition durch Fusionen und Handelsvereinbarungen zu verbessern. Hinzu kommen Sondersituationen wie die defensive Haltung der britischen Fluggesellschaften im Lichte des Brexit.

Neben diesen traditionellen Faktoren wird der Zwang für die Regierungen, sich mit dem weltweiten Klimaschutz auseinanderzusetzen, früher oder später dazu führen, dass der Flugverkehr eingeschränkt wird. Dies ist dem dauerhaften Ertragswachstum der Airline-Gruppen kaum förderlich.

Fluggesellschaften zählten während der Covid-Pandemie zu den am stärksten betroffenen Branchen. Da die Reisebeschränkungen besonders einschneidend waren, und potenzielle Reisende vermehrt zu Hause blieben oder mit anderen Mitteln reisten, waren die Fluggesellschaften noch stärker in der Defensive als in Vorkrisen-Zeiten. Die EU-Vorschläge für die Luftfahrtindustrie zur Reduzierung der Emissionen im Luftverkehr stellen eine große Herausforderung dar. Derzeit stellt nachhaltiger Flugkraftstoff (SAF) die einzige Alternative dar, um die Dekarbonisierung des Luftverkehrs voranzutreiben. Da die Kosten für SAF jedoch um ein Vielfaches höher sind als die für den derzeitigen Flugkraftstoff und die IATA-Resolution ein kollektives Ziel zur Erreichung von Netto-Null-Kohlenstoffemissionen bis 2050 vorsieht, werden die Fluggesellschaften noch lange Zeit einem unerwünschten Kostendruck ausgesetzt sein.

Fluggesellschaften
Wachstum: Quality-Growth-Investmentuniversum versus MSCI Airlines

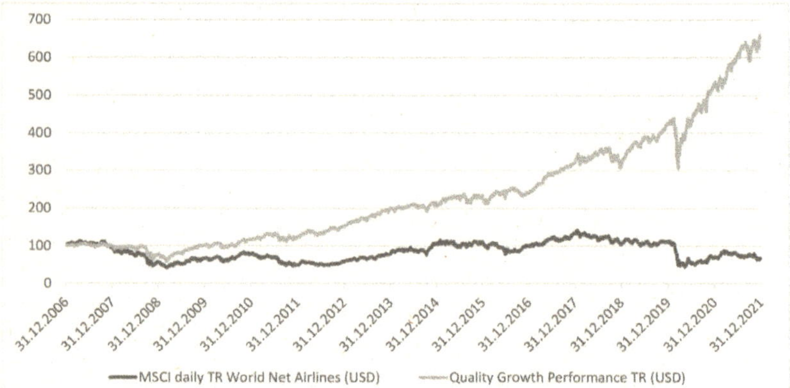

Quelle: Seilern Investment Management

5. Automobilhersteller

Quality-Growth-Unternehmen verfügen über eine geringe Kapitalintensität. Das bedeutet, dass die Investitionen, die für den Erhalt des Wachstums erforderlich sind, in der Regel auf ein Minimum reduziert werden. Dies gilt nicht für zyklische Branchen. Ein typisches Beispiel dafür sind die Automobilhersteller, die regelmäßig viel Kapital benötigen, um ihr Wachstum fortzusetzen. Einige haben zwar teure Marken, die höhere Margen erzielen, aber die Mehrheit hat niedrige Preisspannen, weist wenig oder gar keine Preisdominanz auf und ist zyklischen Abschwüngen ausgeliefert. Wie die Statistiken zeigen, ist der Verzicht auf den Kauf eines neuen Autos eine der ersten Reaktionen der Verbraucher in einem wirtschaftlichen Abschwung. So schrumpfte beispielsweise die Automobilproduktion am Tiefpunkt der 2008er-Finanzkrise um fast 50 Prozent.

Automobilindustrie
Wachstum: Quality-Growth-Investmentuniversum versus MSCI World Automobiles

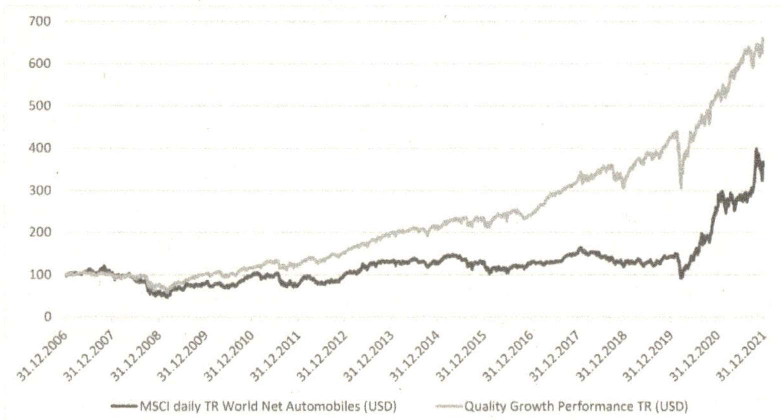

Quelle: Seilern Investment Management

Darüber hinaus hat der Skandal um die Diesel-Werte bei Volkswagen (VW) der Branche einen starken Imageschaden zugefügt, den auch andere renommierte Marken zu spüren bekamen. Die bereits verhängten Geldbußen werden ein riesiges Loch in die Bilanz dieses Unternehmens schlagen. Das Ende der Fahnenstange ist noch lange nicht erreicht. Die U.S. Securities and Exchange Commission wirft VW vor, seine Investoren betrogen zu haben – eine Anschuldigung, die noch erhebliche finanzielle Konsequenzen nach sich ziehen wird.

Auch der Markt für traditionelle Fahrzeuge ist durch die Einführung von Elektro- und fahrerlosen Autos gefährdet. Im Vereinigten Königreich gibt es beispielsweise Vorschläge, den Verkauf neuer Benzin- oder Dieselfahrzeuge bis 2030 zu verbieten (das aktuelle Ziel der Regierung ist 2040). Das mag sich ändern, aber die strategische Bedrohung für die Branche ist klar. Dies sind kaum Qualitätsmerkmale des Wachstums. Selbst wenn Innovationen wie Elon Musks Tesla auftauchen, werden die meisten Mainstream-Autohersteller irgendwann gezwungen sein, sich gegenseitig aus dem Markt zu drängen (oder keine Relevanz mehr für den Quality-Growth-Investor haben).

Dessen ungeachtet konnten sich Besitzer von Tesla-Aktien in den letzten Jahren bis Ende 2021 über spektakuläre Gewinne freuen, obwohl Tesla nie das Quality-Growth-Siegel erringen konnte.

Millionen von Pferden wurden Anfang des 20. Jahrhunderts nach der Erfindung des Automobils geschlachtet. Das Schicksal der heutigen etablierten Automobilhersteller wird wahrscheinlich ebenso unglücklich ausfallen.

6. Start-ups und IPOs

Ein weiterer Bereich, den der Quality-Growth-Investor vermeiden wird, sind Start-up-Unternehmen. Es gibt heute viele solche Investitionsmöglichkeiten, vor allem im Hochtechnologiebereich und in der sogenannten New Economy. Investoren unterliegen regelmäßig der Versuchung, schnelle Erträge erzielen zu wollen, indem sie technologische Innovationen unterstützen, die von jungen Unternehmern einem leichtgläubigen Publikum vorgestellt und von ihren Anlageberatern gepusht werden. Es gibt zwar einige spektakuläre Erfolge durch diese Newcomer-Firmen, aber im Durchschnitt funktionieren nur wenige.

Das wichtigste Hindernis für den Quality-Growth-Investor ist das Fehlen einer Erfolgsbilanz. So scheitert beispielsweise die Mehrheit der Start-up-Unternehmen in Großbritannien vor ihrem ersten Geburtstag – und beschert damit ihren Investoren einen dauerhaften Kapitalverlust. Wo es keine greifbare Erfolgsbilanz gibt, existiert keine Grundlage für die Prognose der künftigen Rentabilität. Derartige Engagements meidet ein Quality-Growth-Investor daher automatisch.

Börsengänge (Initial Public Offerings, IPOs) sind eine weitere Art von Investitionen, die für den Quality-Growth-Investor wenig attraktiv sind. Historisch gesehen liegt der Reiz für IPO-Investoren in dem Wissen, dass die neuen Aktien bereits vor der Börsennotierung stark vermarktet werden. Je mehr Investoren dazu überredet wurden, Gebote für Aktien abzugeben, desto größer war die Chance auf starke und sofortige Kursanstiege gleich nach Handelsbeginn. Viele Anleger investieren nach den ersten Kapitalgewinnen weiter, eine Praxis, die in der Vergangenheit als »stagging« bekannt war (der Ausdruck ist eher veraltet).

Natürlich müssen alle börsennotierten Unternehmen, auch Quality-Growth-Werte, irgendwann an die Börse gegangen sein. Die meisten von ihnen sind – wenn sie zum ersten Mal an der Börse notieren – nicht reif genug, um die Kriterien des Quality-Growth-Investors zu erfüllen. Einige erzielen noch keine Gewinne, während andere dies sehr wohl tun, um einfach mehr Kapital aufzubringen. Bei wirklichen Quality-Growth-Unternehmen kommt dies nur selten vor. In den vergangenen Jahren konnte man solche Situationen bei zahlreichen Börsenneueinsteigern beobachten.

Im Jahr 2019 kündigten eine Reihe prominenter sogenannter »Einhörner« – Unicorns, Risikokapitaljargon für nicht börsennotierte Unternehmen im Wert von mehr als einer Milliarde US-Dollar – Pläne für die Notierung ihrer Unternehmen an der US-Börse an. Dazu gehörten so bekannte Namen wie Lyft und Uber, zwei Mobilitätsspezialisten, die in vielen Städten der Welt traditionelle lizenzierte Taxiunternehmen herausfordern. Um den Aktien einen zusätzlichen Reiz zu verleihen, wurden sie in den Technologiesektor eingeführt unter der Prämisse, dass ihre Geschäftsmodelle auf einer ausgereiften Plattform beruhen, die Fahrer und potenzielle Passagiere zusammenbringt.

Beide Unternehmen waren stark defizitär, fanden aber dennoch eifrige Investoren für ihre Listings. Im Falle von Uber deutete der Eröffnungskurs trotz seiner Verluste darauf hin, dass das Unternehmen mit fast 90 Milliarden Dollar bewertet wurde. Beide Firmen benötigen regelmäßig neue Mittel, um ihre hohen Investitionen zu finanzieren und die unerbittlichen Mittelabflüsse einzudämmen, ohne Garantie, dass sie es jemals in die Gewinnzone schaffen würden.

Solche Episoden erinnern stark an die Exzesse der Dotcom-Blase zur Jahrtausendwende. Damals wurden traditionelle Bewertungskennzahlen, zum Beispiel das Kurs-Gewinn-Verhältnis (KGV), in den Wind geschlagen. Da viele der Dotcom-Unternehmen wie Uber und Lyft Verluste machten, erzielten sie keine Gewinne, aus denen sie ein solches KGV berechnen konnten. Stattdessen erfanden die Promotoren der Aktien neue Bewertungskriterien wie Klickraten, um ihre hohen Bewertungen zu rechtfertigen. Dadurch erlitten die Anleger einen dauerhaften Kapitalverlust. Der Nasdaq-Markt, an dem die meisten dieser Börsengänge durchgeführt wurden, verlor in den zweieinhalb Jahren nach seinem Höchststand im März

2000 mehr als drei Viertel seines Wertes. In der Folge dauerte es fast 13 Jahre, bis die alten Höchststände wieder erreicht waren.

In der Zeit vor diesen katastrophalen Ergebnissen wurden Investoren, die sich strikt an ihre disziplinierten Methoden hielten (den Autor eingeschlossen), weithin beschuldigt, altmodische Zauderer zu sein, die nicht verstehen, worum es bei Investitionen jetzt ging. Glücklicherweise lachten wir zuletzt, denn Quality-Growth-Werte lieferten in den darauffolgenden Jahren überdurchschnittliche Erträge. Die Manie, die den Markt beherrschte, trug dazu bei, die Preise vieler etablierter Unternehmen auf ein solch niedriges Niveau zu senken, dass daraus eine Periode der goldenen Investitionsmöglichkeit für den langfristig orientierten Investor wurde.

Branchen für den Erfolg

Es ist zwar einfach, Branchen zu identifizieren, in denen der Quality-Growth-Investor wahrscheinlich keine investitionsfähigen Unternehmen finden wird, aber es ist gar nicht so leicht, Verallgemeinerungen darüber zu treffen, wo Quality Growth zu finden ist. Die Branchen, die am häufigsten in unseren Fonds-Factsheets aufgeführt werden, sind:

- Informationstechnologie,
- Konsumgüterunternehmen,
- Gesundheitswesen,
- ausgewählte Industrieunternehmen und
- Verbrauchsgüter.

Aber auch das kann irreführend sein, da die Klassifizierungen der Indexanbieter oft unangemessen sind. Alphabet (Google) zum Beispiel wird als IT-Unternehmen eingestuft, ist aber in Wirklichkeit ein Werbeunternehmen, kein Technologieunternehmen im eigentlichen Sinne. Anleger sollten immer die »vereinfachten« Etiketten hinterfragen, die Indexanbieter an einzelnen Aktien anbringen, um sich auf das eigentliche Wesen des Geschäfts konzentrieren zu können.

Management der Marktvolatilität

Die Volatilität an den Aktienmärkten wird allgemein als eines von vielen Risiken wahrgenommen. Sie kann für einen Marktindex als Ganzes oder für jede seiner einzelnen Komponenten gelten. Im ersten Fall kann es aus verschiedenen Gründen zu Marktvolatilitäten kommen. Dazu zählen unerwartete Zinsschwankungen oder unvorhergesehene Ereignisse, sogenannte Schwarze Schwäne. Dies kann in beide Richtungen geschehen, nach oben oder unten. Es gibt sogar einen speziellen Index, den VIX (manchmal auch »Angstmesser« genannt), um die implizite Volatilität zu messen, die in den aktuellen Marktpreisen enthalten ist. In Zeiten relativer Marktberuhigung wird der VIX-Index niedrig sein und umgekehrt.

Perioden, in denen der Markt eine hohe Volatilität aufweist, werden im Allgemeinen als riskanter angesehen als Perioden mit geringer Volatilität. Für den Quality-Growth-Investor, der langfristig dabei ist, sind Stimmungsschwankungen von einem Tag auf den anderen jedoch oft ein Fall von Emotionen, die über die Vernunft triumphieren. Tatsächlich bieten extrem volatile Tage auf dem Markt die Möglichkeit, das Portfolio anzupassen und so die Volatilität zum eigenen Vorteil zu nutzen. Dies erfordert gute Nerven, aber im Vordergrund wird die Idee stehen, dass die Volatilität des Aktienkurses nicht mit jener des zugrunde liegenden Geschäfts gleichzusetzen ist – vor allem bei Aktien, die sich für das Quality-Growth-Investmentuniversum qualifizieren.

Das griechische Wort »Beta« (entspricht dem Buchstaben »b«) wird heute allgemein als Maß für die Sensitivität von Aktien gegenüber Bewegungen auf dem Gesamtmarkt verwendet. Eine Aktie mit einem Beta-Wert über eins ist eine Aktie, die im Durchschnitt um einen größeren Prozentsatz steigt oder fällt als der Markt, in dem sie notiert ist. Ein Beta unter eins zeigt, dass der betreffende Aktienkurs weniger stark steigt oder fällt als sein Index. Beta ist oft eine Funktion der zugrunde liegenden Liquidität am Markt. Unternehmen mit einer geringen Marktkapitalisierung erleben höhere Preisschwankungen, wenn Aktienpakete gehandelt werden und wenn Käufer oder Verkäufer Schwierigkeiten haben, Gegenparteien zu finden.

Eines der Prinzipien für den Quality-Growth-Investor ist die Auswahl von Unternehmen mit einer langen Tradition stetigen Wachstums. Der über viele Jahre hinweg wachsende Ertragsstrom wird in der Regel großkapitalisierte Aktien entstehen lassen. Da sich Käufer und Verkäufer leicht zuordnen lassen, folgt daraus, dass solche Investitionen oft Betas unter eins genießen. Daher ist eine extreme Volatilität für ein solches Portfolio selten ein Thema.

Zusammenfassend lässt sich sagen, dass die Volatilität der Aktienmärkte und der einzelnen Aktienkurse ein Maß für die vorherrschende Herdenmentalität der Investoren ist. Wie das Wetter ist auch diese Mentalität anfällig für häufige Veränderungen, auch während einer Handelssitzung, aber wie beim Wetter wird die Einstellung des Quality-Growth-Investors zu diesem Phänomen dem Motto »Die Hunde bellen, die Karawane zieht weiter« ähneln.

Absicherung / Hedging

Das Konzept der Absicherung eines Aktienportfolios bezieht sich in der Regel auf den Schutz vor dem Risiko plötzlicher Kursverluste. Dies kann für ein Gesamtportfolio mit Absicherungsinstrumenten zur Abbildung vergleichbarer Aktienindizes erfolgen. Für einzelne Aktien erzielt man die Absicherung durch Derivate auf jede einzelne Portfolioposition. Es kann auch eine Kombination aus beidem sein. Es gibt viele komplexe Möglichkeiten, so vorzugehen, aber in den allermeisten Fällen ist die Absicherung eines Portfolios von Aktien eine Zeit- und Geldverschwendung für den Anleger. In der Regel ist es nur die Gegenpartei, die finanziell profitiert. Dies ist vergleichbar mit dem Abschluss einer Versicherung, bei der das Risiko gedeckt ist, der Schaden aber selten eintritt.

Für den Quality-Growth-Investor liegt ein Denkfehler darin, Hedging (Absicherungstechniken) auf sein Portfolio anzuwenden. Da sein Ansatz auf der Idee langfristiger Erträge basiert, die er von seinen Unternehmen erwarten kann, ist ein Absicherungsprogramm zum Schutz vor Kursverlusten für kurze Zeitperioden wenig sinnvoll. Wenn die Erwartungen an ein Unternehmen sinken, verkauft der Anleger einfach seine Aktien und investiert weiter. Die

Abdeckung seines Portfolios mit Put-Optionen bedeutet lediglich, dass er nur über unzureichende Kenntnisse des zugrunde liegenden Geschäfts verfügt. Absicherungsinstrumente können den Anleger nicht vor zu wenig Wissen schützen.

Die Absicherung gegen Fremdwährungsrisiken ist ein anderes Thema. Die allgemeine Regel sollte sein, dass ein Anleger sein Vermögen in der Währung bewertet, in der die Mehrheit seiner Verbindlichkeiten lautet. In der Praxis wird diese Regel oft nicht eingehalten. Der Wert von Fremdwährungen kann sehr volatil und häufig Gegenstand von stündlichen, täglichen, monatlichen und jährlichen Schwankungen sein, die durch eine komplexe Mischung aus Fundamentaldaten und Spekulationen bestimmt werden. An sich ist eine Fremdwährung keine fruchtbare Investition per se. Sie ist lediglich die Kombination aus einem Tauschmittel, einer Rechnungseinheit und einem Wertaufbewahrungsmittel einer anderen Währungszone.

Instabile Wechselkurse stellen ein Gefahrenpotenzial für den Investor dar. Indem der Anleger dieses Risiko unbeaufsichtigt lässt, setzt er sich einem dauerhaften Kapitalverlust aus. Internationale Investoren hatten nach dem Brexit Referendum, wenn sie im Pfund-Sterling-Raum mit Dollars oder Euros investierten, einen stetigen Kapitalverlust durch die Entwertung der britischen Währung erlitten. Diese Entwicklung reflektiert das schwindende Vertrauen in ein Großbritannien nach dem EU-Austritt und demonstriert die schweren Bedenken der britischen Währung gegenüber, deren internationale Bedeutung weiter verlieren wird.

Ohne einen Schutz vor der Gefahr, dass die Investition in eine Fremdwährung durch einen Wertverlust dieser Währung untergraben wird, läuft selbst der Quality-Growth-Investor in ein unnötiges

Risiko, wenn er keine Versicherung abschließt. Fremdwährungsabsicherungen mit der Idee, den Basiswährungswert ausländischer Investitionen im Portfolio zu schützen, sollten daher Teil des Ansatzes bei der Verwaltung eines internationalen Portfolios von Quality-Growth-Unternehmen sein.

Doch auch diese Art der Absicherung bietet tendenziell nur einen oberflächlichen Schutz. Ebenso wichtig ist der Grad, in dem die Unternehmen im Portfolio ihren eigenen Wechselkursschwankungen ausgesetzt sind. Nicht alle Unternehmen sind bestrebt, ihren Anlegern diese Informationen anzubieten, und vieles davon ist nur zu vermuten. Fremdwährungssicherung auf Portfolioebene basiert im Wesentlichen auf einer unvollkommenen Annäherung an das zugrunde liegende Fremdwährungsrisiko der Unternehmen und kann daher nur eine teilweise Versicherung gegen ungünstige Währungsschwankungen sein.

Es gibt noch einen weiteren Vorbehalt. Da eine Fremdwährungstransaktion mindestens zwei Parteien erfordert, tauscht der Quality-Growth-Investor ein Risiko – das des Geldverlustes durch einen sinkenden Außenwert seiner Fremdwährung – gegen ein anderes, nämlich das des potenziellen Ausfalls der Gegenpartei seines Sicherungsgeschäfts. Die beiden Parteien haben gegenseitige Verpflichtungen, wenn das Sicherungsinstrument fällig wird. Wenn eine der Parteien in Verzug gerät und ihrer Verpflichtung nicht nachkommen kann, wird die andere mit einem Verlust belegt. Die Analyse des Kreditrisikos der Gegenpartei ist daher ein weiterer Bestandteil der Hausaufgaben des Quality-Growth-Investors.

KAPITEL 5

DIE KUNST DER BEWERTUNG

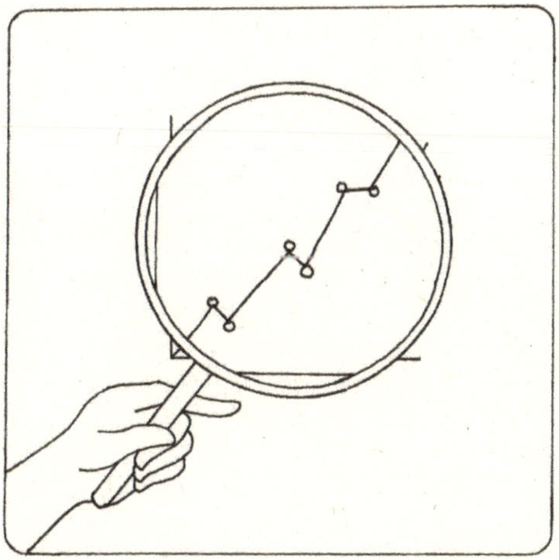

Es wurde an anderer Stelle bereits erwähnt, dass die Bewertung neben den Faktoren Wachstum und Liquidität einen der drei bestimmenden Marktfaktoren darstellt. Für viele Anleger hat die Bewertung dabei höchste Priorität. Je kürzer der Zeithorizont eines Anlegers ist, desto wichtiger wird ihm die Bewertung sein. Denn erst im Laufe der Zeit werden sich die Aktienkurse mit Sicherheit an den fundamentalen Wert eines Unternehmens annähern. In kürzeren Zeiträumen spielen viele andere Faktoren eine Rolle.

Für Anleger mit einem längeren Zeithorizont ist die Bewertung weniger relevant. Quality-Growth-Investoren mit unbegrenztem Zeithorizont freuen sich über ein Portfolio aus Vermögenswerten mit langfristigen Ertragsaussichten. Im Interesse der Ertragsmaximierung ist es natürlich von zentraler Bedeutung, zu wissen, dass der Preis, der für den Erwerb einer Beteiligung an diesen Unternehmen gezahlt wird, angemessen ist. Aber auch wenn er streng genommen unzumutbar ist, bedeutet das nicht unbedingt das Ende der Welt. Im Laufe der Zeit kann der Zinseszinseffekt eines stetigen Gewinnwachstums selbst einen hoch bewerteten Einstiegspreis irrelevant erscheinen lassen.

Die folgende Grafik zeigt, wie ein Unternehmen, das Quality-Growth-Kriterien erfüllt, das Handicap überwinden kann, zum Kaufzeitpunkt zu hoch bewertet zu werden. Als Beispiel dient Automatic Data Processing, besser bekannt als ADP. Das KGV des Unternehmens schwankte in der Vergangenheit in einer Bandbreite zwischen dem 20- und dem 40-Fachen des Ergebnisses. Die Aktie hat oft teuer ausgesehen, insbesondere für einen Value-Investor. Als das Unternehmen 1961 zum ersten Mal an die Börse kam, geschah dies in einem, weltwirtschaftlich gesehen, schwierigen Umfeld. Doch während des gesamten Zeitraums, auch in Phasen mit langsamerem Wachstum, durchlief das Unternehmen eine lange Folge positiver Ertragsentwicklungen. Sobald das KGV sank, vergrößerte sich typischerweise die Differenz zwischen dem Ergebnis des Unternehmens und dem Aktienkurs, was Möglichkeiten zur Erweiterung der Beteiligung schuf. Im Laufe der Zeit hat sich der Aktienkurs wieder der längerfristigen Rate des Gewinnwachstums angepasst. Der ursprüngliche Kaufpreis, den die Aktionäre 1961 zahlten, ist längst vergessen.

ADP historisches Kurs-Gewinn-Verhältnis pro Aktie

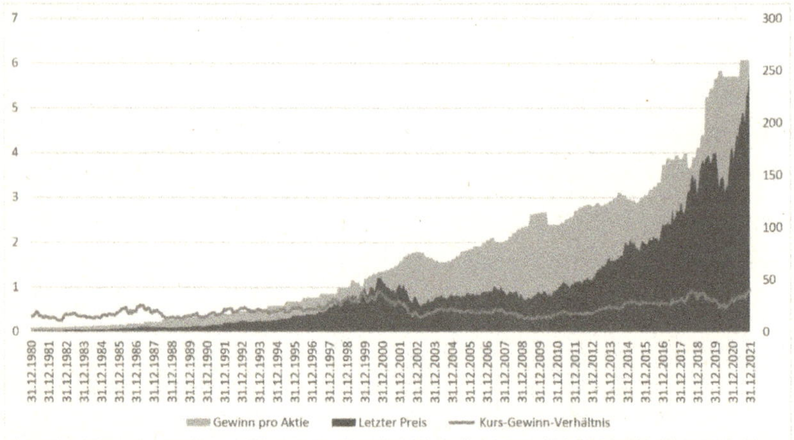

Quelle: Factsheet

Eine angemessene Bewertung

Was ist dann unter einer vernünftigen Bewertung zu verstehen? Wie in Kapitel 2 erwähnt, ist es die Aufgabe der Aktienmärkte, heute die Erträge zu bestimmen, die Unternehmen morgen erzielen werden. Um den Barwert der künftigen Erträge eines Unternehmens zu ermitteln, verwenden sie Zinssätze als Diskontierungsmechanismus. Als Baustein der Diskontierung wird ein risikofreier Zinssatz oder eine diesem Wert möglichst ähnliche Kennzahl benötigt. Als risikofreier Zinssatz werden in der Regel zehnjährige Zinsrenditen von Staatsanleihen angesehen, zu dem zumindest in der konventionellen Analyse eine Aktienrisikoprämie hinzukommt. In der Vergangenheit wurde angenommen, dass diese Prämie in der Größenordnung von 5 Prozent liegt.

Bei sonst gleicher Höhe wird eine Erhöhung des Diskontierungssatzes tendenziell den Barwert der künftigen Unternehmensgewinne verringern und damit zu einem niedrigeren Aktienkurs führen. Ebenso wird ein niedrigerer Diskontierungssatz tendenziell den gegenteiligen Effekt haben, der dann eine höhere Bewertung ergibt. Was mit dem risikofreien Zinssatz und der Aktienrisikoprämie passiert, ist daher im Prinzip ein starker Indikator für die Richtung, in die sich die Börse bewegt, sowie ein wichtiger Beitrag zur Werterhaltung einer jeden Aktienanlage. Veränderungen des risikofreien Zinssatzes und der Anleihenerträge sind im Allgemeinen ein maßgeblicher Einflussfaktor bei der Bewertung jeder Art von Aktien.

Der Quality-Growth-Investor fragt zu Recht nach der Höhe des angemessenen Diskontierungssatzes, der für jede mögliche Ergänzung des Portfolios gilt. Hier stellt sich die Frage, welche Prämie, falls vorhanden, hinzugefügt werden sollte, um dem zusätzlichen Risiko Rechnung zu tragen, nicht eine Anleihe, sondern eine Aktie zu besitzen. Dabei wird der risikofreie Zinssatz am besten durch die Erträge einer geeigneten Staatsanleihe approximiert. Die Wahl kann einen wesentlichen Einfluss auf den Barwert haben, der sich aus der Abzinsung der zu erwartenden Erträge ergibt.

Die finale Ermittlung des angemessenen risikofreien Zinssatzes ist keine exakte Wissenschaft. Der Investor benötigt einen gesunden Menschenverstand, Marktkenntnis und Urteilsvermögen, um die richtige Antwort zu finden. Da die Erträge von Land zu Land variieren, scheint es selbstverständlich, die Erträge von Staatsanleihen in dem Land zu verwenden, in dem sich das Unternehmen befindet, in das der Investor investieren möchte. Aber viele Quality-Growth-Unternehmen sind globale Gesellschaften, die in einer Vielzahl von Ländern tätig sind. Nestlé ist beispielsweise ein Schweizer Unternehmen, aber nur ein Bruchteil des Umsatzes wird mit einheimischen Verbrauchern erzielt.

Durch die Anwendung der strengen Regel der schuldenfreien Bilanz ist der Quality-Growth-Investor meiner Meinung nach berechtigt, einen Diskontsatz anzuwenden, der niedriger ist als bei anderen, qualitativ geringerwertigen Anlagen. Das Schöne an dieser einfachen Regel ist, dass sie durch sichere und zuverlässige Erträge eines Quality-Growth-Geschäfts, kombiniert mit einer starken Bilanz, kurzfristige Zinserwartungen weitgehend irrelevant macht. Dies ist ein Hauptargument dafür, dass ein Quality-Growth-Portfolio höhere Erträge bei geringerem Risiko erzielen kann.

Es sei daran erinnert, dass auch darüber diskutiert werden muss, ob die Erträge einer zehnjährigen Staatsanleihe tatsächlich das geeignete Maß für die Berechnung des risikofreien Zinssatzes in dieser Art von Analyse sind. Wie in Kapitel 2 erwähnt, hat sich die Höhe der ausgegebenen Staatsschulden in den Jahren seit der globalen Finanzkrise stark erhöht. Gleichzeitig hat die weit verbreitete Anwendung der unkonventionellen, expansiven Geldpolitik in Form von Quantitative Easing (QE) und anderen Maßnahmen dazu beigetragen, dass Inhabern von Staatsanleihen negative Zinssätze über unterschiedlich lange Laufzeiten angeboten werden – eine geradezu beispiellose Erfahrung. Viele Beobachter sind der Meinung, dass der Effekt dazu dient, den Marktpreis von Staatsanleihen zu verzerren.

Im Jahr 2019 bot zeitweise keine einzige deutsche Staatsanleihe, auch nicht die langfristigsten Emissionen, einen positiven Ertrag. Nach Berücksichtigung der Inflation warten nun auch eine Vielzahl von Staatsanleihen westlicher Regierungen mit negativen Realzinsen auf. Die Erträge von indexgebundenen Anleihen, die vor Inflation schützen sollten, sind in den USA kaum positiv und in den meisten europäischen Ländern negativ.

Der Versuch, einen künftigen Ertragsstrom mit einem negativen Diskontsatz abzuzinsen, ist praktisch unmöglich, da er mathematisch gesehen unendlich ist. Der vorsichtige Anleger könnte daher durchaus überlegen, ob er die Erträge einer risikoarmen Unternehmensanleihe als Alternative zum traditionellen, aber risikofreien Zinssatz auf Grundlage einer möglicherweise verzerrten Staatsanleihenrendite verwenden sollte. Schon damals konnten einige Unternehmen wie Microsoft Geld von Investoren zu einem Zinssatz nahe null leihen. Dies zeigt nur die außergewöhnlichen Marktbedingungen, an die sich Anleger nun anzupassen haben.

Das oberste Prinzip muss ein Diskontsatz sein, der für Quality-Growth-Geschäfte, die der Anleger zu bewerten versucht, am relevantesten und angemessensten ist. Das bedeutet, dass die von Finanzanalysten weltweit zur Bewertung eines Unternehmens meistverwendete Kennzahl, die gewichteten durchschnittlichen Kapitalkosten, auch WACC genannt, abgelehnt wird. Dieser Bewertungsansatz wird in Business Schools unterrichtet, die nicht immer mit den Realitäten der Kapitalmärkte vertraut sind. Es stellt sich die Frage, ob es richtig ist, die erwartete Volatilität des Aktienkurses in die Berechnung des Diskontierungssatzes einzubeziehen. Das ist beim WACC so üblich, obwohl die Vorstellung von Volatilität als Risiko ein populärer Mythos ist. Dieser Standardansatz der wirtschaftlichen Ausbildung kompliziert das Thema unnötig, indem er nach mathematischer Präzision sucht.

Es ergibt wenig Sinn, dass der Quality-Growth-Investor diesen Ansatz verfolgt. Er muss pragmatischer sein und erkennen, dass sein Hauptziel darin besteht, die Wahrscheinlichkeit zu identifizieren, dass ein Unternehmen seinen Ertragsstrom langfristig aufrechterhalten kann. Sichtbarkeit und Konsistenz dieser Erträge sind wichtiger als die Volatilität des Aktienkurses.

Der gesunde Menschenverstand legt nahe, dass Quality-Growth-Unternehmen mit vorhersehbaren künftigen Gewinnen und leistungsstarken wettbewerbsfähigen »Schutzmauern« beziehungsweise »Wassergräben« einen niedrigeren Diskontsatz aufweisen sollten als Unternehmen, die keines von beiden besitzen. Je vorhersehbarer die Erträge sind, desto geringer ist die Aktienrisikoprämie, die zum risikofreien Zinssatz hinzuzurechnen ist, je nachdem, welcher Zinssatz gewählt wird.

Gleichzeitig ist es logisch, zu glauben, dass allein der angemessene risikofreie Zinssatz der Dauer der Vermögenswerte des Unternehmens entspricht. Quality-Growth-Unternehmen sind per Definition langfristige Vermögenswerte, weshalb auch solche Anleihen als risikofreier Maßstab zu verwenden sind. Warren Buffett nimmt etwa die 30-jährigen Erträge auf US-Treasury-Wertpapiere, ohne jegliche Aktienrisikoprämie, als Diskontsatz für die Bewertung seiner langfristigen Beteiligungen.[10]

Das A und O des WACC ist das Asset-Klassen-Risiko, das aktienspezifische Risiko, die Kapitalstruktur und der Steuersatz, den ich im Wesentlichen als Aktienrisikoprämie definieren werde. Die exakte Zahl, die als Aktienrisikoprämie zu verwenden ist, steht zur Diskussion. Sie kann nicht konstant bleiben und variiert von Unternehmenstyp zu Unternehmenstyp. Ist es zum Beispiel richtig, wie einige behaupten, dass ein Unternehmen, das viel Geld geliehen hat, einen niedrigeren Diskontsatz haben sollte, weil Zinszahlungen bei der Körperschaftsteuer absetzbar sind? Da eine Verschuldung über den Leverage-Effekt das Risiko erhöht, erscheint das jedem, der im Investmentgeschäft arbeitet und nicht nur theoretisiert, eine seltsame Schlussfolgerung zu sein. Warum sollte denn überhaupt das aktienspezifische Risiko als Funktion der Aktienkursvolatilität berechnet werden, wenn das tatsächliche Risiko doch darin besteht, dass ein Unternehmen nicht in der Lage ist, die erwarteten Cashflows zu generieren?

Ich glaube, dass ein Quality-Growth-Geschäft, das nach unseren Kriterien keine Nettoverschuldung hat und daher immun gegen breitere Zinsschwankungen ist, eine niedrigere Aktienrisikoprämie aufweisen sollte als Unternehmen mit schwachen Bilanzen. 2019 betrug der aggregierte Diskontierungssatz für die Bewertung

10 Charlie Munger sagt, er habe noch nie gesehen, wie sein Kollege Warren Buffett die Berechnung durchführt, da dieser keinen Taschenrechner besitze.

der Bestände in Portfolien rund 7,5 Prozent – ein Wert, der in den vergangenen Jahren gesunken ist, weil die Auswirkungen eines scheinbar dauerhaft niedrigen Wachstums und niedriger Zinssätze sowohl den risikofreien Zinssatz als auch die Aktienrisikoprämie reduziert haben. Nach dieser Logik ist es kein Wunder, dass es einen so langen Bullenmarkt gegeben hat und dass Quality-Growth-Unternehmen weiterhin so beeindruckend abgeschnitten haben. Hohe und langfristige künftige Erträge, die mit einem niedrigeren Zinssatz diskontiert werden, sind ein Rezept für den Erfolg am Aktienmarkt. Man kann ein gutes Argument dafür vorbringen, dass die richtige Aktienrisikoprämie für ein Quality-Growth-Geschäft unter den heutigen Bedingungen unter 5 Prozent liegen sollte.

Das Gesamtbild

Nachdem der Anleger seinen Diskontsatz festgelegt hat, bleibt noch zu entscheiden, ob ein Aktienwert günstig oder teuer ist. Im Prinzip ist es bei der Betrachtung eines Kaufs einfach: Nehmen Sie den Barwert des erwarteten künftigen Cashflows und vergleichen Sie diesen mit dem aktuellen Aktienkurs. Wenn der Barwert unter dem aktuellen Aktienkurs liegt, deutet das darauf hin, dass die Aktie günstig ist; wenn sie höher ist, kann sie teuer erscheinen. Die Herausforderung besteht dann darin, eine realistische Einschätzung der wahrscheinlichen Höhe und Dauer des künftigen Ertragswachstums vorzunehmen.

Gleichzeitig ist es wichtig, das KGV, zu dem die Aktie gehandelt wird, im Hinblick auf das makroökonomische Gesamtbild zu betrachten. Eine Schlüsselfrage wird die erwartete Entwicklung der Zinssätze sein, wie sie von führenden Zentralbanken und weltweiten Anleihenerträgen vorgegeben wird. Sollten Zinsen und Anleihenerträge steigen, ist mit Gegenwind für Aktienkurse zu rechnen. Auch das Gegenteil gilt: Steigende Zinsraten spiegeln sich tendenziell in niedrigeren KGVs wider und umgekehrt. Die Inflation ist einer der maßgeblichen Treiber für die Zinsenentwicklung.

Seit mehr als zehn Jahren verkürzt die Globalisierung die Lieferketten und erweitert den Einsatz von Just-in-time-Methoden in Produktion und Vertrieb. Das verstärkte den Trend dahingehend, dass sich die Preismacht vom Produzenten zum Verbraucher verlagert. In einem derartigen Umfeld ist es unwahrscheinlich, dass es zu einem allgemeinen Anstieg der Verbraucherpreise kommen wird, wie dies in den 1970er-Jahren häufig der Fall war. Für das durchschnittliche Unternehmen, das in einem wettbewerbsorientierten Markt tätig ist, lässt die verbraucherorientierte Preisgestaltung wenig Wahlmöglichkeit; man muss mit dem Strom schwimmen. Das künftige Ertragswachstum wird durch diese Unfähigkeit, Preise frei zu erhöhen, beeinträchtigt.

Das Auftreten der Covid-19-Pandemie hat den wirtschaftlichen Hintergrund der Welt verändert. Viele Beobachter vertreten heute die Auffassung, dass die vor einigen Jahren begonnene Globalisierung wieder rückgängig gemacht werden sollte. Sie weisen darauf hin, dass die Regierungen, angestachelt durch die Medien, aufgrund der explodierenden Staatsverschuldung und der Haushaltsdefizite den Privatsektor unter Druck gesetzt haben, um die negativen Auswirkungen einer wirtschaftlichen Kontraktion oder Depression zu vermeiden. Steigende Vermögenspreise auf den Finanz- und Immobilienmärkten haben auch das Argument gestärkt, dass die Investoren profitiert hätten, die Nicht-Investoren aber nicht. (Dieses Argument steht jedoch im Gegensatz zu der Tatsache, dass eine Vielzahl von Neueinsteigern von ihren Computern aus mit dem Handel an den Märkten begann, während sie Lockdown-bedingt zu Hause sein mussten). Da die Pandemie die Arbeitskräfte – oft gegen ihren Willen – von ihren Arbeitsplätzen fernhielt, erlebte die Wirtschaftstätigkeit eine drastische Umkehrung des moderaten, aber beständigen Wachstums der letzten zehn Jahre.

Der massive Anstieg der Staatsverschuldung wird für den privaten Sektor, aber auch für die einzelnen Verbraucher einen hohen Preis zur Folge haben. Die harte Hand der Regierungen und der Medien hat eine Reihe von wichtigen makroökonomischen Folgen gezeitigt. Die wichtigste ist die Inflation der Verbraucherpreise, die in erster Linie auf Einschränkungen in den Lieferketten zurückzuführen ist. Aber das ist noch nicht alles. Potenziell arbeitslose Arbeitnehmer haben ihre Einstellung zur Arbeit infolge der Pandemie geändert. Es werden zahlreiche Gründe angeführt, sowohl berechtigte als auch weniger berechtigte, weshalb Arbeitnehmer nicht bereit, nicht in der Lage oder nicht willens sind, in den Arbeitsmarkt zurückzukehren. Dies ist insbesondere in den USA der Fall.

Vor der Pandemie waren die älteren Arbeitnehmer, die in den Vorruhestand gingen, noch auf ihrem Posten. Heute haben dieselben Arbeitnehmer die Freuden des Daheimbleibens von der Arbeit kennengelernt. Dies hat sie (und andere Teile der Erwerbsbevölkerung) dazu veranlasst, sich aus der so genannten Erwerbsbeteiligung zurückzuziehen, insbesondere im Bereich der manuellen oder ungelernten Arbeit. In dem Maße, wie die Erwerbsquote in den USA zurückgeht, sinken auch die Arbeitslosenquoten. Diese Verbesserung der Arbeitslosenquote ist jedoch künstlich. Die Löhne werden durch das Ungleichgewicht zwischen dem Angebot an und der Nachfrage nach Arbeitskräften in die Höhe getrieben.

Alle Augen richten sich heute auf die Gefahr einer außer Kontrolle geratenen Lohn-Preis-Spirale. Wenn die Erwerbsquote niedrig bleibt und die Verbraucherpreise weiter steigen, wird sich dies negativ auf die Produktivität der Unternehmen auswirken. Wenn jedoch der Nachholbedarf an Investitionen gedeckt wird, kann dies zu einer Steigerung der Produktivität und einer Senkung der Lohnstückkosten führen. Unter diesen Bedingungen wäre die Verbraucherinflation in der Lage, ihren jüngsten Anstieg umzukehren und auf ein normales Niveau, wie vor der Pandemie zurückzugehen.

Anders verhält es sich im Bereich der Quality-Growth-Unternehmen, deren Marktposition es ihnen ermöglicht, Preise festzulegen. Wo auf künftige Erträge zurückgegriffen werden kann, vergleicht der Investor gerne den heutigen Aktienkurs mit dem Barwert seiner Ertragserwartungen in fünf Jahren oder darüber hinaus. Diese Übung wäre bei der Beurteilung der Prognosen von Automobilherstellern, Ölförderunternehmen oder Banken nutzlos, weil diese konjunktur- und rohstoffpreisabhängig sind. Ihre Erträge können nicht mit ausreichender Sicherheit vorhergesagt werden, um den Vergleich aussagekräftig zu machen.

Bei der Beurteilung, ob das Price-Earning-(P/E-)Verhältnis eines Quality-Growth-Unternehmens billig oder teuer ist, sollte dieses entscheidende Unterscheidungsmerkmal (die Vorhersagbarkeit, die soeben erwähnt wurde) an erster Stelle stehen. Gute Qualität und stabile Unternehmen werden manchmal als »Wachstumsanleihen« bezeichnet, was unpräzise ist, aber ein Körnchen Wahrheit enthält. Wenn die Erträge von Staatsanleihen niedriger sind als die Ertragsrenditen einer Aktie, sind Aktien eine relevante Investitionsmöglichkeit und umgekehrt, wenn alle anderen Faktoren gleichbleiben.

Andere Faktoren bleiben nicht immer gleich. In Zeiten der Inflation neigen Zinsen und Anleihenerträge dazu, tendenziell zu steigen. Wenn Desinflation oder völlige Deflation einsetzt, sinken die Zinsen und Erträge. Sobald die Erträge eines Quality-Growth-Unternehmens über jenen langfristiger Staatsanleihen liegen, sendet der Markt ein Signal, sodass der deflationäre Sog der Gesamtwirtschaft alle Unternehmen, ob verschuldet oder nicht, beeinträchtigen dürfte.

Es ist daher wichtig, die Attraktivität eines KGVs in Hinblick auf die vorherrschenden wirtschaftlichen Faktoren zu bewerten. In den zurückliegenden Jahren wurden Quality-Growth-Geschäfte im historischen Vergleich mit hohen KGVs gehandelt, aber die impliziten Erträge lagen immer noch deutlich über den vergleichbaren Erträgen von Anleihen. In einer Welt mit geringer Inflation und niedrigem Wachstum ist es nicht verwunderlich, dass »Wachstumsanleihen« hohe Ratings erhalten und viel höhere Erträge erzielen als viele andere Aktienarten. Aber auch in der Welt höherer Inflation und der Covid-Pandemie von heute, werden die Gewinnraten von Quality-Growth-Unternehmen über den Renditen von Staatsanleihen liegen, die extrem niedrig geblieben sind und damit viele Beobachter und Investoren überrascht haben.

Ein Vergleich mit historischen KGVs von Unternehmen wird auch erforderlich sein, um festzustellen, ob Börsen ein zu kräftiges Kurswachstum derzeit gehandelter Aktien erwarten. Das Verhältnis der P/E-Zahl zur erwarteten Ertragssteigerung ist eine Kennzahl, der einige Investoren folgen. Vor allem britische Investoren scheinen diese Messgröße, bekannt als PEG (oder P/E-to-Growth

Ratio), zu mögen. Wenn das Verhältnis unter 1,0 liegt, wird es als positives Zeichen angesehen.

Eine genauere Analyse von Quality-Growth-Unternehmen wird weitere Elemente aufdecken, die ihre scheinbar hohen KGVs rechtfertigen. Überdurchschnittliche Renditen auf das investierte Kapital sowie die darauf beruhenden zusätzlichen Erträge, die zur Finanzierung eines überdurchschnittlichen Gewinnwachstums mehr als ausreichen, sind von wesentlicher Bedeutung. Eine niedrige Ausschüttungsquote ist ein weiteres beruhigendes Signal. Während niedrige Ausschüttungsquoten darauf hindeuten, dass das Unternehmen seine überschüssigen Cashflows auf produktive Weise reinvestiert, um die Rendite aus diesen Investitionen zu steigern, werden kurzfristig orientierte Value-Investoren davon weniger angetan sein, wenn sie nach hohen Ausschüttungsquoten und Dividendenrenditen Ausschau halten. Der Zeithorizont des Anlegers unterscheidet diese beiden Lager bzw. Anlagestile. Es gibt jedoch noch weitere Merkmale, die hochwertige Wachstumsunternehmen auszeichnen.

Das P/E-Verhältnis allein sagt jedoch fast nichts Konkretes aus. Das Verhältnis zwischen Gewinn und Preisen kann sich deutlich ändern. Die Erfahrung zeigt: Wenn sich die KGVs an die Spitze ihrer Bandbreite bewegen, werden die Gewinnschätzungen oft nach oben korrigiert. Damit sinken die KGVs, und Aktienkäufe nehmen zu. Umgekehrt führen bei fallenden Märkten Abwärtsrevisionen der Erträge zu einem Anstieg der KGVs und zu Verkäufen. Wie bereits erwähnt, sollten Erträge immer mit jenen anderer, in der Regel risikofreier Vermögenswerte sowie mit ihrer eigenen Historie verglichen werden.

Das Maß für risikofreie Anlagen

Der kluge Investor wird sich genauer mit der Art der Anlage befassen wollen, die normalerweise als risikofrei angesehen wird. Wir haben gesehen, dass eine Staatsanleihe mit einer Laufzeit von zehn Jahren sehr häufig als Maßstab verwendet wird. Obwohl es bei Weitem nicht unmöglich ist, so ist es doch unwahrscheinlich, dass die Regierungen entwickelter westlicher Volkswirtschaften in naher Zukunft ausfallen werden. Das zurückliegende Jahrzehnt hat gezeigt, dass westliche Zentralbanken immer Geld beschaffen werden, um einen geordneten Sekundärmarkt zu gewährleisten, in dem die Regierungen Anleihen ausgeben können. Es ist jedoch keineswegs unmöglich, dass die Anleihengläubiger ganz oder teilweise einen dauerhaften Kapitalverlust erleiden, wenn sie in eine westliche oder andere Staatsanleihe investieren.

Unter normalen Bedingungen sollten die KGVs von Quality-Growth-Unternehmen höher sein als jene von Staatsanleihen. Im aktuellen Umfeld niedriger oder sogar negativer Anleihenerträge sind festverzinsliche Anlagen noch teurer als sonst, und es ist daher zu erwarten, dass auch Quality-Growth-Aktien höher bewertet werden. Die KGVs für diese Art von Aktien mögen aktuell höher sein als in der Vergangenheit, dies ist jedoch durch das Marktumfeld gerechtfertigt.

Der Quality-Growth-Investor sollte die allgemeine Beziehung zwischen Aktien- und festverzinslichen Anlagen nie außer Acht lassen. Die Erträge der Anleihen repräsentieren den Geldpreis und sind ein dominanter Faktor bei der Gestaltung der Bewertungen von Aktien. Während die Anleihenkurse insgesamt nicht auf die Aktienkurse reagieren, ist das Gegenteil nicht der Fall. Die Aktienkurse sind das Spiegelbild der Anleihenkurse. Während Anleihen ohne Aktien existieren könnten, sind Aktienkurse vom Anleihenmarkt abhängig.

Das bedeutet, dass es sich Investoren in Quality-Growth-Unternehmen nicht leisten können, den Rentenmarkt zu ignorieren. Es ist ein nützliches Thermometer, an dem der Wert eines Quality-Growth-Unternehmens gemessen werden kann. Wenn die Anleihenpreise hoch sind, aber ein Portfolio von Quality-Growth-Unternehmen dennoch mit einem niedrigen KGV gehandelt wird, ist dies eine Warnung, dass eine signifikante Veränderung bevorsteht. Wenn die Anleihenkurse einbrechen und der daraus resultierende Renditeanstieg die Aktienkurse verteuert, kann der Anleger logischerweise mit einem Anstieg des Aktienrisikos rechnen.

Abschließend sei gesagt, dass es für den Quality-Growth-Investor wichtig ist, über das Mainstream-Denken bei Bewertungen hinauszugehen. Aktuell, nach mehr als zehn Jahren eines weitgehend ununterbrochenen Bullenmarktes, werden Orakelrufe laut, wie sie es auch zumindest seit mehr als zwei Jahren getan haben, dass eine weitere finanzielle Katastrophe bevorstehe. Hauptargument der warnenden Stimmen ist, dass die Aktienmärkte zu teuer sind oder eine Aktienblase bevorstehe. (Eine Blase wird von manchen als versäumte Investmentgelegenheit in jeder Asset-Klasse beschrieben, besonders von Investoren, die den Markt falsch eingeschätzt haben.)

Weil die Kurse sich langfristig so gut entwickelt haben, sei die Gefahr eines baldigen Absturzes immanent. Eine genauere Analyse der Fakten zu Quality-Growth-Unternehmen könnte durchaus zu einer anderen Schlussfolgerung führen.

Auf den Punkt gebracht!

Die detaillierte Analyse von Kandidaten für ein Quality-Growth-Portfolio benötigt eine präzise Vorausschätzung der Erträge, die mit einem angemessenen Zinssatz abgezinst werden, um den Barwert dieser künftigen Erträge zu ermitteln. Sowohl die Bewertung als auch der verwendete Diskontierungssatz müssen vor dem Hintergrund breiterer Marktbedingungen sowie der Aussichten auf Inflation, Zinsen und Wirtschaftswachstum bewertet werden. Nachfolgend ein Beispiel für die Art der Analyse, die der Quality-Growth-Investor wahrscheinlich anstellen wird. Dieses Beispiel ist fiktiv, aber es ähnelt der Art von Unternehmen, die unser Investmentuniversum ausmachen. Beachten Sie, dass der hier verwendete Diskontierungssatz 7,5 Prozent beträgt.

ompany X	
urrent Price	28.4
rice target	29
Jp/downside (+/-)	2%
Market cap	2,480
iscal year end	December
nalyst	X
Jpdated on	28-Jun-19

Firma X – ein imaginäres Beispiel

SEILERN INVESTMENT MANAGEMENT LTD.

	DCF	Hist PE	Hist EV/EBIT	Hist EV/EBITDA	Hist EV/Sales	Forward PE	Implied EV/EBIT	SOTP	Comps fwd PE	Comps fwd EV/EBIT
	31					27				
Used (yes/no)	Y	N	N	N	N	Y	N	N	N	N

&L	2014	2015	2016	2017	2018	2019e	2020e	2021e	2022e	2023e	2024e	CAGR5yrh	CAGR5yrf
evenues	100	102	114	132	158	178	200	225	249	273	297	12.2%	10.8%
ross profits													
BITDA	57	58	65	75	82	106	121	137	153	169	185	13.0%	11.8%
BIT	54	54	61	70	77	101	115	131	147	163	178	13.2%	12.0%
BT	54	53	60	69	76	100	115	130	146	162	177	13.2%	12.1%
nderl.net profits	38	41	44	52	72	81	95	108	121	134	147	16.3%	12.5%
ecurring EPS	0.38	0.42	0.47	0.57	0.81	0.93	1.11	1.28	1.46	1.64	1.82	19.4%	14.3%
ividend	0.05	0.07	0.07	0.07	0.10	0.13	0.14	0.16	0.18	0.21	0.23	22.1%	11.1%

S & CF	2014	2015	2016	2017	2018	2019e	2020e	2021e	2022e	2023e	2024e	AVG5yrh	AVG5yrf
et debt(-)/cash(+)	46	31	29	21	17	16	17	18	20	23	26	29	19
et debt / Equity	72%	57%	56%	43%	33%	22%	20%	18%	16%	16%	14%	52%	18%
et debt/EBITDA(x)	0.8	0.5	0.4	0.3	0.2	0.1	0.1	0.1	0.1	0.1	0.1	0.5	0.1
et debt / FCF (x)	1.6	0.9	0.8	0.4	0.4	0.2	0.1	0.1	0.1	0.1	0.2	0.8	0.1
ash conversion	85%	95%	100%	107%	84%	116%	115%	114%	114%	114%	113%	94%	114%

atios	2014	2015	2016	2017	2018	2019e	2020e	2021e	2022e	2023e	2024e	AVG5yrh	AVG5yrf
ross margin													
BITDA margin	57.5%	56.3%	56.9%	56.5%	51.8%	59.6%	60.4%	61.1%	61.5%	61.9%	62.2%	55.8%	60.9%
BIT margin	54.1%	52.5%	53.5%	53.0%	48.7%	56.7%	57.6%	58.4%	59.0%	59.5%	59.9%	52.4%	58.2%
nderl.Profitmarg.	38.3%	40.4%	38.5%	39.3%	45.4%	45.8%	47.4%	48.1%	48.6%	49.1%	49.4%	40.4%	47.8%
/CR / Sales	7.3%	6.3%	7.5%	8.3%	11.6%	12.4%	12.7%	13.0%	13.3%	13.6%	13.9%	8.2%	13.0%
apex / Sales	3.5%	3.5%	3.5%	3.4%	3.4%	3.5%	3.5%	3.5%	3.5%	3.5%	3.5%	3.5%	3.5%
OIC	45.3%	44.7%	41.5%	45.3%	60.0%	66.1%	73.7%	74.4%	73.9%	72.8%	70.9%	47.4%	72.2%

rowth rates (yoy %)	2014	2015	2016	2017	2018	2019e	2020e	2021e	2022e	2023e	2024e	AVG5yrh	AVG5yrf
ales	13.6%	2.4%	11.5%	16.0%	19.6%	12.1%	12.9%	12.1%	10.9%	9.7%	8.6%	13%	12%
BIT	13.4%	-0.5%	13.5%	14.9%	10.0%	30.5%	14.7%	13.6%	12.0%	10.6%	9.3%	10%	16%
nderlying EPS	20.6%	7.9%	6.2%	18.4%	38.5%	13.1%	16.9%	13.7%	12.1%	10.7%	9.3%	18%	13%

aluation	2014	2015	2016	2017	2018	2019e	2020e	2021e	2022e	2023e	2024e	AVG5yrh	AVG5yrf
hare Price	9.6	11.0	10.5	13.2	20.2	28.4	29.3	29.7	30.1	30.5	30.8		
umber o. shares	100	97	94	92	89	87.4	86	84	83	82	81		
E Forward (x)	25.1	25.9	22.6	23.3	25.1	30.5	26.4	23.2	20.6	18.6	16.9	24.4	23.9
V/EBITDA (x)	17.6	19.6	18.0	22.5	25.1	27.7	23.7	20.6	18.1	16.1	14.6	20.6	21.2
V/EBIT (x)	18.7	21.1	19.1	24.0	26.7	29.1	24.8	21.5	18.9	16.8	15.2	21.9	22.2
CF yield	3.1%	3.4%	3.7%	3.2%	2.9%	3.2%	3.8%	4.3%	4.9%	5.5%	5.3%	3.2%	4.4%
ividend yield	0.5%	0.7%	0.7%	0.6%	0.5%	0.5%	0.6%	0.6%	0.7%	0.8%	0.9%	0.6%	0.7%

isk free rate	3.5%
eta	1.00
iscount Rate	7.5%
erminal Growth Rate	2.5%
orward PE	25.8
ear Forward PE	2023
plied EV EBIT	
ear Implied EV EBIT	

Quelle: Seilern Investment Management

Fünf attraktive Wachstumstitel von hoher Qualität

Damit eine Aktie in ein exklusives Quality-Growth-Portfolio aufgenommen werden kann, muss sie alle unsere goldenen Regeln erfüllen. Anhand von fünf Unternehmen, die diesen strengen Test Mitte 2021 bestanden haben, erkläre ich deren Qualifikationskriterien. Das erste Diagramm zeigt, wie sich diese fünf Titel seit 2006, über die Baisse 2007/09 hinaus, insgesamt entwickelt haben.

Performance der ausgewählten Aktien vs. MSCI World Total Return Index

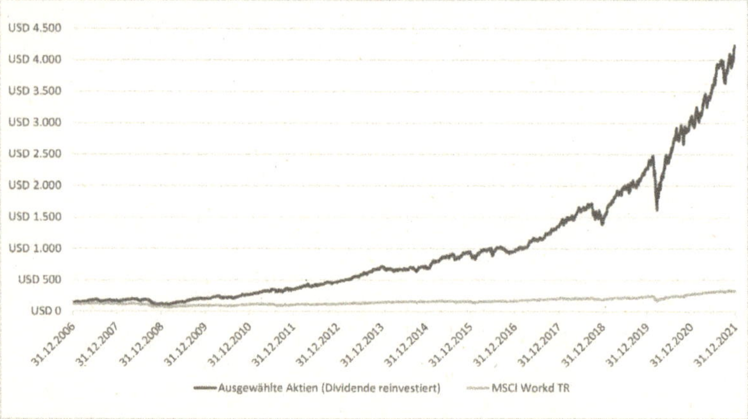

Quelle: Seilern Investment Management, Bloomberg

Rightmove

Einige Branchen, die starke Netzwerkeffekte aufweisen, können dazu führen, dass der Branchenwert nur einer Handvoll Unternehmen zugutekommt. Eine dieser Branchen ist die Online-Immobilienwerbung. Einzelne Unternehmen haben sich als De-facto-Heimat von Online-Immobilienanzeigen etabliert, eine Auszeichnung, die den aktiven Austausch (Traffic) auf ihre Plattform bringt und diese für Immobilienwerber attraktiver macht und ihren Wettbewerbsvorteil weiter festigt. Die Immobilienplattform Rightmove (UK), ursprünglich von Immobilienmaklern ins Leben gerufen und anschließend ausgegliedert, hat eine Datenbank mit Immobilien aufgebaut, die oft als erste Anlaufstelle beim Immobilienkauf dient. Trotz zahlreicher Versuche seitens der Konkurrenz, diesem Geschäft das Wasser abzugraben, ist der Marktanteil von Rightmove hoch und stabil geblieben. Das Unternehmen verfügt über eine hervorragende Preismacht und hat seit der Börseneinführung seine Gebühren nie gesenkt. Die Einnahmen decken locker die Ausgaben für Wartung und Aktualisierung der Plattformen ab. Der Löwenanteil der Einnahmen bildet die Grundlage hoher Erträge auf das investierte Kapital – ein Markenzeichen für ein Quality-Growth-Geschäft.

Rightmove (Gesamterträge)

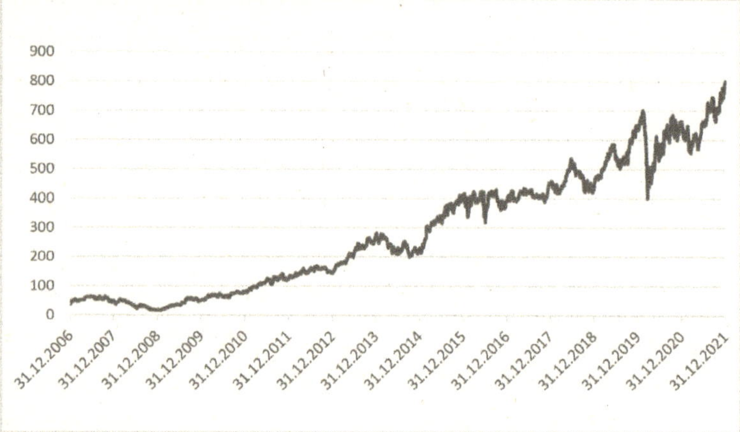

Quelle: Bloomberg

Mastercard

Starke Wachstumstrends bestimmen oft die Stärke von Quality-Growth-Unternehmen. Mastercard hat von einem solchen Trend bei der Umstellung auf den elektronischen Zahlungsverkehr profitiert. Da 80 Prozent der globalen Verbrauchertransaktionen noch in bar abgewickelt werden, kann diese Verschiebung auch in den kommenden Jahren ein überdurchschnittliches Branchenwachstum bewirken. Mit über 2,5 Milliarden Karten, die 2018 ausgegeben wurden, hat Mastercard eine solche Größenordnung erreicht, dass Händler verpflichtet sind, ihre berühmten gelben und roten Discs (sowie Visa) anzunehmen, wenn sie elektronische Zahlungen akzeptieren wollen. Die Netzwerkeffekte, die eine solche Marktposition bietet, schaffen eine erhebliche Eintrittsbarriere, sodass die meisten der neuen Fintech-Unternehmen, die man als Bedrohung für diese etablierten Giganten sehen könnte, tatsächlich mit ihnen zusammenarbeiten. Mastercard und Visa besitzen genau die Gleise, auf denen die Züge des internationalen Zahlungsverkehrs unterwegs sind. Da dieser Service sowohl für ihre Händler als auch für Bankkunden unerlässlich ist und für einen Bruchteil der gesamten Transaktionskosten bereitgestellt wird, können sie jährliche Preiserhöhungen durchsetzen. Sie tun all dies auf Grundlage eines Asset-Light-Geschäftsmodells. Das bedeutet, dass sie beeindruckende Erträge auf das investierte Kapital erzielen und seit 20 Jahren eine Bilanz mit Nettoliquidität aufweisen. Dies ist besonders wichtig, da eine starke Bilanz ein bestimmendes Merkmal jener Investitionen ist, die sich – um ein weiteres Mal das Gleichnis von der Schildkröte und dem Hasen heranzuziehen – eher wie die Schildkröte verhalten, also gerne ihre eigenen Erträge nutzen, um im Laufe der Zeit sicher in das Geschäft reinvestieren zu können, und nicht das Risiko einer Verschuldung wie der Hase eingehen.

Mastercard (Gesamterträge)

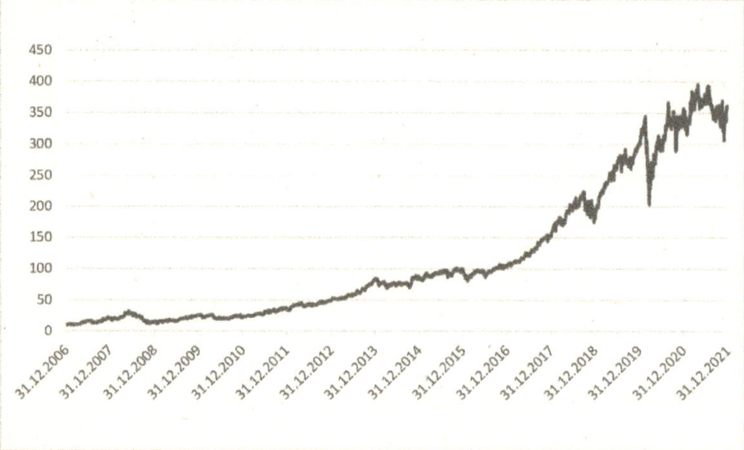

Quelle: Bloomberg

Estée Lauder

Estée Lauder ist weltweit führender Player in der Prestige-Beauty-Branche, die historisch von starken sozialen und demografischen Entwicklungen profitiert. Daraus ergeben sich eine Reihe von Vorteilen, die uns überzeugen. In erster Linie ist es eine wachsende Branche, wodurch die richtigen Voraussetzungen für das Wachstum des Unternehmens geschaffen werden. Die Branche profitiert vor allem von der wachsenden asiatischen Mittelschicht und von Generationen selbstbewusster werdender Frauen, die deutlich mehr Make-up verwenden. Darüber hinaus kann Estée Lauder die Kraft seiner Prestigemarken nutzen, um die Preise jedes Jahr stetig zu erhöhen, was den perfekten Rahmen für Wachstum bietet. Des Weiteren hat Estée Lauder ein sehr schlankes und flexibles Geschäftsmodell entwickelt. Durch alle in seinem Netzwerk gesammelten Daten entstand ein Algorithmus, der bestimmt, welche Regionen, Segmente oder Vertriebskanäle ein größeres Wachstumspotenzial bieten. Auf der Grundlage dieses Tools hat Estée Lauder ein Plug-and-Play-Modell entwickelt, mit dem es kleine Unternehmen erwirbt, die von jedem Rückenwind profitieren, und diese in sein breites, global aufgestelltes Vertriebsnetz integriert. Attraktive Ergänzungsakquisitionen tragen somit zu einem weiterhin gesunden organischen Wachstum bei. Für jedes echte Quality-Growth-Unternehmen ist es von größter Bedeutung, dass dieses Wachstum nachhaltig ist. Im Falle von Estée Lauder stellen die Stärke seines breiten Markenportfolios, die globale Präsenz und das flexible Geschäftsmodell einen starken und nachhaltigen Wettbewerbsvorteil dar. Damit ist sichergestellt, dass Estée Lauder auch in den kommenden Jahren von diesem Wachstum profitieren wird.

Estée Lauder (Gesamterträge)

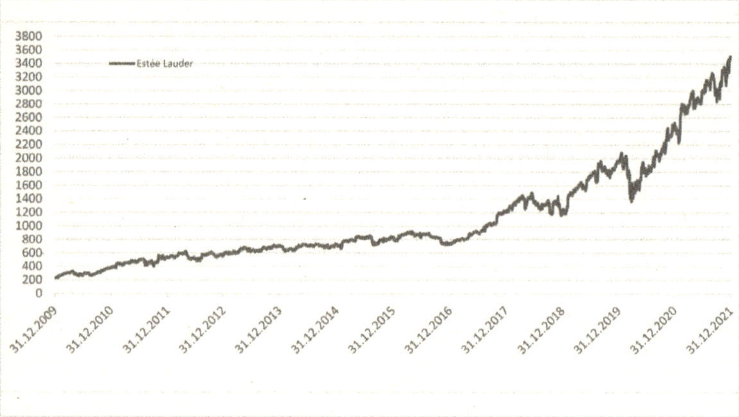

Quelle: Bloomberg

Dassault Systèmes

Dassault Systèmes ist der weltweit führende Anbieter von Computer-Aided-Design- (CAD-) und Product-Lifecycle-Management-Software für Produktionsunternehmen. Dassault ist in einer wachsenden Branche tätig, die von einem starken Trend profitiert, nämlich der Digitalisierung von Unternehmensprozessen. Erst diese Software ermöglicht geschäftskritische Prozesse, da der Kundenkreis der Ingenieure ohne sie ihre täglichen Aufgaben nicht erfüllen könnte, zum Beispiel die Entwicklung komplexer Produkte wie Flugzeuge und Autos. Diese Software macht auch einen sehr kleinen Teil der Gesamtkosten ihrer Kunden – zum Beispiel Boeing – aus, deren Entwürfe es ihnen ermöglichen, diese exklusiven Produkte zu entwickeln. Die Software von Dassault ist tief in den Betriebssystemen seiner Kunden verwurzelt und verfügt über ein hohes Maß an langfristiger Preisgestaltung. Dies ist wichtig, da es dem Unternehmen so möglich ist, seinen Gewinn sowohl unter inflationären als auch unter deflationären Rahmenbedingungen zu verteidigen. Darüber hinaus wird die Software von Dassault hauptsächlich als unbefristete Lizenz verkauft, was zu einem hohen Anteil an wiederkehrenden Umsätzen führt. Dies hat es dem Unternehmen ermöglicht, in langfristige Wachstumschancen zu investieren, unabhängig von schwierigen makroökonomischen Rahmenbedingungen. Dassault ist ein hochprofitables Unternehmen, das seit seinem Börsengang 1996 eine Netto-Cash-Position in der Bilanz hält und damit eine überzeugende Investment-Story darstellt.

Dassault Systèmes (Gesamterträge)

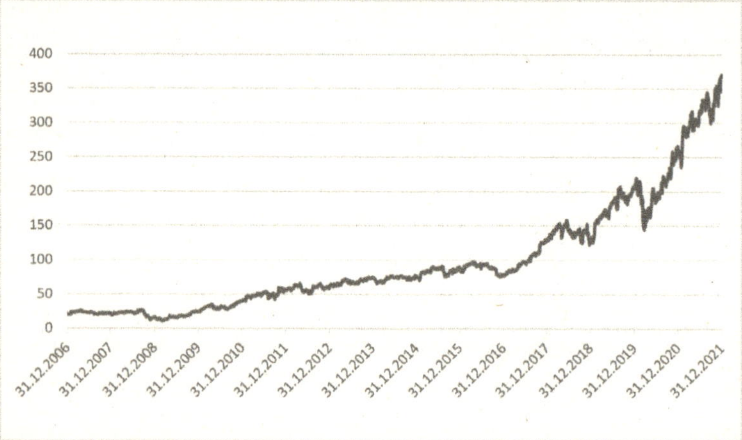

Quelle: Bloomberg

West Pharmaceutical Services

West Pharmaceutical Services bietet aufgrund seiner führenden Marktposition in einer Branche mit klaren strukturellen Wachstumstreibern langfristig eine attraktive Investitionsmöglichkeit. West ist weltweit in der Verpackung injizierbarer Arzneimittel tätig. Es ist der führende Hersteller von relevanten kostengünstigen Komponenten wie Gummistopfen und Dichtungen für Liefergefäße wie Fläschchen und Spritzen. Die wichtigsten Wachstumstreiber der Branche sind die global steigende Prävalenz von chronischen und Autoimmunerkrankungen, der technologische Fortschritt bei Biologika und Fertigspritzen, eine alternde Bevölkerung und die steigende Nachfrage nach zu Hause selbst verabreichten Medikamenten. Bei Investitionen in diese Branche ist es daher wichtig, nach Unternehmen zu suchen, die einen Teil der Lösung repräsentieren. Dies bedeutet, Firmen zu finden, die helfen, die Kosten des Gesundheitswesens zu senken, oder solche, die kostengünstige, aber geschäftskritische Produkte anbieten. West ist ein solches Unternehmen. Seine wichtigste dauerhafte Wettbewerbsbarriere besteht darin, dass seine Produkte im Rahmen der regulierten, definitiv genehmigten Verabreichungsmethode eines Medikaments eingereicht werden. Das bedeutet, dass ein Lieferantenwechsel aus Sicht eines Pharmaunternehmens kostspielig, schwerfällig und in der Regel nicht wirtschaftlich ist. Dies führt im Wesentlichen zu sehr langfristigen Einkommensströmen, die bis zu 30 Jahre Bestand haben. Die Unverzichtbarkeit der Produkte von West gibt dem Unternehmen die Möglichkeit, seine Preise auch in Zeiten extremen Branchendrucks zu verteidigen. Es ist somit ein Unternehmen, das hervorragend positioniert ist, um von den positiven Trends im Gesundheitswesen zu profitieren und gleichzeitig vor dem weiterhin auftretenden negativen Preis- und Patentdruck geschützt zu sein.

West Pharmaceutical Services (Gesamterträge)

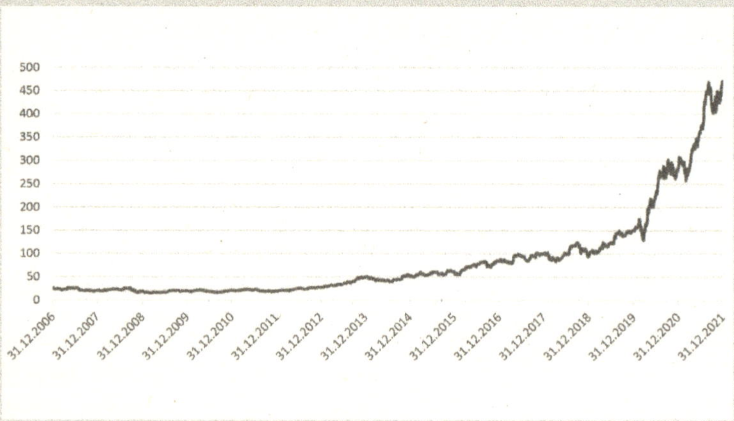

Quelle: Bloomberg

TEIL III

WANN UND WO

KAPITEL 6

QUALITY GROWTH UNTER DER LUPE

Bei Investitionen ist es wie in vielen Branchen so, dass es kein Naturgesetz gibt, das nur eine Form der Asset Allocation ermöglicht. Der Quality-Growth-Investor wird sowohl durch sein Temperament als auch durch Erfahrung überzeugt sein, dass sein Ansatz eine überlegene Kombination aus Risiko und Ertrag darstellt und für jeden passt, der bereit ist, ihn anzunehmen. Was sind die Vorzüge und Risiken anderer Ansätze, von denen viele mitunter sogar beliebter sind?

Die Dividenden-Fata-Morgana

Seit der globalen Finanzkrise, in der die Zinsen auf ihr niedrigstes Niveau seit langer Zeit gefallen sind, ist die Suche nach Einkommen oder Erträgen der bestimmende Faktor im Anlegerverhalten geworden. Im Falle von Pensionsfonds und Versicherungsgesellschaften ist dies eine Anforderung ihrer Branchenaufsichtsbehörden. Doch Quality-Growth-Investoren betrachten Dividenden mit Misstrauen. Der Grund dafür ist, dass die Erträge auf das eingesetzte Kapital, die als Dividende ausgeschüttet werden, endgültig wegfallen. Das an die Aktionäre ausgezahlte Geld kann vom Unternehmen nicht mehr reinvestiert werden, um neue Erträge zu erzielen. Wie wir gesehen haben, ist der Zinseszinseffekt der Reinvestition von Cashflows mit hohen Erträgen ein starker Faktor für die befriedigenden Ergebnisse von Quality-Growth-Investitionen.

Auch die Dividendenrenditen können irreführend sein. In den Jahren 2013 und 2014 übertrafen die Energieversorger den Aktienindex deutlich um 12 Prozent. Dies führte zu einer Ausweitung des P/E-Verhältnisses der Versorger, was auf ein grundlegendes Re-Rating ihres Geschäftspotenzials hindeutet. In Wirklichkeit war die Verschiebung jedoch nur das Ergebnis massiver Zuflüsse aus dividendensuchenden Fonds im neuen Niedrigzinsumfeld. Die Versorger selbst waren als Unternehmen nicht besser oder schlechter als zuvor. Und sie bleiben anfällig für jede Veränderung der Zinssätze, gleich ob nach oben oder unten.

Anleger sind oft von der oberflächlichen Anziehungskraft hoher Dividendenerträge geblendet. Befürworter von dividendenzahlenden Aktien verweisen auf die Steuervorteile für Anleger, da Dividendenerträge oft geringer besteuert werden als andere Anlageformen. Aber für den Quality-Growth-Investor mit unbegrenztem Zeithorizont sollten steuerliche Aspekte in den Hintergrund treten. Für solche Investoren kann der »Steuerschwanz nicht mit dem Investitionshund wedeln«.

Wenn ein Unternehmen feststellt, dass es keine angemessenen Kapitalerträge erzielen kann, versucht es oft, seine Aktionäre durch Erhöhung der Dividende oder Rückkauf eigener Aktien zufriedenzustellen. Einige Unternehmen emittieren Anleihen mit dem alleinigen Ziel, Dividenden zu zahlen, oft mit dem Argument, dass Geld billig ist und jetzt ein idealer Zeitpunkt sei, solche Schulden aufzunehmen. Viele Aktionäre sind von dieser Fiktion geradezu besessen. Am Ende müssen sie jedoch einen Preis für diese »Fata Morgana« zahlen, entweder durch langsame Erosion ihrer Erträge oder durch erhöhte Schuldenkosten in nominaler oder realer Form.

Für den Quality-Growth-Investor sollten Dividenden erst dann ausgeschüttet werden, wenn alle anderen Mittel zur Erzielung eines durchschnittlichen Ertragswachstums in den nächsten fünf bis zehn Jahren ausgeschöpft sind. Steigt die Ausschüttungsquote eines Unternehmens, kann das ein frühes Zeichen für ein beginnendes Ende des Wachstums sein, eine Situation, in der sich das Wachstum verlangsamt und schließlich verschwindet. Als »Discountmaschine« wird die Börse diese Entwicklung lange vorhergesehen haben, bevor einzelne Investoren die Entwicklung erkennen. Das P/E wird höchstwahrscheinlich gefallen sein, um die bevorstehende Verlangsamung der Ertragskraft des Unternehmens zu reflektieren. Der niedrige Kurs und die hohen Dividendenerträge sehen sehr attraktiv aus, in Wirklichkeit ist die Aktie jedoch zu einer Wertfalle, einem Value Trap, geworden.

Noch schlimmer ist es, wenn ein Unternehmen Dividenden durch eine Bezugsrechtsemission finanziert und die Aktionäre mit Geld versorgt, um weitere Einkommenszahlungen an sie zu unterstützen. Ein Aktionär muss nicht nur Kapital finden, um sich selbst eine Dividende zu zahlen und Geld von einer Tasche in die andere zu transferieren, sondern die neuen Aktien werden auch den Wert des aktuellen Gewinns pro Aktie verwässern. Aktien aus dieser Art von Kapitalerhöhung werden in der Regel mit einem attraktiven Abschlag auf den bestehenden Marktanteilspreis ausgegeben, was den Wert der Aktiengesamtheit übermäßig belastet.

Modeerscheinungen

Bei der Investition in Quality Growth geht es darum, langfristige Gewinner zu finden, die in der Lage sind, über einen längeren Zeitraum hohe Erträge zu erzielen. In der Praxis geht es auch darum, sowohl Branchen als auch Unternehmen mit einem schlechteren Risiko- und Ertragsprofil zu vermeiden. Manchmal sind die Märkte von einem neuen wirtschaftlichen oder sozialen Trend begeistert, gelegentlich auch besessen. Ein Paradebeispiel ist die Art und Weise, wie E-Commerce die etablierten Geschäftsmodelle vieler Verbrauchermarken abgelöst hat. Internetbasierte Plattformen sind ein schneller, einfacher und oft kostengünstiger Weg, den Verbraucher zu erreichen.

Innovationen wie das Mobiltelefon oder Roboter können in vielen Branchen und Lebensbereichen disruptive Veränderungen auslösen. Auf den ersten Blick scheinen Unternehmen, die diese innovativen Trends sehen und davon profitieren, alle Komponenten einer Quality-Growth-Aktie zu erfüllen. Doch mit der Zeit und wenn immer mehr Produzenten auf den Zug aufspringen, wird das Unternehmen die entscheidenden Attribute Preismacht und organisches Wachstum verlieren. Bahnbrechende neue Ideen werden bald zu Waren wie viele andere.

Ein klarer Trend ist heute die Überalterung der Gesellschaft, mit steigender Nachfrage etwa nach Pflegeheimen oder Zahnersatz. Ein weiterer Faktor ist Fettleibigkeit mit ihren Folgen wie Hüft- und Kniegelenkabnützungen und Diabetes, die entsprechende Behandlungen notwendig machen. Weitere hochaktuelle Trends sind bargeldloses Zahlen, Online-Shopping und Robotik. Die erfolgreichsten Unternehmen werden Trends antizipieren, bevor diese zum Alltag werden. First Mover haben die Möglichkeit, ihr Unternehmen im übertragenen Sinn mit einem Burggraben, auch Moat genannt, zu versehen, um damit Marktpositionen zu festigen und höhere Marktdurchdringung zu erreichen. Gleichzeitig schaffen sie hohe Eintrittsbarrieren für potenzielle Wettbewerber. Es ist schwer vorstellbar, dass viele Konkurrenten zumindest vorerst mit Facebook oder Mastercard und Visa gleichziehen.

Aber auch diese Themen sind nur vorübergehend relevant. Es gab eine Zeit, in der Apple auf dem Smartphone-Markt unangreifbar schien und das Potenzial besaß, weltweit unbegrenzt verkaufen zu können. Die Realität war anders. Der Markt ist mittlerweile gesättigt, und Apple sieht sich mit preisgünstigeren und kompetitiven Mitbewerbern konfrontiert. Wenn Trends nachlassen, wird der Aktienmarkt frühzeitig eine Wachstumsverlangsamung in der betreffenden Branche oder im betreffenden Unternehmen prognostizieren.

Für Marktteilnehmer unerklärlich sinkt das P/E-Verhältnis solcher Geschäfte. Viele Menschen werden daher die Gelegenheit nutzen, ihre Bestände aufzubauen. Da sich der Trend jedoch seinem Verfallsdatum nähert, wird das Unternehmen den Hauptgrund für die Bewertung als Quality-Growth-Investition verloren haben. Die Metamorphose vom Quality-Growth-Unternehmen zur Wertfalle führt in der Regel zu einem dauerhaften Kapitalverlust für den Anleger, dessen Fokus auf der zunehmenden Verbilligung der Aktie liegt. Er wird den dauerhaften Kapitalverlust oft als neue Investitionsmöglichkeit missverstehen, in der vergeblichen Erwartung, dass das Qualitätswachstum wieder einsetzen werde. Und er wird erneut in dieselbe Falle tappen.

Die Geschichte des Aktienmarktes ist voll von solchen Beispielen. Das wird sich wohl niemals ändern. Es ist ein konstanter Faktor, dass der Markt das letzte Wort über seine Teilnehmer hat. Mehr dazu weiter unten.

Aktives versus passives Management

Ganzheitlich betrachtet verdient die Börse für ihr »Vorwissen« den uneingeschränkten Respekt der Anleger. Ihre Fähigkeit, die Zukunft abzuschätzen, ist ihre größte Stärke. Das ist das viel diskutierte und selten verstandene »Geheimnis des Marktes«. Nicht so bei den vielen Einzelanlegern, die gemeinsam den Markt bilden. Die meisten Privatanleger, einschließlich Profis, haben große Schwierigkeiten, einen Schritt voraus zu sein. Nur eine kleine Minderheit erzielt kontinuierlich Erträge, die über dem von ihnen zu übertreffenden Börsenindex liegen.

Einer der bemerkenswertesten Trends der vergangenen 20 Jahre war der kontinuierliche Anstieg der passiv gemanagten Fonds (Exchange Traded Funds, ETFs) als Anlagelösung. Im Gegensatz zum sogenannten aktiven Investmentmanagement versucht der passive Investor nicht, die Erträge seiner Benchmark zu übertreffen. Stattdessen investiert er in einen Fonds, dessen einziges Ziel und Zweck es ist, die Performance dieser Benchmark zu replizieren. Der große Vorteil eines Indexfonds besteht darin, dass seine Kosten in der Regel deutlich niedriger sind als bei aktiven Fonds, da alle Geschäfte effektiv durch einen computergestützten Prozess organisiert und umgesetzt werden. Es besteht keine Notwendigkeit, einen teuren Fondsmanager zu beschäftigen, um die Aktien für den ETF auszuwählen.

Der Aufstieg des passiven Fondsmanagements wurde durch die inzwischen allgemein verfügbaren Beweise vorangetrieben, dass die Mehrheit der aktiv verwalteten Fonds im Durchschnitt keine höheren Erträge erzielt als der Index oder die zugrunde liegende Benchmark, für deren Überwindung sie herangezogen wurden. Der Kostenunterschied ist ein wichtiger Grund dafür. Indexfonds, die passiv per Computer verwaltet werden, neigen dazu, über einen Zeitraum von fünf Jahren oder mehr eine konstante Performance im zweiten Quartil zu erzielen; das bedeutet bestenfalls mittelmäßige Leistungen. Immer mehr Anleger sind zu dem Schluss gekommen, dass die Gewissheit, mit dem Marktindex übereinzustimmen, eine lohnende Art und Weise ist, ihr Geld zu investieren. Sie meinen, das Risiko, die Minderheit der teuren Fondsmanager zu finden, die nachweisen können, dass sie es besser machen werden als ihre passiven Konkurrenten, sei höher als eine zu erwartende höhere Rendite.

Die Herausforderung für einen aktiven Fondsmanager hängt von dem Index ab, an dem seine Performance gemessen wird. Der relevante Aktienindex (von dem es viele gibt) wird zur Benchmark und zur Hürde, die der Fonds zu nehmen versucht. Dieser Aktienindex, sagen wir der S&P 500, besteht aus einer Reihe von Unternehmen, deren Gewichtungen im Index durch ihre relative Kapitalisierung bestimmt werden. So werden sich beispielsweise die Gewichtungen der Unternehmen der Finanzdienstleistungsbranche von denen der Automobilhersteller oder Rohstoffproduzenten unterscheiden. Die individuelle Gewichtung einer Bank oder Versicherung unterscheidet sich wiederum von der anderer. Das Gleiche gilt für Technologiekonzerne oder andere Industrieunternehmen.

Die Aufgabe des Fondsmanagers besteht darin, sich der verschiedenen Branchen- und Aktiengewichte in dem Index, den er verfolgt, bewusst zu sein. Wenn er auf einem Sektor im Vergleich zum anderen bullish eingestellt ist, also auf steigende Kurse setzt, wird er diesen in seinem Portfolio übergewichten. Wenn Banken beispielsweise eine Gewichtung von 40 Prozent im Referenzindex haben, hat der Fondsmanager eine größere oder kleinere Gewichtung als diese, je nachdem, wie bullish oder bearish er eingestellt ist, also je nachdem, ob er auf steigende oder auf fallende Kurse im Bankensektor eingestellt ist. Er strebt danach, die Erträge des Index zu übertreffen, indem er die Gewichtung in seinem Portfolio entsprechend anpasst, um ein besseres Ergebnis zu erzielen. Dazu muss er zumindest die Kosten für das aktive Portfoliomanagement decken. Diese Kosten umfassen den Aufwand für das Research und das Trading der einzelnen Fondspositionen.

Würden Index-Tracking-Fonds mit der gleichen intensiven Analyse betrieben, die vom Quality-Growth-Investor verlangt wird, wäre das eine gewaltige Aufgabe. Ein Index umfasst per Definition alle Unternehmen, die einen bestimmten Markt oder eine bestimmte Marktsparte abbilden, also Hunderte von verschiedenen Gesellschaften. Den Ausblick auf die Ertragslage all dieser Unternehmen zu erforschen, sich detaillierte Kenntnisse über das Management anzueignen, Hunderte von Berichten und Bilanzen zu überprüfen ist praktisch unmöglich. Indexfonds umgehen dieses Problem, indem sie Computer verwenden, um alle Aktien in einem Index zu replizieren und sie nach ihrem aktuellen Anteil darin zu gewichten. Das Schöne daran ist, dass es keine Notwendigkeit für eine Grundlagenforschung gibt.

Das Versäumnis der meisten aktiven Fondsmanager, ihre Benchmark zu übertreffen, hat dazu beigetragen, dass große Investitionsströme in passiv verwaltete Fonds, insbesondere börsengehandelte Fonds (ETFs), geleitet wurden. Die Kritik am aktiven Fondsmanagement ist nicht immer fair. Es gibt eine Reihe erfolgreicher aktiver Fondsmanager, obwohl der Druck auf die von ihnen erhobenen Gebühren nicht nachgelassen hat. Fidelity, eine der weltweit größten Vermögensverwaltungsgruppen, hat einen Indexfonds aufgelegt, der keine Verwaltungsgebühr erhebt. Ein weiterer Indexfonds zahlt dem Anleger einen kleinen Betrag, anstatt eine Gebühr zu erheben.

Das Problem bei Indexfonds ist Folgendes: Trotz der niedrigen Betriebskosten sind die Gebühren so tief gesunken, dass die anbietenden Unternehmen Gefahr laufen, Geld zu verlieren. Sie müssen Gewinne erzielen, indem sie die Vermögenswerte des Fonds nutzen. Ein typischer Weg für Manager, auf ihre Kosten zu kommen, ist die sogenannte Wertpapierleihe. Dazu gehört die entgeltliche Ausleihe eines Teils der Anlagen des Fonds an Dritte, die Geld verdienen möchten, indem sie diese Wertpapiere heute mit dem Ziel verkaufen, sie später zu einem niedrigeren Preis zurückzukaufen. Der Prozess der Wertpapierleihe ist komplex und wird von der Verwahrstelle des Fonds oder einem anderen Dienstleister übernommen, wiederum zu hohen Gebühren.

Die Ausleihe von Wertpapieren an Dritte, die beabsichtigen, diese Aktien zu verkaufen, gibt Anlass zu ernsthaften Überlegungen. Erstens: Die Zehn Goldenen Regeln für Quality-Growth-Investitionen sind in Bezug auf Bilanzen mit Schulden ganz klar definiert. Die gleichen Grundsätze gelten auch für die Kreditvergabe. Der Quality-Growth-Investor wird die Aktien von Unternehmen meiden, die durch Fremdkapital versuchen, ihre Marktanteile zu vergrößern. Er wird die gleiche Zurückhaltung auch bei Kreditnehmern üben. Es spielt keine Rolle, ob es sich bei den Erlösen aus diesem Darlehen um Wertpapiere oder um Bargeld handelt oder ob Sicherheiten einen Einfluss auf diese Entscheidungen haben. Kreditvergabe ist Kreditvergabe.

Zweitens würde die Wertpapierleihe bedeuten, dass der Fondsmanager oder Anleger eine Geschäftsbeziehung mit einer Partei eingeht, deren Anlagephilosophie sehr weit von der des Quality-Growth-Investors entfernt ist. Der Kreditnehmer ist nicht nur desinteressiert an den längerfristigen Aussichten der zugrunde liegenden Geschäfte, er wird auch den Abwärtsdruck auf die Aktienkurse ausüben, da er sie short verkauft. Dies würde dem bestehenden Investor als Gegenwind dienen. Wenn es um die Stimmabgabe bei Aktionärsversammlungen geht, hat der Kreditgeber sein Stimmrecht an einen Kreditnehmer abgetreten, der den Aktienkurs nach unten drücken will. Dies ist das Gegenteil von dem, was der überzeugte, echte Quality-Growth-Aktionär tun würde.

Drittens würde der Anleger oder Fondsmanager ein Wertpapierdarlehen an einen Kreditnehmer vergeben, dessen Kursrisiko oder Risiko eines dauerhaften Kapitalverlustes nicht quantifizierbar ist. Während ein Long-only-Investor das gesamte Geld verlieren kann, das er riskiert hat, können die Möglichkeiten und das Risiko eines Short-Sellers nicht gemessen werden; ein geshorteter Aktienkurs könnte sich verdoppeln, verdreifachen oder sogar verzehnfachen. Aber auch das Risiko eines Totalverlustes ist nicht quantifizierbar. Für ein Quality-Growth-Anlageuniversum sind die langfristigen Perspektiven optimal. Die längerfristigen Aussichten für solche Geschäfte sind besser, auch wenn kurzfristiger Druck auf den Aktienkurs auftreten kann und muss.

Schließlich wird der Gewinn für den Anleger aus solchen Wertpapierleihgeschäften durch die Kosten, die der Dienstleister in Rechnung stellt, negiert oder verwässert. Eine Wertpapierleihe ist, so gesehen, kein langfristiges profitables Geschäftsmodell und sollte vermieden werden. Wenn der Anleger, der in einem Index-Tracking-Fonds investiert ist, glaubt, sein Risiko gesenkt zu haben, sieht die Realität anders aus: Er hat nicht nur sein Risiko erhöht, er kann es auch nicht quantifizieren.

Es mag verlockend sein, den disziplinierten Quality-Growth-Manager mit der Masse der aktiven Portfoliomanager in einen Topf zu werfen. Das wäre jedoch irreführend. Es würde auch den wesentlichen Punkt der Quality-Growth-Investitionen verfehlen. Warum? Der reine Quality-Growth-Manager erreicht sein investierbares Universum nur durch intensive Erforschung der grundlegenden Eigenschaften eines Unternehmens. Im Gegensatz zur Mehrheit der aktiven Fondsmanager achtet er wenig oder gar nicht auf die Zusammensetzung des Referenzindex, an dem seine Performance gemessen wird. Es ist nicht sein Ziel, in eine breite Palette von Unternehmen unterschiedlicher und oft schlechter Qualität investiert zu sein. Er konzentriert sich ausschließlich auf die Besten.

Da er so selektiv vorgeht und vor allem langfristig orientiert ist, folgt daraus, dass der Quality-Growth-Investor in der Regel weniger Aktien in seinem Portfolio hat und eine geringere Portfolioumschlagshäufigkeit aufweist als der traditionelle aktive Fondsmanager. Letzterer muss seine Performance jederzeit an dem Index messen, den er zu schlagen versucht. Das bedeutet wiederum, dass er jede Veränderung von Preis und Wert verfolgen muss, eben alle Komponenten des Index, unabhängig von ihren Vorzügen.

Familienunternehmen

Wie bereits erwähnt, sind familiengeführte Unternehmen im Universum der Quality-Growth-Investoren stark vertreten. Diese Art von Unternehmen weist im Allgemeinen Merkmale auf, die solche Investoren begrüßen. Mit der Notwendigkeit, sicherzustellen, dass das Unternehmen von einer Generation zur nächsten weiterlebt und wächst, neigen Familien dazu, sich stärker auf Business Continuity und langfristiges Wachstum zu konzentrieren. Gleichzeitig sind sie sehr risikoscheu und bevorzugen eine konservative Bilanzstruktur.

Allerdings ist nicht alles transparent. Eine eigenständige Corporate Governance kann für einen externen Investor gelegentlich zur Achillesferse eines Familienunternehmens werden. Es ist von größter Bedeutung, dass Minderheitsaktionäre nicht nur wie Passagiere behandelt werden, deren Zweck es ist, die Ambitionen der Familie zu finanzieren. Alle Aktionäre müssen als rechtmäßige und gleichberechtigte Eigentümer berücksichtigt werden. Eine unangemessene oder missbräuchliche Richtlinie zu Themen wie Transaktionen mit verbundenen Unternehmen, Investorenkommunikation und Dividendenpolitik kommen für den Quality-Growth-Investor einer roten Karte gleich.

In der Praxis verbessern sich die Corporate-Governance-Standards – wie die Ernennung unabhängiger Aufsichtsräte oder Beiräte – in der Regel, wenn ein Familienunternehmen an die Börse geht. Vergütungssysteme werden sinnvoller und stärker auf die Interessen externer Investoren ausgerichtet. Im September 2017 veröffentlichte das Credit Suisse Research Institute eine Studie, die auf einer Analyse von fast 1000 Familienunternehmen nach Regionen, Branchen und Größen geordnet basiert.

Der Bericht ergab, dass Familienunternehmen eine starke Präferenz für konservativ finanziertes Wachstum haben. Das bedeutet, dass Neuinvestitionen in der Regel überwiegend aus intern erwirtschafteten Cashflows finanziert werden und höhere Investitionen für Forschung, Entwicklung und Innovation verwendet werden. Ein Index, der zur Messung der Performance dieser Unternehmen erstellt wurde, zeigte, dass sie in den vergangenen zehn Jahren den breiteren Aktienmarkt übertroffen haben, unabhängig von Region, Branche und Größe. Dieser Index übertraf den MSCI All Countries World Index zwischen 2006 und 2016 um durchschnittlich 4 Prozent pro Jahr.

Eine große Familienbeteiligung erleichtert es einem Unternehmen, Entscheidungen zu treffen, die zwar kurzfristig schmerzhaft sein können, aber mit der Zeit Früchte tragen. Langfristige Investitionen sind oft eine Belastung, die Nicht-Familienunternehmen, die durch den kurzfristigen Berichtszyklus eines börsennotierten Unternehmens unterdrückt werden, nicht übernehmen wollen. Familienunternehmen hingegen werden von diesen kurzfristigen Ebben und Nachfrageströmen von Investoren weniger beeinflusst.

Estée Lauder: ein außergewöhnliches Familienunternehmen

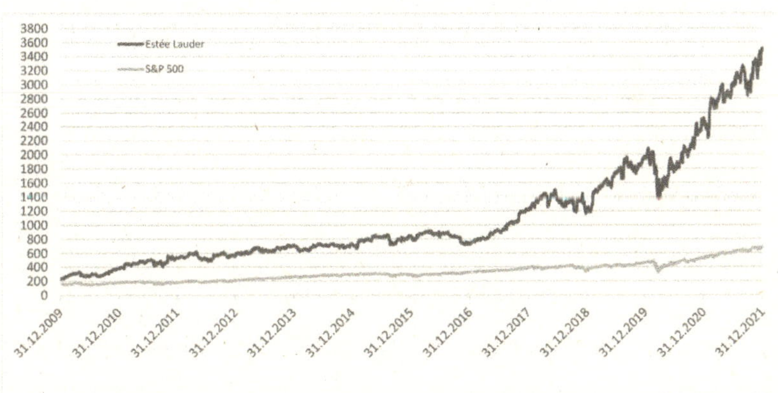

Quelle: Bloomberg

Ein gutes Beispiel dafür ist Estée Lauder, der weltweit führende Anbieter von prestigeträchtigen Beauty-Produkten. Estée Lauder hat ein schlankes und flexibles Geschäftsmodell, dessen wichtigster Wettbewerbsvorteil neben dem starken Portfolio an Marken die Geschwindigkeit ist, mit der sich das Unternehmen an die schnell wachsenden Segmente seiner Branche anpassen kann. In Bezug auf Kategorie, Geografie und Vertriebskanal wird Estée Lauder überall dort investieren, wo es die Möglichkeit gibt, durch langfristige Investitionen einen hohen Ertrag zu erzielen. Das Unternehmen hat gezeigt, dass es gerne den Druck der Investoren auf kurzfristig höhere Erträge ignoriert.

Hermès: belohnt für die Einschränkung des Angebots

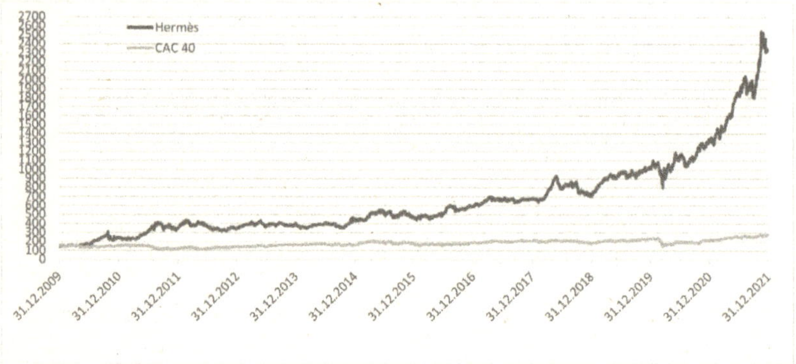

Quelle: Bloomberg

Hermès International, ein echtes Quality-Growth-Unternehmen, ist ein weiteres Beispiel dafür, wie ein familiengeführtes Unternehmen in der Lage ist, die Priorität langfristig auf nachhaltige Qualität und Wachstum zu legen, wenn auch auf eine andere Weise. Die Familie Hermès, die das Unternehmen seit der Gründung durch Thierry Hermès im Jahr 1837 kontrolliert, bewahrt die Identität und den Stil der Marke, indem sie die Lieferung ihrer legendären Produkte sorgfältig kontrolliert. Das Unternehmen bemüht sich nicht, die Nachfrage zu befriedigen, sondern hält die Anzahl der angebotenen Produkte bewusst niedrig und wählt selbst aus, wer die Taschen kaufen darf. Auf diese Weise schlägt Hermès zwei Fliegen mit einer Klappe: Es entsteht ein Gefühl von Exklusivität, und das weitere Wachstum wird sichergestellt. Die Konzentration des Managements auf die langfristigen Interessen des Unternehmens ist der Grund, warum einige familiengeführte Unternehmen den Bedürfnissen des Quality-Growth-Investors auf natürliche Weise entsprechen.

Value, Growth und Quality-Growth

Investoren mögen es, Anlagestilen einen Namen zu geben. Dies hilft ihnen, einen individuellen Stil in ein bestimmtes Marktumfeld einzubinden. Wenn institutionelle Anleger die Rolle der Allokation von Vermögen auf verschiedene Stile übernehmen, um von Stimmungsschwankungen zu profitieren, werden sie regelmäßig die Idee einer Übergewichtung des Value-Stils erwägen. Dadurch reduzieren sie ihr Engagement gegenüber der allgemein anerkannten Alternative Wachstum. Die periodische Veränderung der Marktstimmung wird institutionelle oder private Asset-Allokatoren ermutigen, ihre Portfolios zu verkleinern und zu verändern. Sie werden die Dynamik der Aktienkurse zyklischer Unternehmen in Zeiten, in denen sich die Wirtschaft in einem Aufschwung befindet, nutzen.

Ein klares Beispiel für diesen Wandel war die Ankündigung des damals neu gewählten US-Präsidenten Donald Trump. Seine Vorschläge, die US-Wirtschaft durch Infrastrukturprojekte anzukurbeln, lösten die ersten Wellen von Portfolioanpassungen aus: von Growth- oder Quality-Growth-Investitionen hin zu sogenannten Value-Investments.

Die Verbesserung der wirtschaftlichen Stimmung, ausgelöst durch die Wahrnehmung, dass die Ära des von der Federal Reserve generierten leichten Geldes kurz vor ihrem Ende stand, trug zu dieser Entscheidung bei. Die angekündigten Steueränderungen von Trump und die Aussicht, dass US-Unternehmen aus Angst vor Steuern Milliarden von Gewinnen aus dem Ausland zurückführen, waren weitere Entscheidungskriterien. Infolgedessen entwickelten sich zyklische Aktien wie die von Banken in den Wochen und Monaten nach dem November 2016 besser als ihre Wachstumsschwestern. Es war ein deutliches Beispiel für steigende Aktienkurse, bei denen die Qualität der zugrunde liegenden Geschäfte im Hintergrund stand. Gleichzeitig wurde der Zeithorizont der Investoren durch ihren Eifer, sofortige Anlageerträge zu erzielen, verkürzt.

Eine aktuelle Modeerscheinung sind Smart-Beta-Fonds. Diese sollen die Wertentwicklung eines zugrunde liegenden Index übertreffen, indem sie Unternehmen auswählen, die hohe und steigende Dividenden zahlen. Computergestützte Modelle zielen darauf ab, die Sicherheit des zugrunde liegenden Geschäfts und die Nachhaltigkeit von Dividendenzahlungen nachzuweisen; andere Computermodelle bewerten die Wahrscheinlichkeit, dass das Unternehmen ausfällt, wenn der Wert seines Vermögens unter die Verbindlichkeiten fällt. Die Modelle ignorieren menschliche Verhaltensweisen und versuchen, die »Geheimnisse des Marktes« zu überwinden.

In ihrem Bestreben, Anlagestile zu kennzeichnen, behaupten Marktbeobachter schnell, dass der Value- den Growth-Ansatz übertroffen hat und es Zeit für eine Veränderung der Portfoliozusammensetzung sei. Dies geschieht von Zeit zu Zeit, da Sprechblasen die Rolle der Reflexion auf dem Markt übernehmen. Aber dabei vereinfachen diese Beobachter einen Sachverhalt zu sehr, der den Value Growth-Investoren Grund zu weiteren und tiefgreifenden Studien gibt. Ein Ziel dieses Kapitels ist es, zwischen Wachstum und Quality-Growth- sowie zwischen Quality-Growth- und Value-Investitionen zu unterscheiden.

Die Probleme mit dem Wachstum

Die Volksmeinung besagt, dass Aktien von Unternehmen, deren Wachstumsraten überdurchschnittlich hoch sind, wahrscheinlich ein höheres Kurs-Gewinn-Verhältnis haben werden als andere Unternehmen an der Börse. Dies wird einen Rückenwind am Markt schaffen, der es den Aktionären ermöglicht, überdurchschnittliche Erträge zu erzielen. Dies ist die Grundlage für den Quality-Growth-Ansatz. Tatsache ist jedoch, dass nicht alle sogenannten Wachstumsgeschäfte profitabel sind. Netflix beispielsweise ist ein Unternehmen, das in seinem Bereich führend ist und schnell wächst, aber trotzdem große Verluste macht. Der Grund dafür ist, dass die Bilanz mit Schulden belastet ist und das operative Geschäft massiv Geld verbrennt. Bisher sind die Erträge für die Aktionäre spektakulär, aber die Grundlagen für den Erfolg sind nach wie vor sehr unsicher.

Die Entwicklung der Aktie im letzten Quartal 2018 sprach Bände. Angesichts der hoch verschuldeten Bilanz von Netflix brauchte man nur die Erwartung einer geldpolitischen Straffung der Federal Reserve in diesem Zeitraum, um dem Aktienkurs den Garaus zu machen. Als sich die Stimmung später änderte und sich zudem die Haltung der US-Notenbank gegenüber Zinserhöhungen wandelte, folgte eine starke Aufwärtsbewegung der Aktien. Die Realität ist, dass Netflix ein Wachstumsgeschäft ist, das aber aufgrund seiner hohen Verschuldung nicht den Härtetest besteht. Solange dies der Fall ist, sind die den Aktionären zugedachten Erträge den Rentenmärkten ausgeliefert. Es gibt bei Netflix keine jener Sicherheiten für künftige Erträge, die der Quality-Growth-Investor benötigt. Zumindest gab es zu dieser Zeit keine. Heute, im Jahr 2021, hat Netflix begonnen, Gewinne zu erzielen und seine Schuldenlast zu reduzieren. Das macht das Unternehmen jedoch noch nicht zu einem Kandidaten für Quality Growth. Dazu muss in den kommenden Jahren eine Erfolgsbilanz aufgebaut werden, erst dann wird der Quality-Growth-Investor ein Engagement in Erwägung ziehen.

Netflix versus MSCI World TR

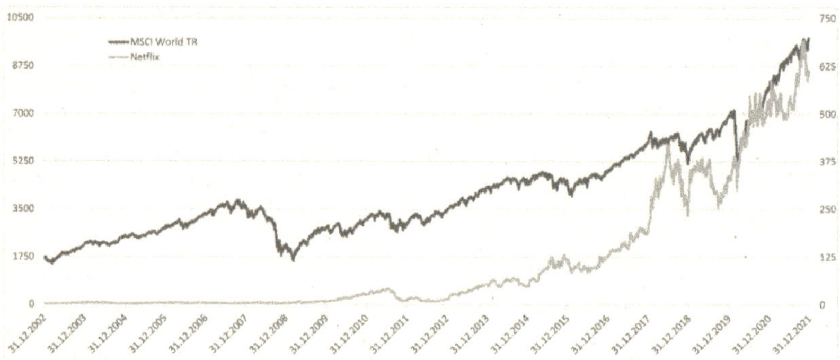

Quelle: Bloomberg

Die Faktoren, die ein Quality-Growth-Geschäft ausmachen, wurden in Kapitel 3 erörtert. Die wesentlichen Unterschiede zwischen einem Standard-Wachstumswert und einem Quality-Growth-Wert sind folgende:

- die Existenz einer langen Erfolgsgeschichte mit historischem Wachstum,
- eine starke Bilanz, die weitgehend oder ganz frei von Nettoverschuldung ist,
- eine Buchführung, die übersichtlich, konsistent und transparent ist,
- eine solide Corporate Governance und ein langfristiges Engagement.

Viele Quality-Growth-Unternehmen scheitern an einem oder mehreren dieser Kriterien. Nicht ihre Wachstumsraten sind entscheidend, sondern das Fehlen der anderen Kriterien.

Die langfristige Charakteristik des Quality Growth ist von größter Bedeutung. In der Finanzwelt wird die Lebensdauer eines Unternehmens davon bestimmt, wann der Höhepunkt seines künftigen freien Cashflows erwartet werden kann. Ein durchschnittliches Unternehmen wird in den ersten Jahren seines Lebens steigende freie Cashflows erzielen (vorausgesetzt, es hat überhaupt überlebt). Wenn der frühe Wettbewerbsvorteil nachlässt, sinken die freien Cashflows, da neue Wettbewerber auftauchen, die die Marktführerschaft des etablierten Unternehmens infrage stellen. Bei einem echten Quality-Growth-Geschäft steigen die freien Cashflows aufgrund der hervorragenden Eigenschaften des Unternehmens auf unbestimmte Zeit. Das Ergebnis ist, dass der Höhepunkt eines

Quality-Growth-Unternehmens viel weiter in der Zukunft liegt als bei einem lediglich durchschnittlichen Unternehmen.

Bei Staats- und Unternehmensanleihen wird die Dauer ihrer Cashflows von der Höhe und Richtung der Zinssätze beeinflusst. Steigende Zinsen führen zu einer Verkürzung der Dauer (und damit zu niedrigeren Anleihenkursen), da die künftigen Cashflows auf die Gegenwart abgezinst werden. Quality-Growth-Unternehmen, die auch langfristige Vermögenswerte sind, werden aufgrund ihrer zuverlässigen Cashflows manchmal auch als Wachstumsanleihen bezeichnet. Hier stellt sich die Frage: Werden sie dann nicht in gleicher Weise betroffen sein? Es ist eine vernünftige Frage, aber eine, die eine andere Antwort verdient.

In einem Umfeld steigender Zinsen können Unternehmen mit einer fremdfinanzierten Bilanz einfach verschwinden, da ihre Schuldenlast nicht mehr aus ihren Cashflows bedient werden kann. Dies ist per Definition kein Risiko für ein Quality-Growth-Unternehmen. Im Gegenteil, wenn das Unternehmen wenig oder gar keine Nettoverschuldung hat, wird jeder Anstieg der Kosten für die Aufnahme von Fremdkapital die Gewinne nicht sehr beeinflussen. (Dasselbe gilt auch für die Arbeitskosten. Wenn die Arbeitsintensität eines Unternehmens gering ist, wie es bei vielen Unternehmen im Universum des Quality Growth der Fall ist, werden höhere Arbeitskosten sie nicht schwer treffen. Gleiches gilt für einen Anstieg der Rohstoffpreise, die in der Regel einen geringen Einfluss auf die Kostenbasis haben. Dies wird es ihnen ermöglichen, ihre Preismacht zu erhalten oder zu stärken.)

Die Auswirkungen einer Zinserhöhung auf ein Quality-Growth-Geschäft hängen von deren Ursachen ab. Wenn der Anstieg eine Reaktion auf ein starkes Wirtschaftswachstum ist, könnte er vorübergehend nachteilig sein. Wenn beispielsweise die Verhandlungsmacht der Gewerkschaften oder ein durch Versorgungsunterbrechungen verursachter Ölpreisanstieg zu einer höheren Inflation führen, würden andere Arten von Unternehmen mehr leiden als eines, das über Quality Growth verfügt und damit sogar seine Wettbewerbsposition noch verbessert. Wenn eine Finanzkrise die Ursache für höhere Zinsen ist, sollten auch Quality-Growth-Unternehmen gut abschneiden. Wenn der Zinsenanstieg durch die Angst vor höheren Staatsdefiziten erfolgt, wäre das auch nicht automatisch negativ.

Das Jahr 1994 bietet einen interessanten Präzedenzfall dafür, wie sich die Märkte bei steigenden Zinsen verhalten könnten. Nach der Rezession Anfang der 1990er-Jahre und der Spar- und Kreditkrise hielt die Federal Reserve die realen kurzfristigen Zinsen 18 Monate lang bei 0 Prozent. Im Februar überraschte Chairman Alan Greenspan schließlich die Märkte mit der ersten einer Reihe von Zinserhöhungen, bei denen die Fed-Mittel in weniger als einem Jahr von 3,00 auf 5,75 Prozent stiegen. Auch die Langfristzinsen stiegen stark an. Die erste Lehre war, dass der US-Aktienmarkt weiterhin positive absolute Erträge erzielte. Die zweite und interessanteste ist, dass wachstumsorientierte Branchen die Treiber dieser Entwicklung waren und typische kurzlebige Branchen wie Baugewerbe, Fluggesellschaften, Autos und Metalle stark übertrafen.

Traditionelle Wachstumsinvestoren beschäftigen sich hauptsächlich mit Wachstum, oft mit relativ kurzfristigen Perspektiven, aber unterstützt durch eine starke Dynamik mit völlig unzureichender Rentabilität. Quality-Growth-Investoren benötigen jedoch gerade die Sicherung der Quelle, der Mittel und der Dauerhaftigkeit dieses Wachstums.

Nur das Paket hochwertiger »Wachstumsinhaltsstoffe«, wie vorstehend und in Kapitel 3 beschrieben, kann ihnen helfen, zu dem weitgehend sekundären Schluss zu kommen, was eine faire Bewertung darstellt. Dieses Paket wird quantitative und qualitative Kriterien kombinieren, die Zahlen wie auch das Management im Auge behalten und damit dem Quality-Growth-Investor helfen, diese Fehler zu vermeiden, wenn Wachstum zu einem vernünftigen Preis (in Lehrbüchern allgemein bekannt unter dem Akronym GARP – »Growth at a reasonable Price«) sein Hauptanliegen bleibt.

Der Unterschied zum Value Investing

Auch Value-Investoren werden unterstreichen, dass sie Sicherheit und Geborgenheit in Qualität suchen, langfristig investiert sind und Zahlen Aufmerksamkeit schenken. Ihre Vorstellung von den Geschäftsgrundlagen eines Unternehmens konzentriert sich auf die wirtschaftliche Gesundheit eines Unternehmens, wobei die relevanten Zahlen der Bilanz im Vordergrund stehen. Für sie bedeutet ein solcher effizienter Einsatz regelmäßig, eine Bilanz zu nutzen, um die »verborgenen« Potenziale eines Unternehmens zu erkennen und damit die Erträge des investierten Kapitals zu steigern.

Darüber hinaus werden von Value-Investoren Dividendenzahlungen, ihre Höhe, ihre Regelmäßigkeit und ihre Veränderungen im Vergleich zur Vorperiode oft als wichtige Faktoren berücksichtigt. Tatsächlich sind Dividendenwachstum und -erträge für den Value-Investor oft wichtiger als das Wachstum von Umsatz, Margen und Reingewinn. Unternehmen, die seit 20 Jahren ein ununterbrochenes Dividendenwachstum verzeichnen, werden als »Dividendenaristokraten« bezeichnet. Dieser Ansatz ist bei britischen Investoren sehr beliebt. Viele in Großbritannien ansässige Unternehmen sind bestrebt, ihre Aktionäre durch kontinuierlich wachsende jährliche oder halbjährliche Dividendenausschüttungen zufriedenzustellen. Dieses Ziel hat bei ihnen oberste Priorität. Für diese Investoren ist die »magische Höhe« der Dividendenerträge wichtiger als Marktpositionierung, Preismacht und Managementqualität.

Diese Gier nach Dividenden kann so weit gehen, dass sie die Quelle eines Dividendenwachstums herunterspielt, auch wenn diese, wo zulässig, aus inneren Reserven stammt. Dieses Verlangen nach regelmäßigen Auszahlungen war in den vergangenen zehn Jahren durch sinkende Anleihenerträge und deflationären Druck geprägt. Im Gegensatz zum Ansatz der Quality-Growth-Investoren ist es jedoch die angestrebte Aktienbewertung, die für Value-Investoren wahrscheinlich wichtiger ist als die Qualität des zugrunde liegenden Geschäfts. Eine billige Investition von mittelmäßiger Qualität wird für den Value-Investor attraktiver sein als ein erstklassiges Unternehmen, dessen Bewertung überzogen ist.

Für diesen Investor wird bei der Bewertung auch der Aktienkurs des Unternehmens eine größere Rolle spielen als die Wachstumsprognose aufgrund der zuletzt geprüften Bilanz. Die Gegenwart wird wichtiger als die Zukunft bewertet. Daher ist der Zeithorizont dieser beiden Anlegertypen sehr unterschiedlich. Der Quality-Growth-Investor strebt auf unbegrenzte Zeit Erträge an, die sich durch den Zinseszinseffekt von selbst ergeben. Der Value-Investor indes versucht, innerhalb eines kürzeren Zeitraums Geld zu verdienen. Seine Portfolio-Performances werden eine jährliche oder sogar vierteljährliche Folge von Stakkato-Ergebnissen sein, anstatt ein kontinuierliches Wachstum des Ertragsstroms widerzuspiegeln.

So werden sich ihre Zeithorizonte unterscheiden, ebenso wie die Art ihrer vergleichenden Forschung und Analyse. Der Vergleich des Vermögens eines Unternehmens mit seiner Bewertung und die Entscheidung, ob die Aktien gekauft werden sollen oder nicht, ist eine andere Übung als die, einen Barwert auf die geschätzten künftigen Erträge zu setzen. Über den relativ kurzen Zeitraum von ein oder zwei Jahren hinaus fehlt diese Berechnung bei der Arbeit eines Value-Investors und wird von ihm vernachlässigt.

Der Unterschied in der Anlagephilosophie eines Quality-Growth-Investors und eines Value-Investors wird durch die Zyklizität der Zielinvestitionen selbst beeinflusst. Wenn zyklische Unternehmen billig sind, werden sie für Value-Investoren attraktiv sein. In diesem Zusammenhang haben Value-Investoren Vorteile bei antizyklischer Ausrichtung, während Quality-Growth-Investoren zyklische Unternehmen meiden werden. Wenn der Konjunkturzyklus den Aktienkurs eines Unternehmens zu einem bestimmten Zeitpunkt negativ beeinflusst hat, ist er für den Value-Investor attraktiv. Für Quality-Growth-Investoren hingegen sollte es eine eingebaute Preismacht in dem von ihnen gewählten Unternehmen geben.

Schließlich gibt es einen praktischen Grund, warum die Zahl der Value-Investoren weltweit die kleine Zahl der Quality-Growth-Investoren in den Schatten stellt. Das potenzielle Universum der Value-Investitionen ist unendlich viel größer als dasjenige, das den überzeugten Quality-Growth-Investoren zur Verfügung steht. Während die strengen Zehn Goldenen Regeln der letzteren die große Mehrheit der an den Weltbörsen notierten Unternehmen ausschließen, haben erstere ein quasi unbegrenztes Angebot an Anlagemöglichkeiten weltweit. Dieser Investor kann in einem viel größeren und tieferen Pool fischen als der Quality-Growth-Investor. Dem Value-Investor steht gewissermaßen die Welt offen, für den Quality-Growth-Investor schränkt die Strenge seiner Zehn Goldenen Regeln sein Universum ein, da nur die Besten in Frage kommen.

Quality-Growth-Investoren suchen eher nach Unternehmen als nach Marktsituationen. Sie investieren in Unternehmen, nicht in Aktienmärkte. Durch »Zufälle« der Geschichte oder aus anderen Gründen werden diese Unternehmen an öffentlichen Börsen notiert. Im Vergleich dazu suchen Value- und Wachstumsinvestoren nach börsennotierten Unternehmen per se. Wenn Quality-Growth-Unternehmen für Investitionen durch Privatplatzierungen zur Verfügung stünden, würde die gleiche Strategie von Quality-Growth-Investoren verfolgt werden, um Anteile zu kaufen. Dieser Ansatz ist weder Stil noch Mode. Er ist das Spiegelbild einer langfristigen Auseinandersetzung mit Risiko und Ertrag und die praktische Anwendung der Theorie der Erhaltung und Verbesserung des Kapitals.

Hierzu ein Beispiel: In den ersten Monaten des Jahres 2017 schuf die veränderte politische Situation in den USA ein Marktumfeld, das dem Value-Investor nahelegte, zyklische Aktien, die von einem Stimmungsumschwung profitierten, zu erwerben. Unterstützt von reichlicher Liquidität nahm die Risikobereitschaft zu und beflügelte die Diskussion über die Rückkehr von »Instinkten«, nicht anders als die Stimmung während der Dotcom-Hybris von 1999. Es ist nie leicht zu sagen, wie lange eine solche Stimmung anhalten wird, aber erfahrene Anleger wussten, dass sie zweifellos enden würde, was auch bald der Fall war. In der Zwischenzeit und über den gesamten Zyklus hinweg werden Geschäftsparadigmen wie Qualität, Wachstum und Vorhersehbarkeit ihre Gewinne weiter steigern. Dies wird ihre Aktienkurse folglich in die Höhe treiben.

Fazit

Die Angst, etwas zur versäumen, Gerüchte und simple Etikettierungen charakterisieren die Mentalität des durchschnittlichen Anlegers. Seine Erträge mögen auf lange Sicht durchschnittlich sein, aber er wird sein Investitionsverhalten immer mit vielen etablierten Weisheiten rechtfertigen können. Das Risiko, das dem Portfolio dieses Anlegers zugrunde liegt, ist für ihn unbekannt höher und die Erträge niedriger als das, was durch die Konzentration auf das Grundgeschäft des börsennotierten Unternehmens erreicht werden kann. Die Bedeutung des Unternehmenserfolges auf lange Sicht wird dabei außer Acht gelassen.

Das ist jedoch die Grundlage für Quality-Growth-Investitionen.

KAPITEL 7

DIE FINANZMÄRKTE HEUTE

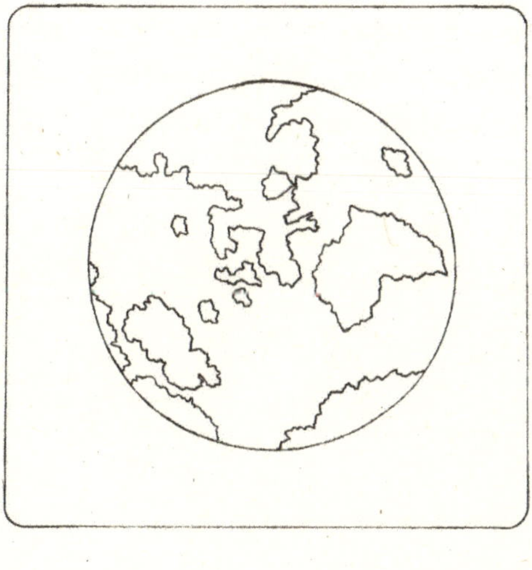

Einer der klassischen Fehler, die Sie bei der Investition machen können, ist die Annahme, dass sich Situationen der Gegenwart immer von jenen der Vergangenheit unterscheiden. Es gibt keine identischen Perioden, aber immer viele sich ähnelnde Perioden. Die Herausforderung besteht darin, herauszufinden, welche Merkmale der aktuellen Periode wirklich neu sind und ein anderes Denken erfordern und welche in Wirklichkeit nur Anklänge an frühere Zeiten sind, in denen es richtig ist, an bewährten Kernprinzipien festzuhalten.

Das Jahrzehnt, das seit der globalen Finanzkrise 2008 vergangen ist, war in vielerlei Hinsicht ein außergewöhnliches für Investoren. Das wird landauf, landab von »Kommentatoren und Marktbanditen« breitgetreten. Somit ist Konsensdenken unmöglich gemacht worden. Auf dem Höhepunkt der Krise sagten wenige Experten voraus, dass diese ein goldenes Zeitalter für Aktien- und Rentenanleger einläuten würde. Unerwähnt blieb die Tatsache, dass die Zinsen in vielen Ländern lange Zeit so tief fallen würden, dass die monetären Impulse nicht in ein neues Inflationszeitalter führen würden. Wie lange die derzeitige Welle der Inflation nach Corona noch andauern wird, ist Gegenstand ständiger Diskussionen.

In diesem Kapitel gehe ich auf einige der Fragen ein, die regelmäßig in meinen Kundengesprächen gestellt werden, und versuche zu beurteilen, welche Auswirkungen die dramatischen Entwicklungen der vergangenen zehn Jahre für Quality-Growth-Investitionen hatten. Die kurze Antwort – wie der Leser inzwischen schon gefolgert hat – lautet, dass diese für eine solche Revolutionszeit überraschend wenig betroffen wurden. Meiner Meinung nach sind die Argumente für diesen Investmentansatz heute noch genauso gültig und relevant wie vor fünf, zehn oder 20 Jahren.

Dabei beginne ich mit Fragen zur aktuellen von Corona beeinflussten Marktlage und gehe anschließend zu den grundsätzlicheren Fragen zum Quality-Growth-Ansatz und der Marktentwicklung seit der letzten Krise 2008 über.

In den letzten Jahren und Jahrzehnten haben wir immer wieder Finanzkrisen erlebt. 2020, erstmals seit langem in Zusammenhang mit einer Pandemie, die unter Umständen eine weltweite Wirtschaftskrise nach sich zieht. Wie entwickeln sich Qualiy-Growth-Unternehmen in Krisen und sind diese für die aktuellen Herausforderungen gewappnet?

Zu den wichtigen Merkmalen eines Unternehmens mit Qualitätswachstum gehört die langjährige Attraktivität seiner Waren oder Dienstleistungen für Verbraucher oder andere Unternehmen. Dadurch entsteht ein relativ anti-zyklischer, kontinuierlicher Einkommensstrom, der durch verschiedene Faktoren gesichert wird. Die Covid 19-Pandemie des Jahres 2020 kam als unerwarteter Schock. Ein solches Ereignis wird gerne als »Schwarzer Schwan« (Black Swan) bezeichnet, das in diesem Fall kein Unternehmen unberührt lässt. Die meisten qualitativ hochwertigen Wachstumsunternehmen sind gut gerüstet, um die mit der Pandemie verbundenen Herausforderungen zu meistern. In bestimmten Gebieten brauchen die rezessiven Auswirkungen länger, um auszuheilen, während in anderen Bereichen das Wachstum wieder rascher einsetzen kann. Langfristig orientierte Investoren, die nur in die qualitativ besten Wachstumsunternehmen investieren, können aus diesen Faktoren ein gewisses Vertrauen schöpfen.

Finden nach Krisen generell Neubewertungen statt und wie sehen diese in Bezug auf Quality-Growth-Unternehmen aus? Wie stellt sich dieser Sachverhalt im aktuellen Umfeld dar?

Neubewertungen finden im Allgemeinen nach Marktturbulenzen statt. Das kann auf unterschiedliche Weise erfolgen. Allerdings werden Quality-Growth--Unternehmen in der Regel aufgrund ihrer überlegenen Qualität und ihrer Wachstumspotenziale höher bewertet, was nicht weiter überrascht. Höhere PE-Kennzahlen dokumentieren nicht nur die entsprechenden Gewinne. Sie spiegeln auch hohe Renditen auf investiertes Kapital sowie den erhöhten Ertrag darauf wider. Hinzu kommt, dass sich die ausgewogenen robusten Bilanzen, die QG-Unternehmen auszeichnen, in zunehmendem Maße in ihren Bewertungen widerspiegeln werden.

Wann und wie ist es im aktuellen Umfeld sinnvoll oder Ihrer Meinung nach sogar empfohlen, QG-Aktien zu halten oder ggf. sogar nachzukaufen?

Ein Portfolio echter QG-Aktien hat nicht nur die relevanten Benchmarks übertroffen, sondern auch – wie heute und in vielen Fällen – seit Jahresbeginn positive Renditen erzielt (Stichtag: 9.6.20). Dies ist ein Beweis dafür, dass ihr wahrer Wert in der nachhaltigen Qualität ihrer Produkte oder Dienstleistungen liegt. Ihre langfristigen Wachstumsaussichten ermöglichen es den Anlegern, sich vor kurzfristigen »Ausreißern« zu schützen, die als vorübergehende Unterbrechung ihrer Aktivitäten wirken könnten, wie die Covid-19-Pandemie. Das Jahr 2020 ist dafür ein Lehrbuchbeispiel.

Haben Sie innerhalb des Spektrums der QG-Titel sektorbezogen aktuell Präferenzen? Welche Titel könnten sich besser als andere entwickeln und weshalb? Ich denke hierbei besonders an den Technologie- und Healthcare-Sektor.

Diese beiden Beispiele sind gut gewählt, obwohl sich hinter dem Etikett »Technologie« eine Vielzahl von Geschäftsmodellen und Angeboten verbirgt. Die wenigen QG-Unternehmen, die mit der Reisebranche zu tun haben, litten beispielsweise unter vorübergehendem wirtschaftlichem Gegenwind, der ihre Einnahmen verlangsamte. Aber selbst hier sind die langfristigen Aussichten intakt. Bestimmte Geschäftsbereiche des privaten Konsums erlebten eine Verlangsamung ihrer Umsätze, aber da ihre Online-Präsenz stark ist und wächst, wurden die Lockdown-Effekte für sie sogar zu einem »Rückenwind«.

Gibt es Beispiele für Sektoren, bei denen sich während der Pandemie gezeigt hat, warum QG-Investoren am besten geschützt sind, wenn man sie meidet?

Es gibt eklatante Beispiele wie den Luftfahrtsektor, das Gastgewerbe und den Energiesektor, um die offensichtlichsten zu nennen. Selbst vor der Covid-19-Pandemie gab es in keinem dieser drei Sektoren langlebige, qualitativ hochwertige Wachstumsunternehmen. Obwohl auch Unternehmen mit Qualitätswachstum von der Pandemie betroffen waren, hat sie nichts am langfristigen Erfolg dieser Unternehmen geändert. Dies wird durch die erwartete Wiederaufnahme eines kontinuierlichen Wachstums nach der Krise sowie durch den geringeren Grad, in dem ihre Aktienkurse vom Marktabschwung betroffen waren, belegt. Ein weiteres Kriterium ist das Ausmaß, in dem sich ihre Aktienkurse von den Tiefen der Baisse wieder erholten.

Wie werden sich die Notenbanken nun verhalten? Geht die Niedrigzinspolitik weiter, gibt es Alternativen? Wie könnten diese aussehen?

Solange die Inflation nicht zurückkehrt, wird die Geldpolitik der Zentralbanken weltweit akkommodierend bleiben. Der gegenwärtige Zwiespalt zwischen der Verknappung des Angebots, wie die durch das Coronavirus verursachte Unterbrechung der Lieferketten zeigt, und dem Rückgang der Nachfrage, wie die ungewöhnlich hohen Sparraten belegen, wird wahrscheinlich nicht dazu führen, dass mehr Geld auf der Jagd nach weniger Waren sein wird (die technische Definition von Inflation). Das Preisniveau sollte so lange konstant bleiben, bis sich radikale Veränderungen in der wirtschaftlichen Landschaft abzeichnen. Zentralbanken sind sowohl Hüter der Währungsstabilität als auch Kreditgeber letzter Instanz. Im heutigen wirtschaftlichen Umfeld ist die letztere Rolle angesichts der ständigen Gefahr von Liquiditätsschocks auf den Finanzmärkten dringlicher als die erstere. Infolgedessen werden die Zentralbanken der Welt, wie auch institutionelle Randgruppeninvestoren, die Zinssätze und Anleiherenditen länger niedrig halten. Das dürfte eine Untergrenze für Aktienkurse und Kurs-Gewinn-Verhältnisse im Allgemeinen bedeuten. Das ist die neue Welt, in der wir leben, und Investoren sollten diesen Sachverhalt erkennen und zu ihrem Vorteil nutzen, indem sie in QG-Unternehmen investieren.

Welche Perspektiven sehen Sie im Anleihemarkt? Wären theoretisch Unternehmensanleihen von QG-Unternehmen für Ihre Fonds als Beimengung denkbar?

Von QG-Unternehmen emittierte Unternehmensanleihen sind eher die Ausnahme als die Regel. Das typische QG-Geschäft expandiert organisch durch Wachstum seines freien Cashflows und hat keinen unmittelbaren Bedarf an längerfristiger externer Finanzierung. In QG-Unternehmen als Aktionäre zu investieren ist besser, als ihnen als Anleihegläubiger Geld zu leihen, für das sie wenig oder gar keinen Bedarf haben.

Welche Rolle spielt Liquidität innerhalb der Asset Allocation? Ist es Ihr Ziel, immer voll investiert zu sein oder gestehen Sie sich auch einen Liquiditätspuffer zu, um attraktive QG-Opportunitäten kurzfristig nutzen zu können?

Um an der langfristigen Macht der von QG-Unternehmen erwirtschafteten Renditen zu partizipieren, sind Investoren am besten bedient, wenn sie die kurzfristigen Turbulenzen ignorieren, die durch Black Swan-Ereignisse wie Covid-19 erzeugt werden, und vermeiden, in Bargeld flüchten. Die Zehn Goldenen Regeln für QG-Investitionen gehen über kurzfristige Marktunsicherheiten, das negative Sentiment vieler Marktteilnehmer und »dramatisierende« Schlagzeilen hinweg. Die von den Fonds gehaltene Liquidität in Bargeld ist in erster Linie ein technischer Aspekt des Portfoliomanagements.

Was sagen Sie zu Leuten, die meinen, dass wir uns derzeit am Höhepunkt des Quality Growth befinden?

Wenn sich diese Frage auf die Aktienkurse von Quality-Growth-Geschäften bezieht, lautet meine Antwort, dass es sich um langfristige Vermögenswerte von zentraler Bedeutung handelt. Daher wird der Höhepunkt ihrer Beliebtheit und Bewertung erst dann erreicht, wenn sie im Vergleich zu dem anderen relevanten langfristigen Vermögenswert – der risikofreien Staatsanleihe – überteuert werden. Steigen die KGVs so stark, dass der Markt auf zu viele Jahre hinaus ein starkes Gewinnwachstum in die heutigen Aktienkurse einpreist, sind diese überteuert. Das ist in der Vergangenheit geschehen, aktuell ist dies definitiv nicht der Fall.

Eine Möglichkeit, dies zu sehen, ist der Vergleich der Erträge eines typischen Quality-Growth-Unternehmens mit denen einer 10- oder sogar 30-jährigen Staatsanleihe. Erträge sind die Kehrseite des KGV eines Unternehmens, sodass eine Aktie, die mit einem KGV von 20 gehandelt wird, Erträge von 5 Prozent aufweist. Ebenso hat eine Anleihe mit einem Ertrag von 2 Prozent ein KGV von 50.

In den zurückliegenden Jahren waren die KGVs von Quality-Growth-Unternehmen viel niedriger als der entsprechende Multiplikator einer langfristigen Staatsanleihe. Mitte 2019 lag die Zahl bei 26 für die Quality-Growth-Unternehmen und 50 beziehungsweise 40 für langfristige Anleihen (das 10-jährige Treasury beziehungsweise das 30-jährige Treasury).

Das KGV ist jedoch nicht die einzige Bewertungsmethode und als alleiniges Kriterium nicht ausreichend. Ein Vergleich der Ertragsrenditen (das ist der Kehrwert des KGV) des heutigen Quality-Growth-Portfolios mit vergleichbaren Renditen von Staatsanleihen mit langer Laufzeit zeigt, dass diese trotz der aktuellen Tendenz zu höheren Zinsen und Anleiherenditen (noch) keine Herausforderung für die Ertragsrenditen des Quality-Growth-Portfolios darstellen.

Heute, im November 2021, zeigen die vergleichbaren Zahlen einen Multiplikator des Quality-Growth-Portfolios auf zukünftige Gewinne in der Größenordnung des 35-fachen, während lange Anleihen einen Multiplikator von 50 für zehnjährige US-Staatsanleihen und 66 für dreißigjährige US-Staatsanleihen aufweisen. Anleihen sind also teurer als Quality-Growth-Unternehmen, und das bei weitem. Die Frage, ob dies ein Merkmal der durch das Quantitative Easing künstlich niedrig gehaltenen Anleiherenditen ist, beschäftigt alle Anleger. Die Antwort wird nicht lange auf sich warten lassen, wenn die Zentralbanken den Fuß vom Gaspedal nehmen. Bislang haben die Märkte diese Erwartungen jedoch gelassen hingenommen.

Eine weitere Methode ist die Verwendung eines geeigneten Zinssatzes zur Diskontierung künftiger Cashflows und zur Schätzung ihres aktuellen Wertes. Auf dieser Grundlage könnte man argumentieren, dass ein Teil der künftigen Erträge tatsächlich in den heutigen Aktienkursen enthalten ist. Der Optimist wird jedoch darauf hinweisen, dass angesichts der Tatsache, dass Quality-Growth-Unternehmen in den Pandemiejahren aufgrund ihrer Preissetzungsmacht und anderer Eigenschaften weitgehend gediehen sind und ihre Erträge sogar gesteigert haben, der vor einigen Jahren verwendete und auch heute noch verwendete Abzinsungssatz zu konservativ war und ist. Wenn dieser Satz gesenkt wird, erscheinen die Bewertungen vernünftiger. Wie auch immer, es zeigt sich, dass der Quality-Growth-Investor von einem zeitlich unlimitierten Investment-Horizont ausgehen kann. Dies wird ihm helfen, sich auf die Unternehmen zu konzentrieren und nicht auf ihre Bewertungen.

30-jährige Anleihenerträge vs.
Seilern-Universe-Erträge

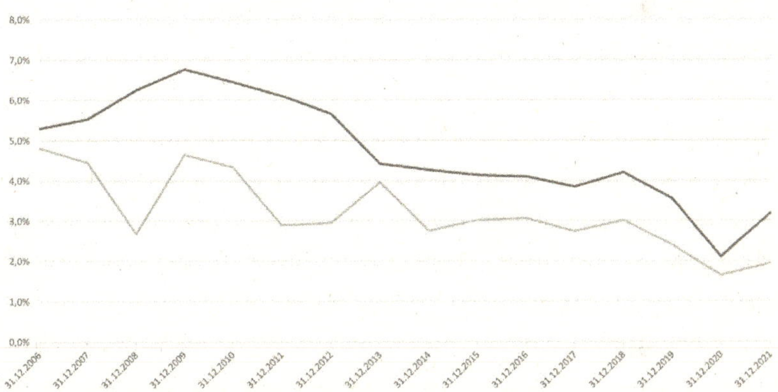

Quelle: Seilern Investment Management, Bloomberg, Factset

Obwohl der Markt in den vergangenen Jahren vielen Quality-Growth-Unternehmen relativ steile KGV-Raten und starke Aktienkurssteigerungen, basierend auf Ertragswachstum, beschert hat, sind sie als Anlageklasse bei Weitem nicht in der Nähe des von vielen Beobachtern behaupteten Höchststands.

Sie werden einen Höhepunkt erreicht haben, sobald sich herausstellt, dass die Anleihenerträge in den nächsten Jahren weiter ansteigen. Es ist zu bedenken, dass selbst in diesem Fall die Aktienkurse aller Arten von Unternehmen beeinflusst werden, nicht nur jene von Quality-Growth-Unternehmen. Und da die strikte Definition eines Quality-Growth-Unternehmens eine weitgehend schuldenfreie Bilanz beinhaltet, folgt daraus, dass die Auswirkungen steigender Anleihenerträge auf ein solches Unternehmen weniger gravierend sein werden als auf diejenigen mit stärker gefährdeten Bilanzen.

Aber könnte nicht eine Zeit kommen, in der selbst die besten Quality-Growth-Unternehmen so teuer geworden sind, dass es sich nicht mehr lohnt, sie zu besitzen?

Selbstverständlich. Zumindest kurzfristig. Nehmen wir an, wir hatten ein so prächtiges Zinsumfeld, dass Quality-Growth-Unternehmen mit ihrem regelmäßigen und langfristigen Gewinnwachstum zum Hit des Monats werden. Ähnlich wie in der Zeit der Nifty Fifties. Das KGV der 50 am besten bewerteten Unternehmen der 1960er- und 1970er-Jahre stieg in stratosphärische Höhen. Dann müsste man vorsichtig sein. Dies könnte der Fall sein, wenn die aktuelle Marktstimmung von der Angst vor einer deflationären Pleite zur Erwartung einer solchen wechselt.

Dies könnte der Fall sein, wenn die derzeitige Marktstimmung von der Furcht vor einer dauerhaften Inflation zur Erwartung einer deflationären Pleite und in weiter Folge in einen deflationären Boom umschlägt. Dies wird – wenn überhaupt – das Thema im Jahr 2022 und danach sein.

Dann würde das Thema Bewertung noch wichtiger werden als normalerweise. Davon sind wir zurzeit weit entfernt – sehr weit. Aber sag niemals nie. Wenn wir dieses Niveau in den nächsten Jahren erreichten, würden wir mit unserem Portfolio enorme Kapitalgewinne erzielen.

War die Geldpolitik der Nationalbanken in vielen Ländern nach der Krise von 2008 notwendig oder hat sie übertrieben?

Die Geldpolitik war notwendig und nicht übertrieben. Als die gesamte Marktliquidität zu Beginn der Krise im Jahr 2008 fast verschwunden war, griffen führende Zentralbanken zu Recht dort ein, wo die Marktkräfte versagt haben. Auf diese Weise schützten und bewahrten sie das internationale Bankensystem trotz Einzelinsolvenzen wie Lehman Brothers. Dabei wurde immer wieder darüber diskutiert, ob die Zentralbanken der Natur – im Stil der österreichischen Ökonomen – ihren Lauf lassen oder eingreifen sollten, um die Situation zu retten. Die erste Vorgehensweise hätte zu Massenkonkursen und Arbeitslosigkeit geführt, während die zweite das meiner Meinung nach »unnötige Blutbad« verhindert hat.

Als die US-Notenbank beschloss, die QE (Quantitative Easing, quantitative Lockerung) einzustellen und ihre Bilanz zu »schrumpfen«, wurde ihre Rolle beim Kauf von Staatsanleihen mit neu geschaffenem Geld von institutionellen und anderen Käufern umgehend und nahtlos aufgenommen, wodurch die Zinsen sehr niedrig gehalten wurden. Diese weitgehend unerwartete Marktmacht, die bis heute existiert, ist ein Beweis dafür, dass die Geldpolitik nach der Krise nicht als künstlich oder übertrieben bezeichnet werden kann.

Gegenwärtig gibt es erneut konkrete Erwartungen, dass die Großzügigkeit der Zentralbanken in den kommenden Monaten und Jahren unter allen Umständen abnehmen wird, um etwaige Gefahren einer verfestigten Inflation zu bekämpfen. Zu diesem Zeitpunkt werden die unerwarteten Marktkräfte der institutionellen Käufer, die auf der Suche nach Rendite sind, erneut auf die Probe gestellt.

Aber die Zentralbanken sind weder allmächtig noch immun gegen Fehler. Das Handeln der Zentralbanker sollte sich auf Signale von längerfristigen Anleihenmärkten stützen. Es gibt Zeiten, in denen diese Märkte darauf hinweisen, dass die Geldpolitik der Zentralbanker vor oder hinter der »Kurve« liegt. Im ersten Fall sind die Zentralbanker zu aggressiv oder zu früh bei den Leitzinsen; im zweiten Fall zu langsam, je nachdem ob die Bewegung nach oben oder nach unten erfolgt.

Sie glauben also nicht, dass das hohe Maß an quantitativer Lockerung in den Vereinigten Staaten, der EU und Japan die Zinsen künstlich niedrig gehalten haben, wie viele Kommentatoren behaupten?

Nein, auf keinen Fall. Darüber hinaus übertreffen die Unternehmenserträge auf das investierte Kapital immer noch die Kosten. Letztendlich sind es die Rentenmärkte, die bestimmen, was die Zentralbanken tun sollten, und die jüngste Flucht in die Sicherheit auf diesen Märkten könnte durchaus ein Zeichen dafür sein, dass ohne eine weitere monetäre Lockerung eine deflationäre Pleite drohen könnte. Heute wird das langsame Zurückfahren der Anleihenkäufe durch die Zentralbanken signalisiert, aber die Renditen längerfristiger Anleihen sind trotzdem ruhig geblieben.

Ist es richtig, die Erträge von zehnjährigen Staatsanleihen als Näherungswert für den risikofreien Zinssatz zu verwenden?

Seit der globalen Finanzkrise haben sich die akzeptierten Vorstellungen von Risiko verändert. Die Herausforderung, den angemessenen risikofreien Zinssatz zu bestimmen, wurde durch die Auswirkungen der Geldpolitik (in Form einer quantitativen Lockerung) und die Neubewertung von kurz- und mittelfristigen Papieren verschärft. Damit werden in vielen Fällen negative Zinssätze geschaffen, was seit Generationen nicht mehr zu beobachten war.

Es war schon immer ein unbestrittener Grundsatz der Märkte, dass 10- oder 30-jährige US-Staatsanleihen der beste Indikator für eine lange Laufzeit und risikofreie Investitionen sind. Es ist bekannt, dass Kreditvergaben an die US-Regierung oder andere OECD-Regierungen die sichersten der sicheren Häfen darstellen. Viele Investoren sollten sich jedoch daran erinnern, dass das Verhältnis von Staatsschulden zum BIP in den OECD-Ländern in den vergangenen 25 Jahren explodiert ist. Wie die Regierungen jemals ihre Kredite zurückzahlen werden, ist eine offene Frage. Diese wird selten, wenn überhaupt, unter Politikern diskutiert, deren ungezwungene Haltung »Après nous, le déluge« (»nach uns die Sintflut«) zu sein scheint!

Diese Situation hat sich seit dem Ausbruch der Covid-19-Pandemie noch erheblich verschlimmert. Überall auf der Welt wurde jeder Rest von Sparsamkeit aus der Zeit vor der Pandemie in den Wind geschlagen, als die Regierungen das Regelwerk zerrissen und sich auf eine Verschuldungs-, Ausgaben- und in einigen Fällen auch Steuerflut begaben.

Historisch gesehen war es sinnvoll, zu dem Schluss zu kommen, dass die Investition in langfristige Staatsanleihen mit einer risikofreien Anlage gleichzusetzen ist. Eine Anschauung, die heute umstritten ist. Diese Sicherheit kann durchaus ein langfristiges Gut sein, das aber auch wachsende, wenngleich versteckte Risiken birgt. Es kann nicht mit dem Risiko verglichen werden, das einem Quality-Growth-Geschäft innewohnt. Schließlich ist es besser, von einem Quality-Growth-Unternehmen gerettet zu werden, als mit einer Staatsanleihe unterzugehen.

Derzeit ist es undenkbar, dass Inhaber von Staatsanleihen bei ihren erwarteten risikofreien Investitionen unter Beeinträchtigungen leiden werden. Die Verschlechterung der Schuldenquote der Staaten, der zwangsläufig ein galoppierender Mittelbedarf folgt, kann nur durch Rückgriffe auf Vermögen der (steuerpflichtigen) Anleiheninhaber gedeckt werden. Das macht den Griff in die Geldbörsen der Anleger (Haircut-Szenario) völlig plausibel. Aus diesem Grund müssen sich Anleihengläubiger mehr vor dem Zeitablauf fürchten als Inhaber von Quality-Growth-Unternehmen.

Es kann vorkommen, dass es sinnvoll ist, die Erträge einer Unternehmensanleihe mit AAA-Rating als Wert für den risikofreien Zinssatz zu verwenden. Die Unterschiede zwischen Erträgen von Unternehmens- und Staatsanleihen sowie zwischen den Anleihenarten bleiben jedoch nicht konstant. Der für die Investitionsanalyse geeignete risikofreie Zinssatz kann sich von Jahr zu Jahr ändern. Anfang 2016 fiel beispielsweise eine Hausse bei einigen Staatsanleihen mit einer Hausse bei bestimmten Klassen von Unternehmensanleihen zusammen. Dadurch wurden langfristige Staatsanleihen zu einer zuverlässigeren risikofreien Benchmark als jede Unternehmensanleihe, selbst die kreditwürdigste. Für den Quality-Growth-Investor ist diese Debatte weitgehend akademisch, denn die Kardinalregel unter den Zehn Goldenen Regeln ist das Fehlen nennenswerter Schulden in der Bilanz des Unternehmens.

Mit welcher Aktienrisikoprämie berechnen Sie den Diskontierungssatz bei der Bewertung von Quality-Growth-Unternehmen?

Dies ist Gegenstand der laufenden Debatte in unserem Geschäft. Unser aktueller aggregierter Diskontierungssatz liegt bei 7,5 Prozent, beinhaltet aber einen risikofreien Zinssatz, dessen Volatilität in den vergangenen 18 Monaten sehr hoch war. Der Ausdruck »risikofreier Zinssatz« ist an sich etwas irreführend. In Wirklichkeit sollte der Abzinsungssatz auf der Grundlage des »risikofreien Zinsumfelds« festgelegt werden. Dies verhindert, dass der Zinssatz bei jeder Bewegung auf den Anleihemärkten angepasst werden muss.

Wenn die Welt eine deflationäre Pleite vermeidet und Quality-Growth-Unternehmen auch weiterhin die überdurchschnittlichen Erträge erzielen, die sie bisher erzielt haben, ist es denkbar, dass die Aktienrisikoprämie auf dieses Portfolio weiter schrumpft; solange die KGVs vernünftig bleiben, bedeutet dies, dass das Thema Bewertung nicht die höchste Priorität hat.

Die zwei Jahre seit Ausbruch der Pandemie haben gezeigt, wie ein echtes Quality-Growth-Unternehmen seine Umsätze und Erträge weiter steigern, seine operativen Margen und seine Preissetzungsmacht bewahren und damit die Nachhaltigkeit seines Geschäftsmodells sichern kann. Infolgedessen ist es wahrscheinlich, dass das Quality-Growth-Unternehmen auf dem Markt weit vorne positioniert bleibt, indem es den Graben vertieft, der es vor der Konkurrenz schützt. Es ist daher legitim, darüber nachzudenken, ob der Abzinsungssatz unabhängig von der Aufwärtsentwicklung der Anleiherenditen und Zinssätze gesenkt werden könnte.

Inwieweit haben Qualitative Lockerung und andere monetäre Impulse zu einer starken Performance des Quality Growth seit 2008 beigetragen?

Erheblich. Eine Kernschmelze des Weltfinanzsystems hätte kein Geschäft unversehrt gelassen. Dies hätte sich schnell in allen Aktienkursen widergespiegelt, auch in denen von Quality-Growth-Unternehmen. Denn auch hier ist es wichtig, festzustellen, dass die stärksten Leistungen im Universum des Quality Growth von Unternehmen mit geringer oder gar keiner Verschuldung erbracht wurden.

Es könnte logisch argumentiert werden, dass steigende Zinsen kaum Auswirkungen auf schuldenarme oder schuldenfreie Quality-Growth-Unternehmen haben, aber auch fallende Zinsen ihre Aktienkurse nicht stützen. Im heutigen Umfeld, von dem wir glauben, dass die Zinsen für längere Zeit niedrig bleiben werden – wir nennen dies den »Big Long« –, sind die Kurse von Quality-Growth-Unternehmen relativ geschützt, auch wenn es keine KGV-Prämie für langfristige Staatsanleihen gibt. Aber selbst im heutigen Umfeld, in dem wir immer noch vorsichtig optimistisch sind, dass die Zinsen länger niedrig bleiben werden (wir nennen dies den »Big Long«), sind die Kurse von Quality-Growth-Aktien relativ geschützt.

Wie niedrig können Ihrer Meinung nach Anleihenerträge noch werden?

Es gibt keine Begrenzung, wie niedrig oder negativ die Anleihenerträge sein können. Die wichtige Frage ist, wie lange sie auf einem so niedrigen Niveau bleiben werden. Das wird Auswirkungen auf die Weltwirtschaft haben. Da ist noch keine Entscheidung gefallen. Es gibt nur wenige Anzeichen dafür, dass Inflation im traditionellen Sinn mit zu viel Geld für zu wenig Waren oder Dienstleistungen jederzeit und bald wiederauftauchen wird. Doch schon beim Anschein einer solchen Entwicklung werden die Anleihenrenditen voraussichtlich steigen. Der heutige Anstieg der Anleiherenditen nach den Plänen der Zentralbanken zur Verringerung des Quantitative Easing wirft die Frage auf, um wie viel höher die Anleiherenditen noch steigen werden und nicht umgekehrt. Diese Frage ist noch nicht entschieden. Es gibt jetzt Anzeichen dafür, dass eine pandemiebedingte Inflation im traditionellen Sinne, bei der zu viel Geld für zu wenige Waren (oder Dienstleistungen) ausgegeben wird, länger als erwartet anhalten könnte.

Besteht nicht die Gefahr, dass die höhere Inflation eher früher als später zurückkehrt?

Das ist möglich, aber auf lange Sicht unwahrscheinlich. Ein wichtiger Vorbehalt ist die Frage, ob die derzeitigen Störungen auf der Angebotsseite und die damit verbundene kostentreibende Inflation mit dem nachfrageseitigen Element zusammenfallen werden, das sich aus einer Verzerrung des Arbeitsmarktes ergibt. Viele ältere Arbeitnehmer in den USA haben ihre Einstellung zur Arbeit geändert, nachdem sie während der Pandemie entweder beurlaubt oder entlassen worden waren. Zwei Jahre später zögern sie, sich eine neue Beschäftigung zu suchen, was zu Personalengpässen führt, die sich in höheren Löhnen niederschlagen. Am stärksten ist dies im Bereich der gering qualifizierten Arbeit zu beobachten. Die Zeit wird zeigen, ob ein Wiedererstarken der Globalisierung verhindern wird, dass die Lohnerhöhungen außer Kontrolle geraten und die Inflation anheizen, oder ob ein ähnliches Szenario, wie vor der Pandemie, wiederkehren wird.

Welche Szenarien für Markt- und Quality-Growth-Investitionen in den nächsten zehn Jahren sehen Sie?

Im besten Fall bleiben die Zinsen und Anleihenerträge über viele Jahre hinweg niedrig. Dies würde für KGVs eine sichere Basis schaffen und gleichzeitig die Prämie erhalten, die Quality-Growth-Unternehmen derzeit genießen. Der schlimmste Fall ist eine deflationäre Pleite, die sich aus negativen Rentenrenditen ergibt. Dies würde in logischer Konsequenz eine negative Rückkopplungsschleife schaffen und zu erheblichen Bankausfällen und Kürzungen bei Anleihengläubigern führen, von denen die schwächeren Schuldner betroffen sein könnten. Obwohl Investitionen in Quality-Growth-Unternehmen wahrscheinlich weniger darunter leiden würden, hätte der Gesamtmarkt eine bewegte Zeit, und niemand würde verschont bleiben.

Denken Sie, dass Pensionsfonds endlich die Attraktivität von Quality-Growth-Unternehmen Investitionen erkannt haben?

In den Niederlanden beispielsweise sind die Pensionsfonds in heller Aufregung, weil der Zinssatz, zu dem sie gezwungen sind, ihre Verbindlichkeiten zu diskontieren, so niedrig ist. Die Tatsache, dass die Pensionsfonds in Bezug auf die Höhe ihrer Anlagen in Aktien begrenzt sind, wird es ihnen erschweren, wenn nicht gar unmöglich machen, die Erträge von 7 bis 8 Prozent zu erreichen, die sie zur Deckung ihrer Verbindlichkeiten benötigen.

Die Niederlande sind eines von vielen Beispielen dafür, wie die Pensionsfondsbranche per Gesetz gezwungen ist, staatliche und versicherungsmathematische Definitionen von Risiko und Ertrag zu übernehmen. Die Erwartung, dass sich dies in absehbarer Zeit ändern wird, grenzt an Wunschdenken.

Die Lösung für mich ist klar: Die Pensionsfonds sollten nicht nur in der Lage, sondern auch verpflichtet sein, wesentlich mehr in Aktien zu investieren, und zwar insbesondere in jene Aktien, in die wir investieren. Ich sage das nicht, weil es unsere Anlagephilosophie ist. Ich sage es, weil die Anlagephilosophie des Quality Growth von Natur aus optimal für Pensionsfonds geeignet ist.

Doch nach wie vor verbieten die Aufsichtsbehörden Aktienanlagen wegen der potenziellen Volatilität, die Aktienkurse mit Risiken gleichsetzt. Die Regulatoren nennen das Volatilitätsrisiko, als ob sie das Gleiche wären. Für mich ist das blanker Unsinn.

Warum sind Sie so zuversichtlich, dass die EU und/oder die Eurozone überleben werden?

Die Errungenschaften der Europäischen Union, die in den zurückliegenden 60 Jahren erreicht wurden, sind bedeutend und nicht mehr rückgängig zu machen. Ich sage das nicht nur als geborener Mitteleuropäer, der sich des Chaos, das dem Ersten Weltkrieg folgte, sehr bewusst ist.

Die EU hat mehrere politische und wirtschaftliche Krisen überlebt, obwohl sporadische Zentrifugalkräfte versuchten, sie zu zerstören. Die Wirtschafts- und Währungsunion hat noch einen langen Weg vor sich, bevor sie effizient funktionieren wird. Obwohl die Fortschritte langsam sind, ist sie meiner Meinung nach auf dem richtigen Weg.

Die politische Union mag in eine Sackgasse geraten sein, aber die Notwendigkeit an Stärke, Profil und Bedeutung zu gewinnen, gewinnt durch Brexit und die Herausforderungen durch China, Russland und das fallende Vertrauen der USA ständig an Bedeutung.

Es ist nicht nachvollziehbar, dass 450 Millionen Europäer von 325 Millionen Amerikanern vor 500 Millionen Russen geschützt werden. Sowohl das Europäische Parlament als auch die Europäische Kommission waren und sind in ihrem Denken und Handeln relativ – und ich betone relativ – europaorientiert. In geringerem Maße gilt das für den Europäischen Rat, der sich aus nationalen Staats- und Regierungschefs zusammensetzt. Bei den Mitgliedern dieses Gremiums herrscht eine »zwischenstaatliche Mentalität« vor, wodurch im Zuge der Bündelung der nationalen Souveränitäten eine »gläserne Decke« erreicht wurde. Es ist entscheidend, dass der Prozess wieder in Gang kommt, was unter großem Protest wohl auch der Fall sein wird.

Trotz populistischer Bewegungen (die von den Medien in ihrer Bedeutung oft stark übertrieben werden) hat der Brexit gezeigt, wie schwierig es ist, die EU zu verlassen, ohne große Umbrüche zu verursachen. Der Brexit kann als eine Strategie gegen moralisches Risiko gesehen werden. Was die Eurozone betrifft, so ist die einheitliche Währung ohne Frage noch weitgehend unausgereift. Aber der Entwicklungsprozess ist noch im Gange, und die Dynamik hinter der Etablierung einer europäischen Bankenlösung, eines Eurobondmarktes und einer Transferunion wird eher wachsen, wenn auch langsam, als dass sie sich zurückentwickelt.

Wenn die durchschnittlichen Erträge auf das investierte Kapital von Unternehmen in Ihrem Investmentuniversum 20 Prozent betragen, erwarten Sie nicht, dass die Erträge für Investoren dieser Unternehmen im Laufe der Zeit ebenfalls jährlich um etwa 20 Prozent steigen?

Es ist nicht ganz so einfach. Es gibt zwei Komponenten, die zusammengenommen die langfristig erwarteten Erträge einer Aktie bestimmen: zum einen die Rendite auf das eingesetzte Kapital und zum anderen die Fähigkeit, die Erträge zu steigern. Sie müssen beide in der Lage sein, die annualisierten Erträge zu erzielen, die Investoren in Quality-Growth-Unternehmen typischerweise erwarten.

Theoretisch sollten die durchschnittlich gewichteten Kapitalkosten eines Unternehmens seinen langfristig erwarteten Erträgen entsprechen, da die Gewinne mit der Zeit durch die Konkurrenz unter Druck gesetzt werden. Wenn man jedoch ein Unternehmen findet, das in der Lage ist, das Ertragswachstum über seine Kapitalkosten hinaus auf Dauer (oder zumindest für eine sehr lange Zeit, sagen wir 50 Jahre) aufrechtzuerhalten, dann sollte die Kursentwicklung der Aktie mit der Entwicklung des Gewinnwachstums übereinstimmen.

Ein Unternehmen, das seinen Gewinn mit 10 Prozent pro Jahr steigert, sollte theoretisch und dank des Zinseszinseffektes in der Lage sein, seine Größe alle sieben Jahre ad Infinitum zu verdoppeln.

Die typischen Erträge, die Quality-Growth-Unternehmen erzielt haben, liegen seit 2006 in der Größenordnung von 9 Prozent pro Jahr.

Meiner Meinung nach bestimmt die Rendite auf eingesetztes Kapital, auch ROIC (Return on Invested Capital) genannt, nicht allein, wohin der Aktienkurs eines Unternehmens gehen wird, aber diese Bilanzkennzahl ist die erste entscheidende Komponente, die darüber entscheidet, ob das Ertragswachstum eines Unternehmens langfristig ist oder nicht. Die Höhe des Gewinnwachstums bestimmt letztlich die Kursentwicklung der Aktie im Zeitablauf. In der Praxis müssen Sie auch die Kosten für den Betrieb eines Portfolios und die Möglichkeit berücksichtigen, dass der Fondsmanager gelegentlich Fehler macht, wie wir es alle hin und wieder tun.

An dieser Stelle sei mir ein bildhafter Vergleich gestattet. Um langfristig starke Erträge zu erwirtschaften, muss man wie bei der Basis für einen guten Soffritto/Saucenansatz vorgehen. Das Öl (ROIC) ist die kritische Größe und das Medium, das es ermöglicht, den Soffritto zusammenzuhalten. Ebenso legt ein starker ROIC die Grundlage für den späteren Auf- und Ausbau eines Unternehmens. Der ROIC ist der Schlüsselfaktor, der die Nachhaltigkeit dieses Wachstums bestimmt.

Wenn das Öl »genau richtig« erwärmt wird, muss man den zweiten Schlüsselbestandteil, Knoblauch (Ertragswachstum), hinzufügen. Der Knoblauch erweckt das Öl zum Leben und verbessert und verändert die Qualität des Öls. Ein Unternehmen mit einem hohen ROIC benötigt Gewinnwachstum, sonst wird es einfach keinen wirtschaftlichen Mehrwert schaffen (kein Knoblauch = kein Geschmack). Ebenso benötigt ein Unternehmen mit Ertragswachstum die Stärke eines Bindemittels, um seine Marktmacht zu erhalten und auszubauen (kein Öl = der Knoblauch zerfällt langsam).

Wie wird sich der Krieg von Wladimir Putin gegen die Ukraine auf die Finanzmärkte im Allgemeinen und auf Unternehmen mit Qualitätswachstum im Besonderen auswirken?

Seit dem Ende des Zweiten Weltkriegs hat es zahlreiche Beispiele für regionale Kriege und terroristische Ereignisse gegeben. Wenn diese Konflikte globale Supermächte oder Rohstoffe, insbesondere Öl, betrafen, haben die Finanzmärkte ganz anders reagiert als bei militärischen Spannungen auf lokaler oder regionaler Ebene.

Obwohl es Anzeichen dafür gibt, dass Präsident Putin diese Aggression seit vielen Monaten, wenn nicht gar Jahren, bis ins Detail vorbereitet hat, kam sein relativ plötzlicher Angriff auf einen friedlichen Nachbarn überraschend. Die scharfe Reaktion in der ganzen Welt, bei der die USA mit der Verhängung von Wirtschafts- und anderen Sanktionen gegen Russland und seine Oligarchen die Führung übernahmen, hat zwei oder mehr globale Supermächte direkt gegeneinander aufgebracht. Die ukrainische Ostregion Donbas sowie die Ukraine insgesamt sind reich an Bodenschätzen und Rohstoffen. Daher hat sich Putin in erster Linie auf diese Region konzentriert. Der heftige Anstieg der Weltmarktpreise für Erdöl hat die perfekten Bedingungen für einen Konflikt zwischen Großmächten geschaffen, bei dem es um Rohstoffe geht. In einer Zeit, in der die Inflation aus ihrem langen Seitwärtstrend ausgebrochen ist, werden die Ereignisse die Weltwirtschaft zwangsläufig negativ beeinflussen. Ob es sich die Zentralbanken der Welt leisten können, die Zinssätze vor einem solchen Hintergrund anzuheben, ist die brennende Frage der Finanzmärkte und die Antwort ist noch nicht klar.

Trotz der in letzter Zeit abrupt fallenden Aktienkurse blieben die regelmäßig von Quality-Growth-Unternehmen gemeldeten Geschäftsergebnisse im Großen und Ganzen von den jüngsten geopolitischen Ereignissen unberührt. Selbst die Covid-Epidemie hat sich als vorübergehende Schwäche ihrer Ertragskraft erwiesen. Es ist unwahrscheinlich, dass die gegen Russland verhängten Wirtschaftssanktionen in den kommenden Monaten oder Jahren negative Nebeneffekte für wachstumsstarke Unternehmen haben werden.

Was die Märkte im Allgemeinen betrifft, so wäre es ratsam, sich ähnliche Beispiele aus der Vergangenheit anzusehen, bevor man sich der Herde von Anlegern anschließt, die dazu neigen, heute zu verkaufen und erst dann nachzukaufen, wenn wieder Klarheit herrscht. Das hat schon oft zu einem dauerhaften Kapitalverlust geführt. Hier sind einige Beispiele.

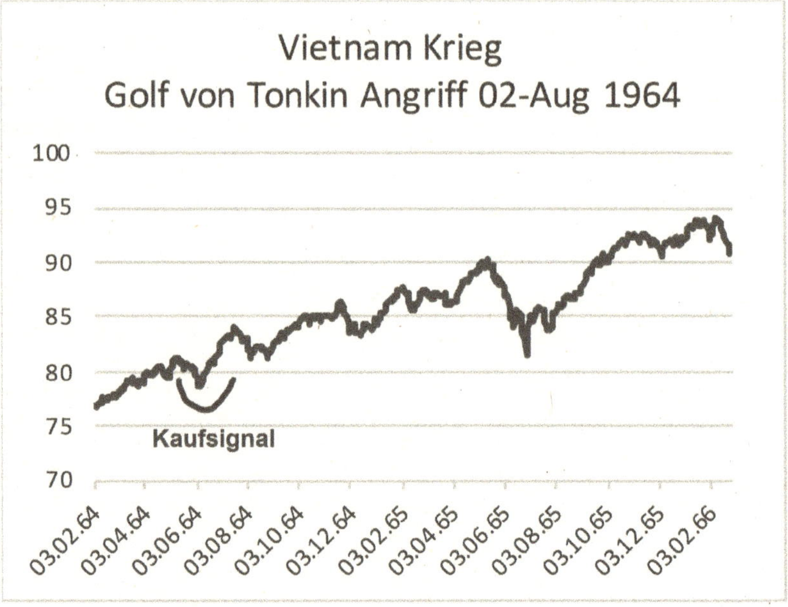

Quelle: Bloomberg/Seilern Investment Management

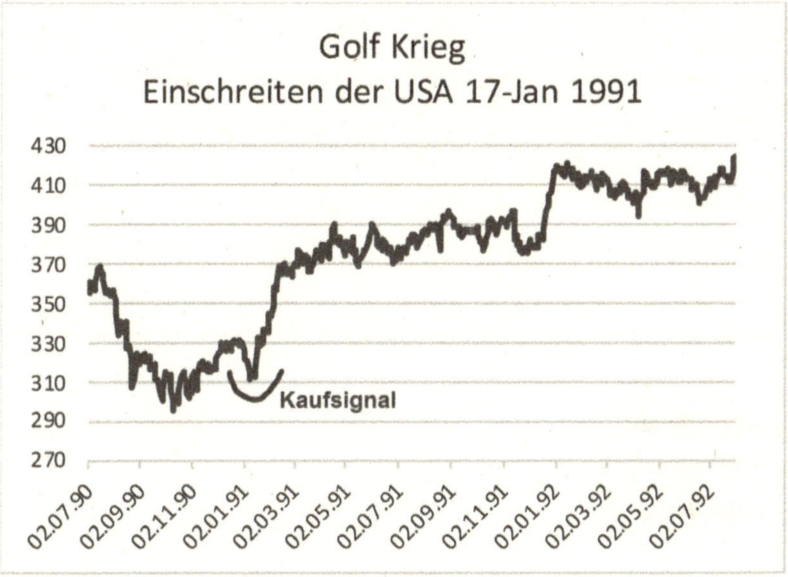

Quelle: Bloomberg/Seilern Investment Management

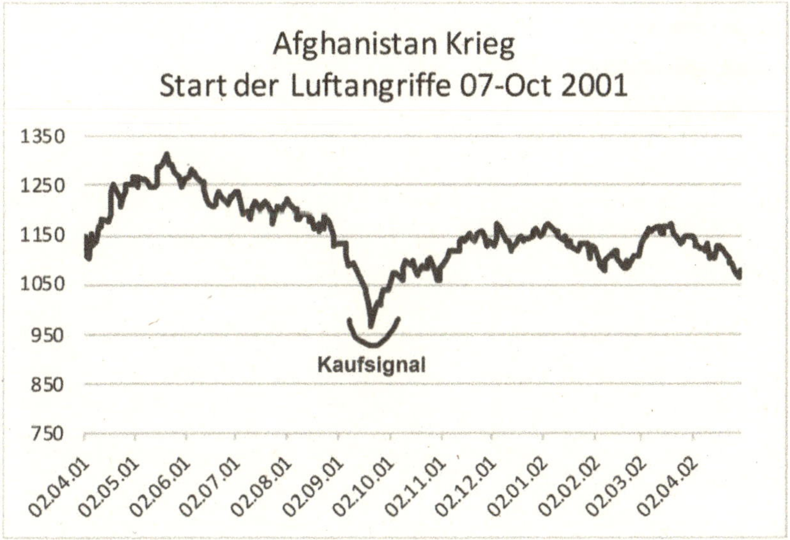

Quelle: Bloomberg/Seilern Investment Management

Quelle: Bloomberg/Seilern Investment Management

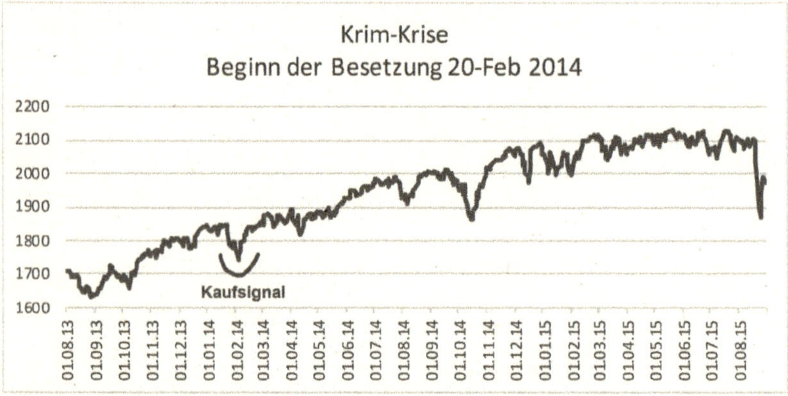

Quelle: Bloomberg/Seilern Investment Management

Wie Aktien auf geopolitische Krisen reagieren
S&P 500 Index und politische Ereignisse

Krise	Datum	Entwicklung am ersten Tag	Gesamtrückgang	Anzahl Tage im Minimum	Anzahl Tage für Kurserholung
US Rückzug aus Afghanistan	30.08.21	0,40%	-0,1	1	3
Iranischer General fällt durch Luftangriff	03.01.20	-0,70%	-0,7	1	5
Saudi Arabischer Drohnenangriff	14.09.19	-0,30%	-4,00%	9	41
Raketenkrise in Nord-Korea	28.07.17	-0,10%	-1,50%	14	36
Bombardement Syriens	07.04.17	-0,10%	-1,20%	7	18
Bombenanschlag auf den Boston Marathon	15.04.13	-2,30%	-3,00%	4	15
Bombenanschlag auf Londoner U-Bahn	05.07.05	0,90%	0,00%	1	4
Bombenanschlag in Madrid	11.03.04	-1,50%	-2,90%	14	20
Terroranschlag auf das World Trade Center	11.09.01	-4,90%	-11,60%	11	31
Invasion des Irak in Kuwait	02.08.90	-1,10%	-16,90%	71	189
Attentat auf Reagan	30.03.81	-0,30%	-30,00%	1	2
Yom Kippur Krieg	06.10.73	0,30%	-60,00%	5	6
Anschlag auf Olympische Spiele München	05.09.72	-0,30%	-4,30%	42	57
Tet Offensive	30.01.68	-0,50%	-6,00%	36	65
6-tages-krieg	05.06.67	-1,50%	-1,50%	1	2
Vorfall im Golf von Tonkin	02.08.64	-0,20%	-2,20%	25	41
Ermordung John F. Kennedys	22.11.63	-2,80%	-2,80%	1	1
Raketenkrise in Kuba	16.10.62	-30,00%	-6,60%	8	18
Suez Krise	29.10.56	0,30%	-1,50%	3	4
Ungarnaufstand	23.10.56	-0,20%	-80,00%	3	4
Nord-Korea besetzt Süd-Korea	25.06.50	-5,40%	-12,90%	23	82
Angriff auf Pearl Harbour	07.12.41	-3,80%	-19,80%	143	307
Durchschnitt		-1,10%	-4,80%	19,7	43,2

Quelle: LPL Researcı S&P Dow Jones Index CPRA 24.1.2021

Quelle: Bloomberg/Seilern Investment Management

KAPITEL 8

FAZIT

Es bleibt zu hoffen, dass der Leser dieses Buches zu dem Schluss kommt, dass das Mainstream-Denken über die Themen Risiko und Ertrag dem langfristigen Erhalt und der Erhöhung des Kapitals nicht förderlich ist. Als Autor hoffe ich, verständlich gemacht zu haben, dass etablierte Weisheiten in Angelegenheiten, die sich auf Investitionen beziehen, eher dazu beitragen können, die Besorgnis über den Verlust von Geld zu dämpfen und – wenn Verluste eintreten – diese vor sich selbst und anderen zu rechtfertigen. Das ist jedoch ein gefährlicher Modus, der zunächst das Gewissen beruhigt, langfristig jedoch zu einem kompletten Kapitalverlust führen kann.

Es spielt keine Rolle, wem das jeweilige Kapital gehört. Es ist ohne Belang, ob dies Einzelpersonen sind, auch deren Alter, Familienstand oder sozialer Level sind unerheblich. Es zählt nicht, ob es sich um Family Offices, Pensionsfonds oder Lebensversicherungsportfolios handelt. Die Anlagerichtlinien sollten sich nicht ändern, je nachdem, wessen Risiko veranlagt wird, ebenso wenig, wie der Wert einer Banknote nicht von der Brieftasche abhängt, in der sie sich befindet. Ein Dollar ist ein Dollar.

Erträge: MSCI World Weltaktienindex versus Seilern Universum Gewinnrendite

	5 Jahre	10 Jahre	Seit Dezember 2016
Seilern Universe	12,4 % p. a.	16,5 % p. a.	11,0 % p. a.
MSCI World	6,6 % p. a.	10,7 p. a.	5,3 % p. a.

Quelle: Seilern Investment Management

Zusammenfassung der jährlichen Gewinne des Seilern Universe versus MSCI World Total Return

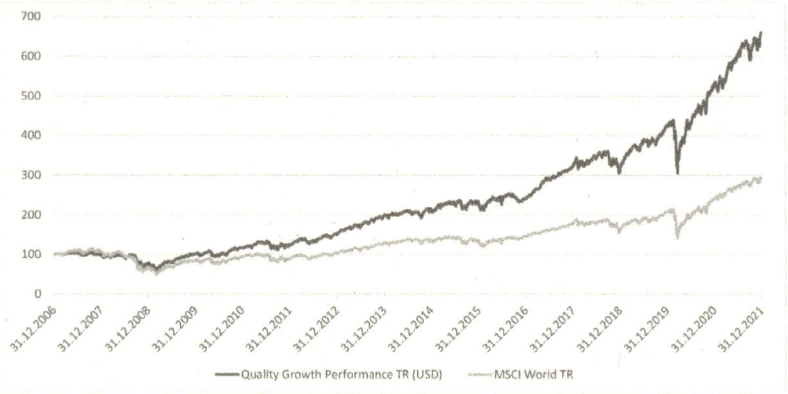

Quelle: Bloomberg, Seilern Investment Management

Obwohl sprichwörtlich viele Wege nach Rom führen, glauben Quality-GrowthInvestoren, dass es nur einen einzigen, wahren Weg gibt, sich dieser Aufgabe zu nähern. Wenn der Erfolg einer Investition in der Kunst liegt, Fallen zu vermeiden, dann weiß der Quality-Growth-Investor, was es zu vermeiden gilt und weshalb. Für ihn wird das zugrunde liegende Geschäft wichtiger sein als der jeweilige Aktienwert, wie es von manchmal sentimentalen Aktienanalysten verfügt wird. Seinen Blick auf das Geschäft mehr als auf den Aktienkurs zu richten wird seine oberste Priorität sein.

So wie der Schwanz des Aktienmarktes nicht mit dem Hund des Rentenmarktes wedeln kann, wird der Geldpreis immer der letzte Schiedsrichter sein und den größten Einfluss auf die Aktienkurse haben. Durch Investitionen in Quality-Growth-Wachstum wird der Anleger deshalb nicht die Anleihenmärkte außer

Acht lassen; er wird jedoch zu ihnen auf Distanz gehen, solange die Erträge der Aktienanlagen (Assets), die seinem Portfolio zugrunde liegen, durch felsenfeste Bilanzen gesichert sind. Dies ist meine langjährige Erfahrung, wie die folgenden Diagramme zeigen.

Die Zehn Goldenen Regeln für Quality-Growth-Unternehmen sollten als Vorlage dafür dienen, herauszufinden, wie permanente Kapitalverluste vermieden werden können, wie Risiken reduziert und langfristig überlegene Erträge erzielt werden können. Der Quality-Growth-Investor wird bei seinen Investments stets nach dieser Vorlage entscheiden und handeln.

DANKSAGUNG

Mein Dank gilt den folgenden Personen, die zur Fertigstellung dieses Buches beigetragen haben:

Dr. Anatol Eschelmüller für das überzeugende Vorwort und Dr. Michael Stadlinger für das informative Nachwort sowie beiden Herren für die hervorragende Übersetzung.

Ivo Forde von Fin International, der mir als Sonderberater zur Seite stand.

Jonathan Davis für viele hilfreiche Vorschläge zur Verbesserung meines ursprünglichen Entwurfs.

Dr. Paul Morris, leitender Dozent an der University of Portsmouth, der mir fundierte Ratschläge zur Präsentation der Sachverhalte gab.

Fipsi Seilern, meiner geschätzten Tochter, für ihre stimmigen Illustrationen.

Tassilo Seilern-Aspang, Michael J. Faherty, Fernando Leon, Marco Lo Blanco, Corentin Massin und Quentin McFarlane und Lara Dobie, die als Investmentanalysten bei Seilern Investment Management Ltd. zum Kapitel über die Zehn Goldenen Regeln beigetragen haben.

Tobias Schudok, für die Projektleitung der deutschen Ausgabe beim FinanzBuch Verlag sowie Myles Hunt und Christopher Parker von Harriman House für die Produktion der englischen Originalausgabe.

Und meinem Freund Timothy Sisley, der mich ermutigte, dieses Buch zu schreiben und mir wertvolle Ratschläge gab.

QUALITY GROWTH IN EUROPA

EIN ÜBERBLICK VON MICHAEL STADLINGER

Quality Growth (Qualitatives Wachstum) ist etwas ganz Spezielles. Der Vergleich mit Wert- oder Wachstumsinvestitionen (Value oder Growth) ist oberflächlich und kurzlebig. Alle Unternehmen in dieser Liga sind allen anderen in Bezug auf langjähriges Umsatz- und Cashflow-Wachstum, das weit über dem durchschnittlichen Geschäft liegt, überlegen. Außerdem erfreuen sie ihre Aktionäre über lange Zeit mit ungewöhnlich hohen und oft expandierenden Gewinnmargen. Ihre Ertragskraft ist vorhersehbar, dauerhaft und basiert auf der Preismacht für ihre Angebote. Ihre Bilanzen sind weitgehend schuldenfrei, und ihre Kapitalrendite untermauert ihre überdurchschnittlichen Ertragswachstumsraten. Aufgrund ihrer Branchenposition verfügen sie über eine Preismacht, die ihren »Growth- oder Value-Brüdern« fehlt. Diese Eigenschaften spiegeln sich langfristig in den Aktienerträgen wider. Was Quality-Growth-Geschäfte von Value-Investitionen unterscheidet, ist ihr einmaliger Status, der sich von jedem dauerhaften Einfluss der Rentenmärkte entfernt hält.

Erstaunlicherweise haben sich derzeit nur sieben europäische Unternehmen in diese Liga vorgekämpft, zwei aus Deutschland und je eines aus Dänemark, Frankreich, Großbritannien, Schweden und der Schweiz.

Österreich ist derzeit gar nicht vertreten. Das liegt einerseits an der großen Bedeutung der Grundstoffindustrie (OMV, VOEST et al.) und der Vielzahl der Unternehmen mit direkter und indirekter Staatsbeteiligung (Post, A1, ÖBB et al.) und anderseits daran, dass viele Unternehmen nicht als AG organisiert sind oder nicht öffentlich an der Börse notieren (BWT, Magna, Red Bull, Swarovski et al.).

Adidas:

Die Adidas AG ist einer der größten Sportartikelhersteller weltweit. Das Unternehmen wurde 1949 neu gegründet und 1995 in den DAX aufgenommen. Bekannteste Marken dieses Konzerns sind Adidas und Reebok. Berühmt geworden durch seine Schuhe, werden heute auch Sportbekleidung und -ausrüstung sowie Accessoires hergestellt. Bei der Entwicklung der Produkte stehen innovative Verfahren und Grundsätze wie neue Dämpfungstechnologien, Lightweight, Nachhaltigkeit und digitale Sporttechnologien im Fokus.

	2016	2017	2018	2019	2020	2021
Personal am Ende des Jahres	60.617	56.888	57.016	59.533	62285	61401
Umsatz pro Mitarbeiter in Mio. EUR	0,32	0,37	0,38	0,55	0,32	0,35

ADIDAS BILANZ (IN MIO. EUR) – AKTIVA

	2016	2017	2018	2019	2020	2021
Summe Umlaufvermögen	8.886	8.645	9.571	10.934	12.154	13.944
Summe Anlagevermögen	8.097	7.573	8.143	9.746	8.899	8.193
Summe Aktiva	15.176	14.522	15.612	20.680	21.053	22.137

Diese Zahlen zeigen sehr deutlich, was ein Quality-Growth-Investor erwartet: steigende Umsätze und Gewinne, ständige Erhöhung der Produktivität. Seit der Gründung 1911 war das Unternehmen fast ständig im Aufwind. Der Aktienkurs folgte auch dieser Erfolgsgeschichte. Genau das suchen wir: Wachstum und Gewinn auch in Zeiten der Krise.

Beiersdorf:

Jeder kennt die Beiersdorf AG, wenn nur zwei Markennamen fallen: Nivea und tesa. Kosmetik und Klebebänder bestimmen den internationalen Erfolg dieses Unternehmens. Dazu gesellen sich bekannte Marken wir Labello, 8x4 oder Eucerin.

Für Industrie und Gewerbe entwickelt und vermarktet man außerdem selbstklebende Produkte und Systeme etwa in der Automobil-, Papier- und Pharmaindustrie. Außerdem beschäftigt man sich mit Fälschungs- und Manipulationsschutz.

	2016	2017	2018	2019	2020	2021
Personal am Ende des Jahres	17.934	18.934	20.059	20.634	20.306	20.567
Umsatz pro Mitarbeiter in Mio. EUR	0,38	0,37	0,36	0,37	0,38	0,37

BEIERSDORF BILANZ (IN MIO. EUR) – AKTIVA

	2016	2017	2018	2019	2020	2021
Summe Umlaufvermögen	4.276	4.279	4.570	4.747	4.276	4.631
Summe Anlagevermögen	4.669	5.122	5.648	5.318	5.929	6.668
Summe Aktiva	7.625	8.270	8.954	10.065	10.205	11.299

Coloplast:

Die dänische Coloplast AG beschäftigt sich seit fast 70 Jahren mit medizinischen Produkten und Services. Begonnen hat alles 1954 mit selbsthaftenden Stoma-Beuteln. Heute liegen die Schwerpunkte auf den Bereichen Urologie, Wund-, Haut- und Stomaversorgung sowie Inkontinenz. Dabei wird großer Wert auf die enge Zusammenarbeit mit Patienten und Gesundheitseinrichtungen gelegt.

	2016	2017	2018	2019	2020	2021
Personal am Ende des Jahres	10.275	10.905	11.738	12.234	12.568	12.874
Umsatz pro Mitarbeiter in Mio. DKK	1,43	1,42	1,40	1,47	1,48	1,54

COLOPLAST A-S (B) BILANZ (IN MIO. DKK) – AKTIVA

	2016	2017	2018	2019	2020	2021
Summe Umlaufvermögen	6.164	6.194	5.590	6.359	6.489	6.994
Summe Anlagevermögen	5.290	7.408	7.779	8.121	7.010	8.847
Summe Aktiva	11.007	12.050	11.769	12.732	13.499	15.841

Assa Abloy:

Assa Abloy ist ein schwedisches Unternehmen, das sich auf die Herstellung von Schließlösungen und Sicherheitssystemen spezialisiert hat. Der Konzern gilt als einer der führenden Hersteller, agiert auf dem internationalen Markt und ist dort in allen größeren Regionen vertreten. In weiten Teilen Europas, Amerikas und Australiens hat sich der Konzern als einer der Marktführer etabliert. Die Sicherheitssysteme des Unternehmens beinhalten Zutrittskontrollen, Identifizierung, Automatiktüren sowie Hotelsicherheit. Das umfassende Angebot von Schließlösungen und Sicherheitssystemen wird durch ergänzende Serviceleistungen wie Installation und Kontrolle komplettiert. Assa Abloys Produktpalette beinhaltet unter anderem Türschließer und Zutrittskontrollanlagen, Elektro-Türöffner, Elektro-Riegel, Rettungswegtechnik, mechanische sowie mechatronische Schließzylinder, Schlösser und Schließeinsätze mit Kreuzprofil, Tresore oder Tür- und Fensterzusatzsicherungen. Die Serviceleistungen des Konzerns reichen von Beratung, Planung und Projektierung von Schließanlagen über die Schulung von Anwendern in speziell entwickelten Seminaren bis hin zum technischen Support bereits installierter Anlagen.

	2015	2016	2017	2018	2019	2020
Personal am Ende des Jahres	45.994	46.928	47.426	48.500	49.992	48.471
Umsatz pro Mitarbeiter in Mio. SEK	1,48	1,52	1,61	1,74	1,92	1,81

ASSA ABLOY (B) BILANZ (IN MIO. SEK) – AKTIVA

	2015	2016	2017	2018	2019	2020
Summe Umlaufvermögen	23.330	26.025	26.145	29.577	31.563	31.250
Summe Anlagevermögen	61.717	68.050	73.658	78.973	86.487	86.178
Summe Aktiva	86.177	95.282	99.444	106.568	118.050	117.428

Straumann:

Straumann mit Hauptsitz in der Schweiz ist ein weltweit führendes Unternehmen für dentale Implantologie, Zahnerhaltung sowie regenerative Zahnmedizin. Zusammen mit führenden Kliniken, Forschungsinstituten und Hochschulen erforscht und entwickelt Straumann Dentalimplantate, Instrumente und CAD/CAM-Prothetik für Zahnersatz und Zahnerhaltungslösungen sowie Produkte für die Geweberegeneration beziehungsweise zur Verhinderung von Zahnverlusten. Die Produkte und Dienstleistungen werden in mehr als 100 Ländern über eigene Vertriebsgesellschaften und ein breites Netz von Vertriebsunternehmen verkauft. Die Gruppe fertigt die Komponenten der Implantatsysteme und die Instrumente in der Schweiz und in den USA. CAD/CAM-Prothetik und Scannertechnologie werden in Deutschland und den USA produziert, während die Produkte zur oralen Gewerbe-Regeneration in Schweden hergestellt werden. Darüber hinaus bietet Straumann umfassende Dienstleistungen für Fachleute auf der ganzen Welt an, einschließlich Schulungen und Fortbildungen, die in Zusammenarbeit mit dem Internationalen Team für Implantologie (ITI) durchgeführt werden.

	2016	2017	2018	2019	2020	2021
Personal am Ende des Jahres	3.797	4.881	5.954	7.590	7.340	9.054
Umsatz pro Mitarbeiter in Mio. CHF	0,24	0,23	0,23	0,21	0,19	0,22

STRAUMANN BILANZ (IN MIO. CHF) – AKTIVA

	2016	2017	2018	2019	2020	2021
Summe Umlaufvermögen	457	685	765	882	1.152	1.529
Summe Anlagevermögen	833	1.272	1.403	1.508	1.396	1.439
Summe Aktiva	1.133	1.720	1.911	2.390	2.549	2.968

Dassault:

Dassault Systèmes SA ist ein international tätiges Softwareunternehmen mit Fokus auf 3-D-Design, dreidimensionale Prototypen und PLM-Lösungen (Product-Lifecycle-Management). Der Konzern entwickelt und vertreibt 3-D-Design-Software, Lösungen für digitale Prototypen in 3-D wie auch Product-Lifecycle-Management (PLM), die Produktentwicklungsprozesse unterstützen und eine dreidimensionale Betrachtung des gesamten Produktlebenszyklus ermöglichen. SolidWorks® umfasst 3-D-Lösungen in den Bereichen Konstruktion, Simulation, Datenmanagement, Kommunikation und Analyse-Tools an, CATIA® ist auf die virtuelle Produktentwicklung fokussiert, DELMIA® offeriert Software für die virtuelle Produktion und Erstellung digitaler Prototypen, SIMULIA® beinhaltet realistische Simulationslösungen zur Produkt-Performance, GEOVIA® unterstützt bei der Modellierung und Simulation der Erde, um die Werte von Vorhersagen, die Effizienz, Sicherheit und Nachhaltigkeit bei der Förderung von Bodenschätzen zu verbessern, ENOVIA® vernetzt Anwender im gesamten Unternehmen und spartenübergreifend in der virtuellen Produktmodellierung und dem Life-Cycle-Management (PLM), EXALEAD® und NETVIBES® sind auf suchbasierte Anwendungen (SBA) ausgerichtet, 3DVIA® ist konzipiert für grafische 3-D-Technologie zur Kommunikation von Unternehmen mit Verbrauchern über das Internet, BIOVIA® für Wissenschaft und Forschung und 3DEXCITE® Software, Lösungen und CGI High-End-3-D-Visualisierungen in Echtzeit für High-Impact-Erzählungen über alle Medienkanäle. Dassault Systèmes hat über 200.000 Kunden in mehr als 140 Ländern weltweit. Die Gesellschaft wurde 1981 gegründet und hat ihren Hauptsitz in Vélizy-Villacoublay, Frankreich.

	2016	2017	2018	2019	2020	2021
Personal am Ende des Jahres	15.133	16.140	16.055	19.361	19.789	20.496
Umsatz pro Mitarbeiter in Mio. EUR	0,20	0,20	0,22	0,21	0,22	0,24

DASSAULT SYSTÈMES BILANZ (IN MIO. EUR) – AKTIVA

	2016	2017	2018	2019	2020	2021
Summe Umlaufvermögen	3.570	3.600	4.202	3.657	3.735	4.684
Summe Anlagevermögen	4.860	4.994	5.562	10.501	9.893	10.905
Summe Aktiva	6.943	7.030	7.974	13.873	12.964	14.219

Rightmove:

Rightmove stellt Immobilienportale im Vereinigten Königreich zur Verfügung. Die Geschäftssegmente sind in Agentur, die Vermarktung kompletter Neubauten und sonstige Dienstleistungen strukturiert. Gegen eine Monatsgebühr haben die gewerblichen Anzeigenkunden die Möglichkeit, ihre Wohnungen und Häuser auf der Webseite sowie auf der mobilen Plattform ausführlich zu publizieren und zum Kauf oder zum Mieten anzubieten. Der Verkauf von Immobilien durch Privatpersonen ist nicht gestattet. Zum Kundenkreis zählen Immobilienmakler, Wohnungsbaugesellschaften wie auch ausländische Wohnungsagenturen. Mit rund einer Million ständig verfügbaren Objekten zählt Rightmove.co.uk zu den beliebtesten Webseiten in Großbritannien. Rightmove plc betreibt mit Rightmove.co.uk eines der größten Internetportale. Rightmove.co.uk wurde im Jahr 2000 von den vier Unternehmenagenturen Countrywide plc, Connells, Halifax und Royal & Sun Alliance gegründet.

	2015	2016	2017	2018	2019	2020
Personal am Ende des Jahres	460	484	549	596	538	558
Umsatz pro Mitarbeiter in Mio. EUR	0,42	0,45	0,44	0,45	0,54	0,37

RIGHTMOVE BILANZ (IN MIO.) – AKTIVA

	2015	2016	2017	2018	2019	2020
Summe Umlaufvermögen	40	48	60	43	61	122
Summe Anlagevermögen	7	8	17	26	37	39
Summe Aktiva	50	60	72	64	98	160

Michael Stadlinger, Jänner 2022

Quellen: Geschäftsberichte, Unternehmenswebsites, eigene Recherchen und Recherche-Ergebnisse von Seilern Investment Management.

GLOSSAR

Aktienrisikoprämie (ARP)

Die Aktienrisikoprämie, Risikoabschlag oder Risikozuschlag, auf Englisch Equity Risk Premium genannt, ist in der meint die Entschädigung für ein übernommenes finanzielles Risiko. Der Ertrag einer Aktie setzt sich zusammen aus dem risikolosen Basiszinssatz und der Risikoprämie. Mit Risikoprämie kann auch die Differenz zwischen dem erwarteten Ertrag einer Kapitalanlage in Fremdwährung und dem Ertrag einer vergleichbaren Anlage in Inlandswährung gemeint sein.

Allokation

Unter Vermögensallokation oder Portfoliostrukturierung (englisch Asset Allocation) versteht man die Aufteilung (Diversifikation) eines Vermögens auf verschiedene Anlageklassen. Darunter zum Beispiel Aktien, Anleihen, Immobilien, Währungen oder Rohstoffe.

Anlagenklassen

Anlagenklassen sind Gruppen von Wertpapieren mit unterschiedlichen Risikomerkmalen. Man unterscheidet drei Hauptanlageklassen Anleihen (festverzinsliche Wertpapiere oder Renten genannt), Aktien und Geldinstrumente. Jede Anlageklasse zeichnet sich durch unterschiedliche Anlagenmerkmale und Risiken aus.

Anleihenähnliches (festverzinsliches) Wertpapier

Anleihen sind Wertpapiere, die dem Inhaber Zinsen garantieren. Dazu zählen Staatsanleihen, Unternehmensanleihen und Pfandbriefe. Der Inhaber erwirbt durch den Kauf einer Anleihe das Recht auf Rückzahlung mit vereinbarten Zinsen. Während der Laufzeit werden Anleihen gehandelt, es können sich während der Laufzeit auch Kursgewinne oder -verluste ergeben. Da der Zinssatz immer fix ausgemacht ist, spricht man auch von festverzinslichen Wertpapieren.

Asset-Klasse

Ein Vermögenswert wird im Englischen als Asset bezeichnet. Aktien, Anleihen, Immobilien oder Rohstoffe stellen unterschiedliche Asset-Klassen dar. Die Asset-Klassen können in weitere Unterklassen geteilt werden. Beispiele dafür sind Aktien, bei denen Werte großer, mittlerer und kleiner Unternehmen oder Anleihen, bei denen Staats- und Unternehmenspapiere unterschieden werden.

Bärenmarkt

Der Begriff Bärenmarkt beschreibt eine Situation an der Börse, in der der Großteil der Anleger mit sinkenden Kursen rechnet. Symbolisch wird er durch einen Bären dargestellt, der mit seiner Pranke von oben nach unten schlägt. Das Gegenteil dazu ist der Bullenmarkt.

Beta-Wert:

Die Volatilität eines Fonds wird durch das Beta gemessen. Das Beta zeigt, wie sich eine Kursentwicklung im Verhältnis zu einem bestimmten Index verhält. Es ist also ein Indikator, der die Volatilität eines Fonds durch einen Vergleich verdeutlichen soll. Ein Beta-Wert von 1 bedeutet eine identische Volatilität des Fonds zum Gesamtmarkt bzw. Index. Ist der Wert größer als 1, ist die Volatilität des Fonds höher. Ist der Wert geringer als 1, genießt der Fonds geringere Volatilität, verglichen mit dem Markt.

Bolt-On-Akquisition

Diese bezieht sich auf die Akquisition kleinerer Unternehmen, die sich in der Regel in derselben Branche befinden und einen strategischen Wert aufweisen. Dies steht im Gegensatz zu primären Akquisitionen anderer Unternehmen, die in der Regel verschiedenen Branchen angehören, größere Investitionen erfordern oder von ähnlicher Größe wie das übernehmende Unternehmen sind.

Buffett, Warren

Warren Buffett, geboren am 30. August 1930, ist ein US-amerikanischer Investor und Unternehmer. Fast sein gesamtes Vermögen hat er in seinem Unternehmen Berkshire Hathaway angelegt. Er ist mit einem Vermögen von rund 83 Milliarden Dollar einer der reichsten Männer der Welt. Die Aktie seines Unternehmens ist die teuerste an der Börse gehandelte Aktie der Welt.

Warren Buffett ist Vertreter des Value Investing und erfolgreicher Nachfolger Benjamin Grahams und dessen Theorien. Außerdem ist er erklärter Gegner der Markteffizienzhypothese und der modernen Portfoliotheorie. Bei seinen Investments achtet er sehr auf hohe und steigende Dividenden, die über Jahrzehnte verlässlich ausgezahlt werden. Bei Berkshire Hathaway zahlt er dagegen keine Dividenden aus, sondern nutzt das Geld für Aktienrückkäufe zur Kursregulation.

Cashflow-Generierung (ROI)

Return on Investment (ROI), auf Deutsch Kapitalrentabilität oder Anlagenverzinsung) misst den Gewinn eines Unternehmens im Verhältnis zum eingesetzten Kapital. Unterbegriffe sind ROE, der Eigenkapitalertrag und ROA, der auch sonstige Werte wie Markenbekanntheit mit einbezieht.

Compounding

Zinseszins (Compound Interest) ist der Aufschlag von Zinsen auf den Kapitalbetrag eines Kredits oder einer Einlage. Er ist das Ergebnis der Reinvestition von Zinsen, die also nicht ausgezahlt werde. Damit werden in der nächsten Periode wiederum Zinsen auf den Kapitalbetrag zuzüglich der zuvor aufgelaufenen Zinsen gezahlt. Im Gegensatz dazu stehen »einfache« Zinsen oder Realzinsen, die nicht weiter verzinst werden, weil sie dem investierten Betrag nicht zugeschlagen werden.

Corporate Governance

Corporate Governance meint die Mechanismen und Prozessen mit denen Unternehmen kontrolliert und betrieben werden. Zu Corporate Governance gehören die Überwachung der Aktionen, Richtlinien, Praktiken und Entscheidungen von Unternehmen, deren Beauftragten (zum Beispiel Aufsichtsrat, Manager, Wirtschaftsprüfer, Interessengruppen) und betroffenen Stakeholdern. Corporate Governance ist aufgrund möglicher Interessenkonflikte zwischen Aktionären und Management oder zwischen verschiedenen Aktionären nötig.

Deflation

Deflation ist der anhaltende Rückgang der Preise für Waren und Dienstleistungen (Gegensatz Inflation). Sie entsteht, wenn das Angebot weitaus größer ist als die Nachfrage.

Derivate

Ein Finanzinstrument, dessen Wertentwicklung von der eines anderen Wertpapiers oder einer Kennzahl abhängig ist, nennt man Derivat. Die Werte der Basis-Wertpapiere, wie Aktien oder Anleihen, nennt man Basiswerte. Die Derivate beziehen sich also auf die Basiswerte. Bekannte Beispiele für Derivate sind Zertifikate, Optionen, Optionsscheine, CFDs, Futures oder Swaps.

Diskontierung

Da es Zinsen gibt, ist es für Unternehmen wichtig, den realen Wert einer Zahlung zu berechnen. Ein Geldbetrag hat einen höheren Wert, wenn man ihn früher bekommt. Dazu ein Beispiel: bei gegebenen Zinsen ist ein Betrag von 1.000 Euro, den ich erst in drei Jahren bekomme, heute etwa nur 870 Euro wert (Diskontierung) und umgekehrt benötige ich heute 870 Euro um in 3 Jahren 1.000 Euro zahlen zu können (Askontierung). Das gilt natürlich auch für Monate oder Tage.

Diversifikation

Diversifikation ist die Aufteilung Sparbeiträge und Vermögensanlagen auf mehrere Anlageformen, Finanzdienstleister und Emittenten aufgeteilt werden. Man kann zusätzlich auch noch auf unterschiedliche Staaten aufteilen.

Dividendenertrag

Auch Aktien werden regelmäßig bewertet. Dafür nutzt man den Dividendenertrag als Kennzahl. Durch Division der Dividende durch den aktuellen Aktienkurs, wird der Dividendenertrag berechnet.

Ertrag

Ertrag ist die Summe aus eingesetztem Kapital und den erzielten zusätzlichen Erträgen aus Zinsen, Dividenden oder Kursgewinnen zusammen.

ESG

ESG ist die englische Abkürzung für »Environment Social Governance«, also Umwelt, Soziales und Unternehmensführung. Das ist die Einbeziehung ökologischer und sozialer Aspekte eines Unternehmens bei der Einschätzung von Wertpapieren. Meist werden dabei nur die wesentlichsten, für den Erfolg eines Unternehmens oder einer Geldanlage entscheidenden, Kriterien betrachtet. ESG ist daher nicht identisch mit nachhaltigen Geldanlagen.

ETF

Ein ETF (Exchange Traded Fund) ist ein Indexfonds. Seine Fondsmanager wählen also solche Titel für den Fonds aus, die den entsprechenden Index (beispielsweise den DAX) so gut wie möglich abbilden. ETFs können aktiv oder passiv gemanagt werden. Die Indizes können dabei synthetisch (über Derivate) oder physisch (durch Erwerb der entsprechenden Wertpapiere) repliziert investieren.

Fisher, Philip

Philip Arthur Fisher (1907 – 2004) Vermögensverwalter und Analyst. Sein Buch »Common Stocks and Uncommon Profits« (1958) beeinflusste in der Folge viele andere Investmentstrategien.

Er setzte in seiner Philosophie vor allem auf unternehmen mit hervorragenden Wachstumsaussichten und erwiesener Profitabilität. Wesentlich war ihm auch eine sehr lange Haltedauer. Motorola-Aktien besaß er z.B. über 50 Jahre.

Floater

Das ist eine Anleihe, deren Zinssatz sich regelmäßig ändert. Basiswerte für die Berechnung der Zinsen sind etwa der Geldmarkt oder die Erträge von Bundesanleihen.

Fonds

Das Sondervermögen, das von einer Investmentgesellschaft beziehungsweise Kapitalverwaltungsgesellschaft (KVG), für die Investoren (beispielsweise in Aktien) angelegt und verwaltet wird, nennt man Investmentfonds. Verwahrt wird der Investmentfonds bei einer Depotbank.

Forderungsbesicherte Wertpapiere

Eine Bank vergibt Kredite. Aus diesem Geschäftsfeld entstehen Forderungen, die auch in Wertpapiere gefasst werden können. Die Sicherheit ist dabei, die große Wahrscheinlichkeit, dass diese Kredite auch zurückgezahlt werden. Meist werden diese Wertpapiere durch Banken, die sich so refinanzieren, oder speziellen Gesellschaften ausgegeben.

Graham, Benjamin

Benjamin Graham (eigentlich Benjamin Grossbaum) 1894 – 1976. US-Wirtschaftswissenschaftler und Investor, Begründer des Value Investing. Zur Bestimmung des inneren Wertes von Aktien verwendete er Kennzahlen wie Kurs-Gewinn-Verhältnis (KGV), Kurs-Buchwert-Verhältnis (KBV), Dividendenrendite, Verschuldungsgrad und Gewinnwachstum.

Grahams wichtigste Bücher sind »Security Analysis« und vor allem »The Intelligent Investor«. Das Buch wurde mehrfach neu aufgelegt, die jüngste Ausgabe erschien 2013 mit Kommentaren von Jason Zweig und Warren Buffett bei FBV.

Hauptumschlag eines Portfolios

Größe der Kapitalbewegungen, in Geld ausgedrückt.

Indexanleihen

Bei Indexanleihen sind die Konditionen an einen Index gekoppelt. Dadurch ist der reale Ertrag im Voraus festgelegt und hängt nicht vom Nominalzins oder vom Kurs der Anleihe zum Zeitpunkt des Kaufs ab. Durch Anpassung des Nominalzinses und/oder des Rückzahlungsbetrags ist der Ertrag gesichert. Inflationsbedingte Verluste werden so vermieden.

IPO

IPO ist die Abkürzung für Initial Public Offering, damit ist das erstmalige öffentliche Anbieten von Aktien an der Börse gemeint. Mit IPO können außerdem die diversen aufgrund der Börsenregeln notwendigen Vorbereitungsschritte vor einem Börsengang gemeint sein.

Junk Bonds

Junk Bonds sind Anleihen, deren Emittenten eine schlechte Bonität aufweisen. Auf Deutsch spricht man auch von »Ramschanleihen«.

Kapitalerträge

Kapital plus entsprechender Ertrag aus Zinsen, Dividenden oder Kursgewinnen.

Keynes, John Maynard

John Maynard Keynes (1883 – 1946). Britischer Ökonom. Namensgeber des Keynesianismus – der Staat muss dafür sorgen, dass die fehlende private Nachfrage durch staatliche Nachfrage ersetzt und so die Wirtschaft aus der Krise herausgeführt wird.

KGV (P/E, PER)

Das Kurs-Gewinn-Verhältnis dient zur Bewertung von Aktien. Dabei wird der aktuelle Aktienkurs ins Verhältnis zu erwarteten Gewinnen gesetzt. Meist besteht eine – verzögerte – Reaktion auf die Höhe der Leitzinsen. Fallende Zinsen führen zu höheren, fallende zu niedrigeren KGVs.

Leverage-Effekt

Ist der englische Begriff für den Hebeleffekt beziehungsweise die Hebelwirkung eines Investments. Er beschreibt die Wirkung der Aufnahme von Fremdkapital auf den Eigenkapitalertrag. Es wird zwischen einem positiven und einem negativen Leverage-Effekt unterschieden.

Market Timing

Das Market Timing bezeichnet eine Strategie, bei welcher der Investor auf kurzfristige Gewinne abzielt. Dies wird durch schnelle Ein- und Ausstiege zu verschiedenen dafür besonders geeigneten Zeitpunkten ermöglicht.

MSCI World

MSCI ist ein renommierter amerikanischer Finanzdienstleister. Er bietet den MSCI World Index an, der aus über 1600 weltweit agierenden Werten besteht.

Mündelsicherheit

Ein Mündelfonds wird per Gerichtsbeschluss als mündelsicher klassifiziert. Laut Gesetz darf der gesetzliche Vormund, der vor der Investition bestimmt wird, das Geld seines Mündels (das sind Personen, die nicht voll geschäftsfähig sind) nur in eine mündelsichere Anlage investieren, also zum Beispiel in einen Mündelfonds. Ein mündelsicherer Fonds kann in Aktien-, Renten- und auch offene Immobilienfonds investieren.

Munger, Charlie

Charles Thomas Munger, geboren 1924 in Omaha, ist ein bekannter Investor, und Milliardär. Er ist Vice Chairman und Aktionär von Berkshire Hathaway, der von Warren Buffett gegründeten und geleiteten Holdinggesellschaft.

Sein Leitspruch ist, »es ist besser, einen angemessenen Preis für ein gutes Unternehmen zu bezahlen als einen Spottpreis für eine Schrottfirma.« Diesen Leitsatz vermittelt er auch immer wieder Buffett.

Nullkuponanleihen, auch Zerobonds

Nullkuponanleihen sind solche ohne Zinsen. Sie werden bei Auflage weit unter ihrem Nominalwert verkauft und bei Laufzeitende zum Nominalwert zurückgekauft. Steuern sind daher erst bei Ablauf oder bei vorzeitigem Verkauf fällig. Das bietet Möglichkeiten, Steuer – etwa in der Pension – zu sparen. Beispiel: Kauf zu 60, Verkauf bei Ablauf zu 100, der Gewinn von 40 wird bei Ablauf versteuert.

OGAW-Vorschriften

OGAW-Fonds (also Organismen für gemeinsame Anlagen in Wertpapiere) sind solche, die den Kontrollvorschriften der EU-Investmentdirektive folgen. Damit sollen die verschiedenen entsprechenden Gesetze in den einzelnen EU-Ländern vereinheitlicht werden. Endergebnis soll ein einheitlicher EU-Pass werden.

PEG

Englischer Ausdruck für das KGV von Wachstumswerten. Basis ist das erwartete Wachstum eines Unternehmens in den nächsten 3 bis 5 Jahren. Unterbewertete Aktien haben ein PEG kleiner 1, überbewertete ein PEG größer 1.

Pensionsfonds

Kapitalanlagen zur Finanzierung der betrieblichen Altersvorsorge für Mitarbeiter eines Unternehmens. Da Vermögenswerte jederzeit von einem auf einen anderen übertragen werden können, haben sie wesentlichen Einfluss auf die Kapitalmärkte. Pensionsfonds halten ungefähr Werte von 25 Billionen Dollar weltweit und übertreffen damit alle anderen Investitionsarten.

Performance

Die prozentuelle Veränderung der Wertentwicklung einer Anlage ist die sogenannte Performance. Man bezieht sich hier immer auf einen bestimmten Zeitraum und berücksichtigt sämtliche Ausschüttungen und Wertsteigerungen. Anlegerkosten wie Depotgebühren und laufende Ausgaben werden dabei eingerechnet. Die Performance eines Fonds (beeinflusst von der Leistung des Fondsmanagements) wird häufig mit der Benchmark (also dem zugrunde liegenden Vergleichsindex) verglichen.

Preisskalierbar

Die Fähigkeit eines Unternehmens, langfristig die Preise durch höhere Effizienz und höhere Gewinne zu bestimmen. Vorteilhaft ist dabei die Skalierbarkeit von Geschäftsmodellen ohne zusätzliche Investitionen und Fixkosten. Dies ist in der Internetökonomie meist recht einfach möglich. Kapitalmärkte sind preisskalierbar, wenn auch ihr Effizient und ihre Gewinne bei höheren Handelsvolumina steigen.

Rating

Das Rating gibt Anlegern Auskunft über die Kreditwürdigkeit eines Herausgebers von Wertpapieren (Emittenten). Diese Einschätzung mit anschließender Bewertung wird von Ratingagenturen übernommen.

Ratingagentur

Wertpapiere werden kontinuierlich von unabhängigen Unternehmen bewertet. Diese Unternehmen kennt man unter dem Begriff Ratingagenturen.

Rezession

Der Konjunkturzyklus kennt vier Phasen: Expansion (Aufschwung), Hochkonjunktur (Boom), Rezession (Abschwung) und Depression (Tief). Maßstab ist dabei zumeist das Bruttoinlandsprodukt. Ein Abschwung oder eine Stagnation in zwei aufeinanderfolgenden Quartalen heißt dann Rezession. Kennzeichen sind meist fallende Aktienkurse, zunehmende Konkurse, pessimistische Grundstimmung der Wirtschaft und stagnierende Löhne, Preise und Zinsen.

Risikoaufschlag

Aufschlag auf den erwarteten Ertrag eines Wertpapiers als Ausgleich für ein höheres Risiko. Extremes Beispiel ist der Totalausfall einer Veranlagung bei Konkurs eines Unternehmens. Daher wird von einer Aktie immer ein höherer Ertrag gefordert als von einer Anleihe, deren Inhaber wenigsten geringfügig aus der Konkursmasse befriedigt werden.

Risikomanagement

Das Minimieren von Verlusten in einem Portfolio.

ROIC (Return on Invested Capital/ Gesamtkapitalertrag)

Der Kapitalertrag oder der Ertrag des investierten Kapitals ist eine Kennzahl, die die Rentabilität sowie das Wertschöpfungspotenzial von Unternehmen aufzeigt. Sie dient dazu, die Relevanz einer Kapitalinvestition von Aktionären und anderen Anteilseignern zu ermitteln.

S&P

Index der 500 größten US-Unternehmen nach Marktkapitalisierung.

Smart Beta Fondsanbieter

Strategischer Investment-Ansatz nach klar definierten Regeln: etwa titeln mit hoher Dividende oder sehr geringen Schwankungen.

Start-up

Ein Start-up-Unternehmen (von englisch to start up = »gründen, in Gang setzen«), auch Start-up-Unternehmen, oder kurz Start-up, ist ein neugegründetes Unternehmen mit neuen und außergewöhnlichen Geschäftsideen und erwartetem hohen Wachstumspotenzial. Meist erfolgt auch die Finanzierung nicht über Banken sondern über alternative Kanäle.

Umsatzskalierbar

Möglichkeit der Umsatzsteigerung eines Unternehmens ohne große zusätzliche Investitionen.

Unternehmensbewertung

Bei Verkauf der Richtwert, auf den sich Verkäufer und Käufer einigen sollten.

Value Investing

Investitions-Strategie, die vor allem auf besonders günstig bewertete Aktien setzt.

Volatilität

Marktschwankungen können statistisch erfasst werden, allerdings ist dafür die Angabe durch eine Maßeinheit erforderlich. Dieses Maß bezeichnet man als Volatilität. Die Volatilität dokumentiert Wertschwankungen eines Wertpapiers, vor allem von Aktien, in einem bestimmten Zeitraum und stellt diese in Form eines Wertes dar. Schwanken die Werte eines Papiers stark und häufig, ist die Volatilität hoch.

WACC Kapitalkosten

Bewertung der Kapitalkosten aus Durchschnitt der Eigenkapital- und Fremdkapitalkosten. Dient zur Beurteilung von Investitionen und zur Unternehmensbewertung.

Wachstum – nominell, real

Wachstum des BIP einer Volkswirtschaft mit Berücksichtigung der Inflation (real) oder nur an Hand der Entwicklung der Preise (nominell).

Zinsen

Betrachtet man den Zinssatz einer Anleihe, sollte man im Blick haben, dass er mehrere Bestandteile hat. Grundlegend kann man sagen, dass Anleger bei Anleihen mit langer Laufzeit einen höheren Zins erwarten können als bei Anleihen mit kurzer Laufzeit. Obwohl Anleihen, verglichen mit anderen Anlageklassen, sehr sichere Anlagen darstellen, besteht immer das Restrisiko eines Kapitalverlusts. Am festgelegten Zins erkennt man meistens sofort, wie gut die Bonität des Herausgebers ist. Ist der Herausgeber unzuverlässig, kann der Zins zwar hoch sein, dafür allerdings auch das Risiko für den Anleger. Der Zins schafft unter anderem einen Ausgleich zur Inflation, die während der Laufzeit besteht. Sind die Inflationserwartungen hoch, wird auch der Zins höher ausfallen. Festgelegt wird der Zins bei Anleihen in der Regel vor dem Kauf.

Zinseszinseffekt

Der Effekt, der sich durch Reinvestition der Zinsen und deren weiterer Verzinsung ergibt. Beispiel Kapital 1000 Euro Kapital mit 5 % Verzinsung ergeben nach 10 Jahren 1.629 Euro statt 1.500 Euro bei Zinsentnahme.

Zyklische Branche

Branchen, die stark am Konjunkturzyklus ausgerichtet sind und mit ihm schwanken. Das muss bei Bewertung deren Aktien beachtet werden.

Glossar erstellt durch Michael Stadlinger,
Assistenz Romana Sedlaček

STICHWORT-VERZEICHNIS

ÜBER DEN AUTOR

Peter Seilern-Aspang wurde 1952 geboren und ist seit 1973 in der Finanzdienstleistungsbranche tätig. Er begann seine Karriere bei der Creditanstalt-Bankverein in Wien und wechselte 1979 zur Hambros Bank Limited, wo er als institutioneller Portfoliomanager tätig war. Ab 1986 zeichnete er bei Notz, Stucki & Cie, in Genf und London für die Verwaltung der Privatkundenportfolios verantwortlich. Derzeit ist Peter Seilern der Vorsitzende der Seilern Investment Management, die er 1989 gegründet hat.

Aktien für die Ewigkeit

Jeremy J. Siegel

DAS Standardwerk für die richtige Portfoliostrategie und eine kontinuierliche Rendite in allen Marktphasen. Der Bestseller »Stocks for the Long Run« in der 5., komplett überarbeiteten Auflage. Weltweit schwankende Aktienmärkte – die Zeiten sind chaotisch. Viele Anleger ziehen sich von den Börsen zurück oder wagen sich gar nicht erst an den Aktienmarkt. Und doch gibt es zahlreiche Möglichkeiten, das eigene Anlageportfolio so aufzubauen, dass trotz aller Unwägbarkeiten, unabhängig von der Lage an den Märkten, regelmäßige und dauerhafte Renditen erzielt werden können. Jeremy Siegels Klassiker stellt die wichtigsten Kriterien zusammen, die jeder Aktionär berücksichtigen sollte, um sein Portfolio möglichst stabil und krisensicher zu gestalten. Er zeigt die wichtigsten Kennzahlen und Strategien auf und erläutert, wie risikoarme aber renditestarke Investments funktionieren. Neben diesen ganz konkreten Investmentstrategien liefert er langfristige Einschätzungen des Marktgeschehens und der Konsequenzen für Anleger.

400 Seiten | Hardcover | 49,99 € (D) | 51,40 € (A) | ISBN 978-3-89879-798-2

Einfach investieren

Till Schwalm

»Kaufe einen Dollar, aber bezahle nicht mehr als 50 Cent dafür.« Die Anlage-Philosophie hinter dieser so einfach klingenden Devise hat Warren Buffett zu einem der reichsten Menschen unserer Zeit gemacht. Dahinter steckt das von Benjamin Graham um 1949 entwickelte Prinzip des Value Investing. Dieser Investment-Stil revolutionierte das Anlegerverhalten und stellte Geldanlage erstmals auf eine wissenschaftliche Grundlage. Der Finanzanalyst Till Schwalm zeigt, wie jeder Privatanleger von den erfolgreichen Strategien von Warren Buffett & Co. profitieren kann. Er erläutert die Grundlagen des Value Investing, gibt konkrete Tipps und hilft bei den ersten Schritten an der Börse. Einfach erklärt, kompakt aufbereitet – ideal für Einsteiger.

224 Seiten | Hardcover | 19,99 € (D) | 20 € (A) | ISBN 978-3-95972-109-7

Das Value-Investing-Handbuch

John Mihaljevic

Erstmals fasst John Mihaljevics Value-Investing-Handbuch die bewährten Strategien der besten Value-Investoren der Welt zusammen. Benjamin Graham, Warren Buffett, Seth Klarman oder Felix Zulauf – mit welchen Methoden arbeiten die Profis? Mihaljevic stellt Ihnen die neun wichtigsten Strategien wertorientierten Investierens vor und analysiert die Vor- und Nachteile. Schritt für Schritt lernen Sie als Investor die besten Investments zu finden, zu bewerten und umzusetzen. Zusätzlich lässt er die erfolgreichsten Hedgefonds-Manager der Welt zu Wort kommen, die oft auch Value-Investoren sind: David Einhorn, der selbst den Apple-Konzern das Fürchten lehrt, oder Felix Zulauf, einer der erfolgreichsten Schweizer Vermögensverwalter.

400 Seiten | Hardcover | 34,99 € (D) | 36,00 € (A) | ISBN 978-3-89879-888-4

Intelligent Investieren

Benjamin Graham

Benjamin Grahams Klassiker, der seit über 60 Jahren gültig ist, basiert auf grundlegenden Erkenntnissen und der Markterfahrung vieler Jahre. In diesem Buch werden sowohl der konservative als auch der spekulative Anleger berücksichtigt, wobei für beide Gruppen angemessene Strategien zur Aktienauswahl vorgestellt werden, die auf dem Prinzip einer intelligenten Depotstruktur beruhen. Benjamin Graham ist eine der Legenden der Wall Street und Begründer der modernen Wertpapieranalyse. Graham lehrte an der Columbia University in den Jahren von 1928 bis 1957 und managte außerdem die Graham-Newman Partnership, eine frühe Art des heutigen Investmentfonds. Graham etablierte heute so selbstverständliche Kennzahlen wie das Kurs-Gewinn-Verhältnis. Mit seinen beiden Büchern Der intelligente Investor und Wertpapieranalyse wurde er zum Bestsellerautor und gelangte zu Weltruhm.

640 Seiten | Hardcover | 39,99 € (D) | 41,20 € (A) | ISBN 978-3-89879-827-3

Die Lehr- und Wanderjahre eines Value-Investors

Guy Spier

Wer träumt nicht davon, einmal ein weltweit erfolgreicher Investor zu werden? Guy Spier hat es geschafft. Sein Abendessen mit Warren Buffett für 650 100 US-Dollar ist nur einer der vielen Höhepunkte einer langen Suche nach den erfolgreichsten Methoden des Value-Investing. Doch wie wird man ein wertorientierter Investor à la Warren Buffett? »Die Lehr- und Wanderjahre eines Value-Investors« begleitet Guy Spier auf seinem Werdegang von einem Möchtegern-Gordon-Gekko hin zu einem erfolgreichen Value-Investor. Er gibt praktische Tipps, wie Anleger bessere Investment-Entscheidungen treffen, und zeigt, wie er aus teuren Fehlern gelernt hat und wie jeder seinen eigenen Weg gehen kann. Die faszinierende Geschichte eines einzigartigen Werdegangs an der Wall Street mit praktischen Case-Studies und den 8 wichtigsten Investmentregeln.

240 Seiten | Softcover | 16,99 € (D) | 17,50 € (A) | ISBN 978-3-89879-738-2